BULLETIN

DE LA

SOCIÉTÉ DES SCIENCES

HISTORIQUES & NATURELLES

DE LA CORSE

IIIᵉ ANNÉE

SEPTEMBRE-OCTOBRE 1883 — 33ᵉ-34ᵉ FASCICULES

BASTIA

IMPRIMERIE & LIBRAIRIE Vᵉ OLLAGNIER

1883

CONTENU DU PRÉSENT BULLETIN

Corsica, par Ferdinand Gregorovius ; traduction de P. Lucciana.

SOCIÉTÉ DES SCIENCES HISTORIQUES ET NATURELLES
DE LA CORSE

FERDINAND GREGOROVIUS

CORSICA

TRADUCTION DE P. LUCCIANA

Volume 1

BASTIA
IMPRIMERIE ET LIBRAIRIE Vᵉ EUGÈNE OLLAGNIER

1883.

TOUS DROITS RÉSERVÉS

PRÉFACE

En traduisant, l'année dernière, le Précis Historique (1) qui sert d'introduction à l'ouvrage de M. Ferdinand Gregorovius sur la Corse (2), nous crûmes devoir borner là notre travail : cette introduction nous semblait seule, en effet, répondre au but de notre Bulletin. Mais un grand nombre de membres de la Société des Sciences Historiques et Naturelles de la Corse ayant manifesté le désir de connaître l'œuvre entière, nous en donnons aujourd'hui le premier volume, que nous ferons suivre bientôt du second et dernier.

Voici quelques renseignements sur l'auteur :

M. Ferdinand Gregorovius est né le 19 janvier 1821 à Neidenburg, ville de la Prusse Orientale, où son père était conseiller. Il a fait ses études à Kœnigsberg, et s'est exclusivement consacré aux lettres. Sans entrer dans le détail de ses nombreuses publications, nous nous contenterons de citer son

---

(1) *Histoire des Corses*, par Ferdinand Gregorovius, 1882, Bastia, Impr. Ollagnier, Prix : 2 fr.

(2) *Corsica von Ferdinand Gregorovius* (1878, Stuttgard. Chez Cotta. 3º édition 2 vol. Prix : 12 fr.)

grand ouvrage, en huit volumes, sur Rome au moyen âge (1), *dont s'est occupé tout le monde savant.*

Avant d'écrire son livre sur la Corse, il avait composé, en 1851, une monographie de l'empereur Adrien. qui va paraître de nouveau en Allemagne, entièrement refondue par l'auteur.

L'ouvrage intitulé Corsica *a créé un genre littéraire, et inauguré cette charmante série de livres de voyage* (2), *où M. Gregorovius mêle avec art la poésie et l'histoire pour mettre en relief le caractère d'un pays. Ce qui frappe dans cette œuvre, c'est la sincérité. Il peut y avoir des erreurs de détail, et nous faisons nos réserves sur certaines appréciations; mais l'ensemble est vrai, et c'est là l'essentiel.*

Il ne faut pas oublier, en lisant ce livre, qu'il a été écrit en 1852. Depuis lors, beaucoup de progrès et de changements se sont produits dans notre île; bien des idées se sont modifiées et ont même disparu sans laisser de traces. On ne l'a pas constaté dans des notes pour ne pas arrêter inutilement le lecteur : les rectifications se présentent d'elles-mêmes à tout Français. Ce n'est pas notre opinion que nous tenons à faire connaître, mais celle d'un étranger illustre qui, chose rare, a jugé la Corse sans parti pris.

Bastia, 15 Septembre 1883.

P. L.

---

(1) *Geschichte der Stadt Rom im Mittelalter von Ferdinand Gregorovius* (1878, Stuttgard. Chez Cotta. 3º édition. 8 vol. Prix : 105 fr.)
(2) *Wanderjahre in Italien von Ferdinand Gregorovius* (Leipzig. Chez F. A. Brockhaus. 5 vol. Prix : 40 fr.)

FERDINAND GREGOROVIUS

VOYAGE EN CORSE

(ÉTÉ 1852)

> *Nel mezzo del cammin di nostra vita*
> *Mi ritrovai per una selva oscura,*
> *Che la diritta via era smarrita.*
> *Ahi quanto a dir qual era è cosa dura*
> *Questa selva selvaggia ed aspra e forte!...*
> *Ma per trattar del ben ch' i' vi trovai,*
> *Dirò dell'altre cose, ch' io v' ho scorte.*
> DANTE (*Enf.*, c. I.)

NOTA. — L'*Histoire des Corses*, du même Auteur, doit être placée en tête de ce volume.

LIVRE PREMIER

CHAPITRE PREMIER

ENTRÉE EN CORSE

Lasciate ogni speranza, voi ch' entrate !
Dante (*Enf.*, c. III.)

De Livourne en Corse la traversée est plus intéressante que de Livourne à Gênes : elle offre constamment le spectacle des îles du canal de Toscane. — Derrière nous était Livourne avec sa forêt de mâts au pied de Montenero ; devant nous la tour solitaire et ruinée de la Meloria, petit écueil perdu dans la mer, où les Pisans, sous les ordres d'Ugolino, furent anéantis par les Génois, de sorte que leur puissance maritime ayant disparu, la Corse passa entre les mains de leurs vainqueurs ; plus loin l'île rocheuse de la Gorgona ; près de là, à l'Ouest, l'île de Capraia. Cette vue rappelle les vers de Dante dans le chant d'Ugolino (1) :

---

(1)   Ah ! Pise ! déshonneur de la belle patrie
Où résonne le si ! de ton ignominie
Puisqu'ils sont, tes voisins, si lents à te punir,
    Puissent marcher ensemble et Gorgone et Caprée !
Qu'aux bouches de l'Arno leur masse conjurée
Le fasse refluer sur toi pour t'engloutir.
    (Dante, *Enfer*, ch. XXXIII. Trad. de L. Ratisbonne).

> Ahi Pisa, vituperio delle genti
> Del bel paese là dove il si suona ;
> Poichè i vicini a te punir son lenti,
> Muovasi la Capraia e la Gorgona,
> E faccian siepe ad Arno in su la foce,
> Sì ch'egli annieghi in te ogni persona.

L'île de Capraia masque l'extrémité occidentale de la Corse ; mais au delà, sur une vaste étendue, l'on voit émerger les cimes bleues du Cap-Corse ; plus loin encore, à l'Ouest, l'île d'Elbe dont les montagnes, aux puissants reliefs, s'abaissent du côté de Piombino, que de faibles lignes dessinent à peine à l'horizon.

La mer, d'un bleu foncé, rayonnait d'un éclat de pourpre et le soleil, se couchant derrière Capraia, répandait une douce teinte rose sur les voiles qui passaient. — Naviguer dans ce bassin de la Méditerranée, c'est voyager à travers l'histoire même. Je me représentais sur cette belle mer les flottes des Phéniciens et des Grecs qui la peuplèrent jadis, les vaisseaux de ces Phocéens qui s'y livrèrent un jour à leurs courses vagabondes, puis Asdrubal et les Carthaginois, les Etrusques, les Romains, les Maures et les Espagnols, les Pisans et les Génois.... Mais la vue de l'île d'Elbe et de la Corse éveille surtout le poignant souvenir du plus grand drame historique des temps modernes, et ce drame porte le nom de Napoléon. Les deux îles s'étendent paisiblement côte à côte ; on dirait le berceau d'un homme tout près de son tombeau. La Corse, qui enfanta Napoléon, apparaît grande et spacieuse ; l'île d'Elbe est petite. C'est donc au milieu de ces montagnes étroites qu'on voulut, comme dans une camisole de force, enfermer le géant ! Il rompit ses entraves aussi facilement que Samson avait autrefois brisé les liens des Philistins. Puis, il tomba à Waterloo. — En quittant l'île d'Elbe Napoléon n'était plus qu'un aventurier. C'est ainsi que Murat le devint plus tard, à son exemple, lorsqu'il partit de la Corse avec une poignée de soldats pour reconquérir son royaume de Naples : il y trouva une fin tragique.

Quand on regarde l'île d'Elbe, une fée Morgane fait apparaître à l'imagination émue ce lointain rocher de la mer d'Afrique, qui a nom Sainte-Hélène !... Quatre îles décidèrent de la destinée de Napoléon : la Corse, l'Angleterre, l'île d'Elbe, Sainte-Hélène ; et lui-même était comme une île au milieu de l'Océan de l'histoire, *unico nel mondo*, me disait le brave marin corse assis à mes côtés, lequel, en vue de son pays natal, me parlait de Napoléon.

Cependant la nuit arriva. Le firmament scintillait d'étoiles et la mer était pleine de lueurs phosphorescentes. Au-dessus de la Corse brillait Vénus (les marins l'appellent le *stellone*), et c'est sur elle que le navire dirigea sa proue.

Nous passâmes tout près des côtes abruptes de Capraia, entre cette île et l'île d'Elbe. L'historien Paul Diacre fut autrefois confiné à Capraia, qui n'est qu'un bloc de granit dénudé. Une tour génoise surgit sur un écueil ; le seul lieu habité de l'île (dont il porte le nom) se cache timidement derrière les gigantesques rochers que couronne la forteresse. Ces murailles et ces maisons blanches au milieu de ces pics rougeâtres, de ce désert, de ce complet isolement, produisent l'impression d'une de ces villes solitaires que l'on rencontre sur les falaises de Syrie.

Au temps de Paoli, les Corses firent hardiment la conquête de Capraia ; mais l'île revint aux Génois, lorsque ces derniers vendirent la Corse à la France ; puis, avec Gênes, elle tomba au pouvoir du Piémont.

Nous approchions du rivage de la Corse, où l'on voyait parfois briller une lueur. Le navire mit enfin le cap sur le phare de Bastia ; nous étions arrivés. La ville forme un demi cercle autour de son petit port ; à gauche est la vieille citadelle génoise, à droite la *marina,* et au-dessus s'élèvent de sombres montagnes. Une barque accosta le bateau et prit les passagers qui désiraient descendre à terre.

C'est ainsi que je visitai la Corse, cette île dont la carte seule avait déjà exercé sur mon enfance une puissante fascination. En entrant dans un pays étranger, surtout au moment où la nuit l'enveloppe de son voile mystérieux, on est comme en proie à une attente fiévreuse, et les premières impressions que l'on éprouve sont d'ordinaire fort tenaces. Je l'avoue, mes dispositions n'étaient point favorables, et pendant longtemps j'eus de la peine à m'en défendre. Nous autres Allemands, nous savons en général de la Corse que Napoléon y a vu le jour, que Pascal Paoli y a soutenu pour la liberté une lutte héroïque, que ses habitants sont hospitaliers, vindicatifs, et deviennent parfois les bandits les plus audacieux, et voilà tout. J'arrivais avec des idées très noires sur le pays, et les premiers événements paraissaient bien de nature à les justifier.

La barque s'approcha du quai où se tenait un groupe de douaniers et de matelots, faiblement éclairés par quelques lanternes portatives. Le batelier sauta à terre. J'ai rarement vu des hommes d'un aspect aussi repoussant. Il avait sur la tête un bonnet phrygien en laine rouge et sur l'un des yeux un mouchoir blanc en bandeau. A la lueur de sa lanterne il examina le prix du passage, jurant et tempêtant contre les voyageurs ; et sa rage inexplicable me fournit aussitôt la preuve du caractère emporté des Corses.

Les personnes qui étaient sur le quai s'entretenaient avec la plus grande animation. Elles racontèrent qu'un quart d'heure auparavant un homme avait tué son voisin à coups de poignard, *ammazzato,* mot que j'ai entendu bien des fois répéter en Corse, *ammazzato con tre colpi di pugnale.*

Et pourquoi donc ?

Dans l'ardeur de la discussion. La police est après lui ; mais on ne l'attrappera pas. Il aura sans doute déjà gagné le makis, (*la macchia*). *La macchia*, voilà un mot qui a souvent ici frappé mes oreilles, aussi souvent qu' *ammazzatu* ou bien *tumbatu*. Prendre la *macchia* a le même sens que devenir bandit.

J'éprouvais cette espèce d'excitation que provoque l'attente d'événements extraordinaires. Il fallait chercher un hôtel. Un jeune homme vint à moi et me dit en toscan qu'il me trouverait une *locanda*. Je suivis l'aimable italien : c'était un sculpteur de Carrare. Les rues étroites et escarpées de la ville n'étaient éclairées que par les étoiles du ciel. Nous frappâmes à quatre *locande*, mais en vain : aucune n'ouvrit sa porte. Nous allâmes frapper à une cinquième : personne ne répondit. « Ici on n'ouvrira pas, me dit le Carrarais, car la fille de l'hôtelier est sur son lit de mort. » Nous rodâmes ainsi pendant une heure dans la ville déserte, sans qu'une âme vivante voulût bien se laisser attendrir. « Est-ce donc là, me disais-je, l'hospitalité corse tant vantée ? Il me semble que je viens d'entrer dans une nécropole ; j'écrirai demain sur la porte de Bastia : « Laissez toute espérance, ô vous qui entrez ! »

Nous voulions cependant faire une autre tentative. En continuant notre course errante, nous nous heurtâmes à une troupe de voyageurs aussi malheureux que nous. C'étaient deux Français, un émigré italien et un anglais. Je me joignis à eux et nous fîmes encore une fois le tour des hôtels. Tout cela n'était point fait pour me donner une haute idée de l'industrie et de la civilisation du pays, car Bastia est la ville la plus importante de l'île (elle compte environ 15000 habitants). Si l'étranger, me disais-je, trouve ici un tel accueil, que sera-ce dans l'intérieur ?

Cependant nous rencontrâmes une troupe de gendarmes

corses, de rudes gaillards au teint bronzé et à la barbe noire. Ils portaient une tunique bleue à aiguillettes blanches et le fusil à deux coups sur l'épaule. Après avoir entendu nos doléances, l'un d'eux s'offrit à nous conduire à un cabaret tenu par un vieux militaire, chez lequel il croyait que nous pourrions trouver un gîte. Il nous mena, en effet, à une vieille maison en face de la citadelle, et nous frappâmes tant et si fort que le soldat-hôtelier se réveilla enfin et mit le nez à la fenêtre. Au même instant quelqu'un passa en courant tout près de nous, notre sbire se mit à ses trousses sans souffler mot, et tous deux disparurent dans les ténèbres.

« Qu'est-ce ? Que signifie cette chasse ? »

Quelque temps après le gendarme revenant à nous, dit qu'il avait cru reconnaître l'assassin dans cet homme qui courait. « Mais, s'écria-t-il, celui-là est déjà loin ; peut-être même qu'un pêcheur l'a déjà transporté à l'île d'Elbe ou à Capraia. Il y a quelque temps, nous avons abattu Arrighi dans la montagne, ainsi que Massoni et Serafino. Mais il nous a tué cinq hommes ! »

Le vieux soldat-hôtelier nous ouvrit enfin, et nous fit entrer dans une grande chambre fort vilaine. Nous nous assîmes gaiement à table, savourant avec délices un souper frugal, du pain de froment délicieux, du fromage de brebis tout frais, et de l'excellent vin corse, qui a tout le feu du vin d'Espagne. Une lampe fumeuse éclairait ce repas de voyage, auquel la bonne humeur ne faisait point défaut. On y but maintes rasades aux héros insulaires, et notre aubergiste alla chercher plus d'une bouteille dans le coin réservé. Nous étions là réunis, les représentants de quatre nations différentes, un Corse, deux Français, un Allemand et un Lombard. Je prononçai une fois le nom de Louis Bonaparte en adressant une question. Aussitôt la société fit silence, et les joyeux Français prirent un air abattu.

Cependant le jour arrivait. Quittant alors la *casa* du vieux Corse, nous allâmes contempler la mer dorée par les premiers feux du matin. Le soleil levant illuminait les trois îles situées en face de Bastia, l'île d'Elbe, Capraia et la petite Montecristo. La quatrième île de ces parages, c'est la Pianosa, l'antique Planasia, où Tibère fit autrefois égorger Agrippa Posthumus, petit-fils d'Auguste. Elle est plate, comme son nom l'indique ; c'est pourquoi il est difficile de la distinguer d'ici. La vue continuelle de ces trois îles bleues à l'horizon rend les promenades de Bastia doublement agréables. Je m'assis sur les remparts, et de là je dominais la mer et le petit port de la ville où se trouvaient à peine six navires. Ces brunes falaises, ces collines verdoyantes parsemées de bois d'oliviers, ces petites chapelles sur le rivage, ces vieilles tours génoises sombres et solitaires, cette vaste nappe d'eau brillant de tout l'éclat des couleurs méridionales, enfin l'idée que j'étais comme perdu dans cette île étrangère produisirent sur mon âme une impression ineffaçable.

En quittant la citadelle pour chercher pendant le jour un hôtel convenable, j'assistai encore à une scène d'un caractère bizarre. Deux gendarmes à cheval, entourés d'une foule nombreuse, conduisaient devant eux un homme attaché à une longue corde, lequel faisait les bonds les plus merveilleux, et imitait tous les mouvements d'un cheval. C'était un pauvre fou qui s'imaginait être un noble coursier. Aucun des assistants ne riait, bien que les gambades de l'infortuné fussent assez originales. Tous étaient mornes et silencieux ; et en voyant ces hommes si graves devant le malheur, je me trouvai pour la première fois à l'aise dans leur île, et me dis que les Corses n'étaient point des barbares. Les cavaliers s'éloignèrent avec le fou qui, attaché à sa corde, trottinait par les rues de la ville, portant sur sa figure les marques de la plus grande satisfaction. Cette manière de se servir de son idée fixe pour le conduire me parut à la fois ingénieuse et naïve.

CHAPITRE II

LA VILLE DE BASTIA

La position de Bastia est sinon excellente, du moins fort remarquable. La ville est bâtie en amphithéâtre autour de son petit port. La mer n'y forme point de golfe, mais un simple lieu de débarquement (*cala*). Le côté droit du port est obstrué par un noir rocher gigantesque, que le peuple nomme *Leone* parce qu'il ressemble à un lion, et il est dominé par la sombre citadelle génoise (*le Donjon*). Le quai s'étend à gauche et se termine en un *molo* qui porte un phare à son extrémité. Au-dessus du port la ville s'élève en terrasses : ce sont de hautes maisons, serrées les unes contre les autres, semblables à des tours, avec de nombreux balcons ; et le tout est couronné par des collines verdoyantes où l'on voit des couvents abandonnés, des bois d'oliviers et de nombreux jardins d'orangers, de citronniers et d'amandiers.

Bastia tire son nom du bastion que les Génois y ont construit. La ville n'est point ancienne : ni Pline, ni Strabon, ni Ptolémée ne parlent d'une localité quelconque existant de leur temps à cette place. Il y avait là jadis la petite *marine* de Cardo, village des environs. Le gouverneur génois Leonello Lomellino y fit bâtir en 1383 le Donjon ou Château, autour duquel s'éleva bientôt une partie de la ville actuelle, la *Terra nuova* ; la partie basse, plus ancienne, s'appela alors

Terra vecchia. Les deux quartiers forment maintenant deux cantons. Les Génois y transférèrent ensuite de Biguglia le siège du gouvernement de la Corse, et c'est à Bastia que résidèrent les Fregosi, les Spinola, les Doria (onze Doria gouvernèrent l'ile pendant plus de 400 ans), les Fieschi, les Cibò, les Giustiniani, les Negri, les Vivaldi, les Fornari et tant d'autres membres des plus illustres familles de Gênes. En 1797, les Français divisèrent la Corse en deux départements, auxquels ils donnèrent le nom des rivières du Golo et du Liamone, et Bastia fut le chef-lieu du département du Golo. Mais en 1811 les deux départements ayant été réunis en un seul, la ville d'Ajaccio, plus petite, en devint le chef-lieu. Aujourd'hui même Bastia ne peut pas oublier qu'elle a été un jour la capitale de l'île et qu'elle n'est plus qu'une simple sous-préfecture ; mais par l'industrie, le commerce et la civilisation elle est encore incontestablement à la tête de la Corse. La jalousie des Bastiais et des Ajacciens ne semblerait qu'un ridicule esprit de clocher, si l'on ignorait que la séparation de la Corse en pays du deçà et du delà des monts a existé aux premiers temps de son histoire. Aussi le caractère des habitants de ces deux contrées est-il tout à fait différent : au-delà des montagnes qui séparent la Corse de l'Est à l'Ouest, il y a infiniment plus de rudesse, tout le monde est armé ; en deçà l'instruction est plus répandue, l'agriculture plus avancée et les mœurs sont plus douces.

De nos jours la *Terra vecchia* est, à proprement parler, la *Terra nuova* : on y voit les rues les plus belles. La plus importante, c'est la *Traversa*, ouverte depuis peu d'années : c'est une rue qui se dirige vers la mer avec des maisons de six et sept étages ; elle n'est pas encore entièrement bâtie. Elle m'a rappelé la plus belle rue que j'aie vue de ma vie, la *strada Balbi e nuova* de Gênes. Mais bien que les maisons de la *Traversa* aient des dimensions de palais, elles ne brillent ni par l'architecture ni par la richesse des matériaux. La Corse possède à profusion les pierres les plus rares, le marbre, le porphyre, la serpentine, l'albâtre, un superbe granit; mais elle ne les emploie presque pas. La nature est ici délaissée partout ; c'est comme une belle princesse enchantée.

En ce moment on construit du moins sur la *Traversa* un palais de justice, et j'ai vu dans les carrières de Corte tailler les colonnes de marbre qui doivent en orner les arcades. Mais c'est en vain que j'ai cherché ailleurs des ornements de marbre ; et cependant, le croirait-on ? toute la ville de Bastia est pavée en marbre, que l'on extrait des carrières de Brando. Je ne sais si, comme je l'ai entendu dire, ce pavé est réellement le plus beau du monde.

Malgré ses grandes proportions, la *Traversa* est la moins animée des rues de la ville. Tout le commerce se porte sur la place Favalelli, sur le quai et à *Terra nuova*, autour du Fort. Le soir le beau monde va se promener sur la place Saint-Nicolas, au bord de la mer, où se trouvent la Sous-Préfecture et la Cour d'Appel.

Il n'y a pas une seule œuvre d'architecture qui puisse arrêter ici l'étranger ; tout l'intérêt réside pour lui dans les charmantes promenades au bord de la mer et dans les excursions sur les montagnes ombragées d'oliviers. Quelques églises de Bastia sont spacieuses et richement décorées, mais d'un extérieur lourd et sans art. La cathédrale contient plusieurs tombeaux de seigneurs génois ; elle se trouve à *Terra nuova*. *Terra vecchia* possède l'importante église de Saint-Jean-Baptiste, dont je ne parle cependant que pour le tombeau de Marbeuf, qu'elle renferme. Marbeuf gouverna la Corse pendant seize ans ; il fut l'ami de Charles Bonaparte, qui avait été autrefois chaud partisan de Paoli, et il ouvrit la carrière de Napoléon en lui procurant une place à l'école de Brienne. Son tombeau n'a plus d'inscription : celle qui s'y trouvait au temps de la guerre de Paoli contre la France fut détruite par les patriotes corses, qui écrivirent sur la pierre tumulaire : « Le monument que le honteux mensonge et la basse flatterie ont consacré au tyran de la Corse désolée, la vraie liberté et la libre vérité de toute la Corse en fête viennent de le renverser aujourd'hui. » Lorsque Napoléon arriva à l'empire, Madame Letizia voulut accorder à la veuve de Marbeuf le premier rang parmi les dames de sa cour ; mais l'empereur évita heureusement cette grande maladresse ; il sentit qu'il ne convenait pas d'assigner à Madame Marbeuf une charge de service dans cette même famille qui devait tant à la protection de son mari. Il fit donner une pension de 10,000 francs au fils de Marbeuf ; ce jeune général mourut au champ d'honneur en Russie. Le petit théâtre de Bastia est un monument de Marbeuf, qui l'a fait bâtir à ses frais.

L'église de Saint-Jean renferme le tombeau d'un autre Français de distinction : c'est celui du comte Boissieux, petit-fils du maréchal Villars, mais toujours malheureux dans ses guerres. Il mourut en 1738.

Ce qui m'attirait surtout à Bastia, c'était la vie du port et le mouvement des marchés. Je ne manquais jamais, par exemple, d'aller visiter tous les matins le marché aux poissons. Aussi, les pêcheurs avaient-ils fait quelque bonne prise ? Ils me la montraient en me disant avec amitié : « Voilà, Monsieur, une *murena* ; ceci est une *razza* ; vous voyez là le *pesce spada*, le *pesce prete*, la *triglia*, le *capone*, le *grongo*... »

Dans un coin du marché, comme indignes de paraître avec les autres, se trouvent les poissons de l'étang. La côte orientale de la Corse a de vastes étangs fort poissonneux : séparés de la mer par une étroite et basse langue de terre, ils communiquent cependant avec elle par quelque point.

Le plus beau de tous les poissons, c'est vraiment la murène. Elle ressemble à un serpent de magnifique porphyre. Elle poursuit, dit-on, la langouste dont elle aime à sucer la chair ; la langouste mange la rascasse, et celle-ci la murène. Nous retrouvons là les subtilités de la fable du loup, l'agneau et le chou : On doit passer la rivière ; comment fera-t-on pour les transporter l'un après l'autre sur la rive opposée ? Je suis trop peu diplomate pour empêcher la guerre entre ces poissons. Mais les pêcheurs les prennent souvent tous les trois dans un même filet.

Les golfes de la Corse, surtout ceux d'Ajaccio et de Bonifacio, fournissent beaucoup de thons et de sardines. Les Romains ne tiraient point d'esclaves de l'île, parce qu'ils les trouvaient trop arrogants ; mais ils aimaient fort le poisson corse, qui s'étalait à la table de leurs grands seigneurs. Juvénal lui-même le cite avec éloge.

Le marché de la place Favalelli est le matin fort animé. Les fruitières et les marchandes de légumes sont là assises auprès de leurs corbeilles, où brillent les plus beaux fruits du midi. On n'a qu'à parcourir ce marché pour se faire une idée de la richesse naturelle du pays : ici des poires et des pommes, des pêches et des abricots, des prunes de toute espèce ; là des amandes fraîches, des oranges et des citrons, des grenades ; à côté, des pommes de terre ; puis, des bouquets de fleurs ; là-bas, des figues vertes ou bleues et les inévitables pommes d'amour ; plus loin, d'excellents melons à un sou pièce ; au mois d'Août on y trouve aussi le raisin muscat du Cap-Corse.

Des villages environnants descendent le matin de fort bonne heure des femmes de tout âge pour aller porter leurs produits à la ville. Il y en a beaucoup parmi elles qui se distinguent par leur beauté. Je suivais un soir la route de Pietranera, au bord de la mer. Je rencontrai une jeune fille qui retournait au village avec son panier vide sur la tête.

— *Buona sera! Evviva, Signore!* me dit-elle. La conversation s'anima. La jeune Corse me raconta naïvement l'histoire de son cœur : — Ma mère veut me contraindre à épouser un jeune homme que je n'aime pas.

— Pourquoi donc?

— Parce qu'il ne me convient pas. *Ah! Madonna!*

— Est-il jaloux?

— *Come un diavolo! ah, madonna!* Je voudrais déjà m'enfuir à Ajaccio!

Pendant que nous causions, un Corse s'avança vers nous ; il portait une cruche à la main et se rendait à la fontaine.

— Si vous voulez vous rafraîchir, dit-il, attendez mon retour ; puis, Paolina, tu viendras un peu à la maison : j'ai à te parler au sujet de ton mariage.

— Voyez, me dit la jeune fille! C'est un de mes parents. Ils m'aiment tous et, quand ils me rencontrent, ils ne manquent jamais de me saluer avec bonté. Mais aucun d'eux n'est d'avis que je doive me marier avec Antonio.

Nous approchions de la maison. Paolina se tourna aussitôt vers moi d'un air grave en me disant : « *Signore*, maintenant il faut nous séparer, car si j'entre avec vous dans le village, le monde en médira (*faranno mal grido*). Mais si vous voulez venir demain demander l'hospitalité à ma mère, nous appellerons nos parents pour vous faire honneur. Nous avons assez d'amis au Cap-Corse. »

Je m'en retournai, et à la vue de la beauté incomparable de la mer et du silence de ces montagnes sur lesquelles les chevriers commençaient à allumer leurs feux, je me rappelai vivement Homère et la scène de Nausicaa auprès des Phéaciens hospitaliers.

En Corse les femmes portent le *mandile*, mouchoir de couleur qui couvre le front et qui, collant sur la tête, va se nouer autour de la tresse et cache entièrement les cheveux. Cette coiffure est en usage dans tout le pays. Elle remonte à une époque très ancienne, car les figures de femmes peintes sur les vases étrusques en sont affublées.

Elle va parfaitement aux jeunes filles, moins bien aux femmes d'un certain âge, qu'elle fait ressembler à des juives. Les hommes ont un béret de couleur brune ou rouge ; c'est l'antique bonnet phrygien. Pâris, fils de Priam, le portait déjà, ainsi que le persan Mithras, comme on le voit par les figures qui les représentent. Chez les Romains ce bonnet était l'emblème des Barbares, témoin les prisonniers daces de l'arc de triomphe de Trajan (ils sont maintenant sur l'arc de Constantin) et d'autres statues de rois barbares, sarmates et asiatiques, placées sur des monuments de ce genre. La même coiffure était pour les doges de Venise l'insigne de leur dignité.

Les femmes corses portent sur la tête tous les fardeaux, et des poids vraiment incroyables. Cependant ainsi chargées, elles trouvent encore le moyen de tenir un fuseau et de filer en marchant. Avec leurs grands vases en cuivre à deux anses, pleins d'eau, sur la tête, elles sont d'un effet pittoresque. Je n'ai vu cela qu'à Bastia. Au-delà des monts on transporte l'eau dans des cruches en terre cuite, de formes grossières, à la vérité, mais rappelant un peu les vases étrusques.

— Voyez-vous cette femme avec un seau d'eau sur la tête?
— Oui ! eh bien, qu'y a-t-il d'extraordinaire ?
— Elle aurait pu être aujourd'hui princesse de Suède et épouse d'un roi.
— *Madre di Dio !*
— Voyez ce village perché là-haut sur la montagne ! C'est Cardo. Un jour Bernadotte, alors simple soldat, s'éprit d'une

Cardinca. Les parents éconduisirent le *povero diavolo* ; mais le pauvre diable devint roi. Si la jeune villageoise l'avait épousé, elle serait devenue reine, et sa fille, qui transporte là de l'eau sur la tête, ne se plaindrait pas maintenant de n'être point princesse de Suède. »

Bernadotte a travaillé, comme soldat, à la route de Saint-Florent à Bastia. Au pont du Golo, à quelques milles de Bastia, il fut nommé caporal, très heureux de son avancement. Il fut alors préposé à la surveillance des ouvriers de la route. Puis, il copia des rôles pour le compte d'Imbrico, greffier à la cour. Il existe encore aux archives de Paris un grand nombre de copies de sa main.

Certes, la Corse est une île extraordinaire ! Plus d'un de ses habitants a parcouru ses montagnes solitaires sans se douter qu'il porterait un jour une couronne royale. C'est le pape Formose, natif du village de Vivario, qui, au neuvième siècle, a ouvert la série ; puis vint le renégat Lazzaro, de Bastia, qui, au seizième siècle, fut nommé dey d'Alger ; au temps de Napoléon, une femme corse fut élevée à la dignité de première impératrice du Maroc, et Napoléon lui-même devint le premier empereur de l'Europe.

CHAPITRE III

ENVIRONS DE BASTIA

Que de charmes ont ici les promenades du soir et du matin sur le rivage ! En faisant quelques pas à peine on se trouve près du grand élément ou dans les montagnes, là comme ici séparé du monde, au milieu de la bienfaisante solitude de la nature. Au bord de la mer s'élèvent des bois touffus d'oliviers. Souvent je m'y couchais auprès d'un tombeau de famille (un petit monument avec une coupole moresque), et entouré d'un silence ravissant, je regardais par delà les flots les trois îles à l'horizon. Partout où l'on tourne les yeux règne un calme et un recueillement solennels : de sombres falaises, couvertes de cactus épineux, des tours solitaires, rien sur les vagues, nulle part un homme, un oiseau, à droite et à gauche de hautes montagnes inondées d'une chaude lumière.

Je gravis les hauteurs des environs de Bastia. Elles sont parsemées de vignobles, de bois d'oliviers, de jardins d'orangers, de petites villas aux formes les plus bizarres ; çà et là on aperçoit un palmier éventail, des chapelles funéraires au milieu des cyprès, des ruines ensevelies sous le lierre. Les sentiers sont rudes : il faut enjamber des roches roulées par les eaux, marcher sur des murs, entre des haies de ronces, dans un enchevêtrement de lierres et de chardons sauvages. J'admirais surtout la campagne au Sud de Bastia. De ce côté, les montagnes affectent, comme presque partout en Corse, la forme de superbes pyramides ; mais elles sont plus éloignées et s'inclinent doucement vers une plaine souriante. C'est là qu'est le vaste étang de Biguglia, avec sa couronne de roseaux, silencieux et morne, à peine traversé par quelque petite barque de pêcheurs. Je le regardais par un soleil couchant, qui le couvrait d'une teinte rose ainsi que les hauteurs. Un seul navire glissait sur la mer éclairée par les derniers feux du jour.

Le calme d'une grande nature initie notre âme comme à de saints mystères. Je voyais à gauche le couvent de Saint-Antoine au milieu des oliviers et des cyprès, deux moines assis devant le portique et des femmes, couvertes d'un voile noir, sortant de l'église ; et cette scène fit revivre en moi le souvenir d'un tableau représentant l'heure des Vêpres en Sicile.

En descendant vers la grande route, j'arrivai au chemin du Nebbio, au moment où des troupeaux de chèvres rentraient au bercail. Je vis passer devant moi, au galop, des cavaliers avec le bonnet phrygien sur la tête, la veste brune en laine de brebis jetée sur les épaules, le fusil double en bandoulière, de rudes gaillards au visage de bronze, montés sur des chevaux rouges. Ils sont parfois deux, homme et femme, placés l'un derrière l'autre sur la même bête, et lorsque le soleil est trop brûlant ils ouvrent un énorme parasol.

L'ombrelle est ici indispensable en été. J'ai vu souvent des hommes et des femmes prendre des bains de mer, les femmes habillées, les hommes tout nus ; ils étaient là tranquillement assis dans l'eau, sous leurs grands parasols, et ils me semblaient on ne peut plus heureux.

Les femmes chevauchent ici comme les hommes, et se tiennent bien sur leur monture. L'homme porte toujours la *zucca*, une gourde ronde, en sautoir, souvent un petit sac en poil de chèvre (le *zaino*), et autour de la taille la *carchera*, cartouchère en cuir.

Devant moi marchaient plusieurs hommes qui revenaient des champs, et rentraient à la ville. Je me joignis à eux. Ils m'apprirent qu'ils étaient nés sur le continent italien. Il arrive tous les ans en Corse plus de cinq mille ouvriers de la Terre ferme, surtout de la Ligurie, de Lucques et de Piombino : ils viennent cultiver les champs des paresseux insulaires. Les Corses passent encore, avec raison, pour ne point aimer le travail, et en cela ils ne ressemblent guères à d'autres braves montagnards, aux Samnites, par exemple. Ces ouvriers étrangers s'appellent ici généralement *Lucchesi*. J'ai pu voir moi-même en quel profond mépris les Corses tiennent ces travailleurs infatigables, qui abandonnent chaque année leur pays, afin de pouvoir y rapporter un petit pécule gagné à la sueur de leur front dans un pays fiévreux.

J'ai souvent entendu employer le mot *Lucchese* comme une insulte. C'est surtout dans les montagnes de l'intérieur qu'on néglige les travaux de l'agriculture : on les juge indignes d'un homme libre. A l'exemple de ses pères, le montagnard corse exerce la profession de berger ; il se contente du lait de ses chèvres, de la farine de ses châtaignes, de l'eau fraîche de ses sources, du produit de sa chasse.

Il y a maintenant en Corse un certain nombre de démocrates italiens, qui s'y sont réfugiés après l'avortement de leur révolution. Pendant l'été de cette année on en comptait environ cent cinquante, appartenant à toutes les classes de la société ; la plupart résidaient à Bastia. J'eus l'occasion de connaître les plus considérables de ces émigrés, et je les accompagnais souvent dans leurs promenades. C'était une société bigarrée, comme l'Italie politique, des Lombards, des Vénitiens, des Napolitains, des Romains, des Florentins.

Je fis cette remarque : dans un pays sans culture, les Italiens et les Allemands sont attirés les uns vers les autres ; placés sur un terrain neutre, ils éprouvent une mutuelle sympathie. Il faut dire aussi qu'en 1848, les peuples ayant subi des destinées communes, bien des barrières se sont abaissées, et il s'est produit partout des théories, où les hommes, à quelque nation qu'ils appartiennent, se sentent tous également à l'aise. Je trouvai parmi ces exilés des gens de tout âge et de toute condition, tels qu'une société pareille peut aussi en réunir chez nous, des fanatiques exaltés et des esprits calmes avec des principes solides et une intelligence positive.

Aujourd'hui le monde est plein de réfugiés appartenant aux diverses nations de l'Europe. Ils sont surtout répandus dans les îles que la nature semble depuis longtemps avoir destinées à cela. Il y en a beaucoup aux Iles Ioniennes, dans les îles de la Grèce ; un grand nombre vivent en Sardaigne et en Corse, d'autres dans les îles de la Normandie, la plupart en Angleterre. Ces proscrits subissent le sort des peuples de l'Europe : quelle que soit la différence des lieux, le bannissement politique est chez ces peuples aussi ancien que l'histoire de leurs États ; c'est comme une fatalité. En les voyant, je me rappelais l'époque où les îles de la Méditerranée, Samos, Délos, Egine, Corcyre, Lesbos, Rhodes, servaient d'asile aux réfugiés politiques de la Grèce, que les révolutions avaient chassés d'Athènes ou de Thèbes, de Corinthe ou de Sparte ; je songeais aux nombreux exilés que Rome avait, au temps des Césars, confinés dans les îles, Agrippa Posthumus à Planasia, le philosophe Sénèque en Corse. Cette dernière contrée surtout a été à toutes les époques une terre d'exil, aussi bien qu'un lieu de refuge, un véritable pays de *banditi*. Elle l'est encore : Errants, sans abri, de farouches vengeurs parcourent ses montagnes, les émigrés politiques se cachent dans ses villes ; et la même proscription pèse sur ces infortunés que la loi menace également de la prison et de la mort. La Corse fait plus que pratiquer la religion de l'hospitalité envers ces émigrés italiens ; elle paie une dette de reconnaissance, car les Corses ont autrefois trouvé partout en Italie un accueil hospitalier.

Le gouvernement français s'est jusqu'ici montré tolérant et libéral envers ces hôtes. Leur complet isolement force d'ailleurs les exilés à mener ici une vie contemplative, pleine de calme et de dignité. A ce point de vue, ils sont peut-être moins à plaindre que leurs frères d'infortune réfugiés à Jersey ou à Londres.

CHAPITRE IV

LE FLORENTIN FRANCESCO MARMOCCHI

> Il n'y a ici que deux choses : l'exil et l'exilé.
> SÉNÈQUE (*Sur la Corse*).
>
> Προςκυνοῦντες τήν εἱμαρμένην σοφοί.
> ESCHYLE (*Prométhée*).

A la librairie Fabiani, où je demandai une géographie de la Corse, on me dit qu'on imprimait justement cet ouvrage, dont l'auteur était Francesco Marmocchi, émigré florentin. J'allai le voir et je fis là une de mes meilleures connaissances d'Italie. Je me trouvai en présence d'un homme de plus de trente ans, d'un extérieur aimable ; il était comme enfoui sous les livres. Il est difficile de trouver une chambre d'exilé respirant autant de calme : une bibliothèque composée des meilleurs ouvrages classiques (j'y aperçus avec joie le Kosmos de Humboldt), des gravures représentant des vues de Florence.

J'avais sous les yeux non seulement la retraite d'un lettré, mais aussi les goûts délicats d'un Florentin instruit.

Florence et la Corse ! On ne saurait peut-être imaginer de contraste plus grand. Aussi, j'éprouvai tout d'abord une étrange sensation lorsque, après avoir vécu six semaines dans la capitale de la Toscane, je quittai brusquement les madones de Raphaël pour les bandits de la Corse. Cependant, cette île est d'une merveilleuse beauté, et bien que l'exil, même au paradis, soit toujours un exil, un ami de la nature pourrait ici aussi bien qu'ailleurs se consoler, comme Sénèque, en étudiant dans un calme absolu les phénomènes naturels. Tout ce que le vieux Romain a écrit à sa mère Helvia, pendant son exil en Corse, sur les consolations que procurent la contemplation de la nature et l'étude de la science peut entièrement s'appliquer à Francesco Marmocchi. Cet ancien professeur de Florence m'apparut dans sa laborieuse et noble retraite comme le plus content des exilés.

A l'époque de la révolution de 1848, Marmocchi a été ministre avec Guerrazzi ; plus heureux que son ami politique, il put fuir de Florence à Rome et de là en Corse, où il avait déjà passé trois ans. Son activité infatigable et la stoïque sérénité avec laquelle il supporte son malheur donnent la preuve de sa mâle énergie. C'est l'un des meilleurs géographes italiens. Outre son grand ouvrage, une géographie universelle en six volumes in-4º, dont on tire en ce moment une édition nouvelle, il a composé une géographie de l'Italie en deux volumes, une géographie historique de l'antiquité, du moyen-âge et des temps modernes, une histoire naturelle d'Italie ainsi que d'autres ouvrages. Je le trouvai occupé à revoir sa petite géographie de la Corse, excellent manuel, qu'il a dû écrire en français. Elle a paru à Bastia chez Fabiani ; je lui dois d'utiles renseignements.

Un matin avant le lever du soleil, nous fîmes ensemble une excursion dans les montagnes de Cardo. Il est doux d'entendre les leçons du géographe, lorsqu'il nous sert lui-même de guide et qu'en présence de la florissante nature il en explique les sublimes phénomènes. Je suis presque mot-à-mot sa géographie :

La Corse doit son entière existence à l'agglomération des masses soulevées. Pendant un long intervalle elle a été soumise à trois grandes actions volcaniques, auxquelles il faut attribuer les lignes capricieuses de ses contours et son relief abrupt. Il est facile d'établir l'ordre successif de ces soulèvements. Le premier soulèvement eut lieu du Nord-Ouest au Sud-Ouest. On le reconnaît aux chaînes de montagnes qui parallèlement descendent jusqu'à la mer dans une direction N.-E. et S.-O. et y forment les principaux promontoires de l'île sur la mer occidentale. L'axe principal de l'île était alors tout autre, et les îles du détroit de Bonifacio, ainsi qu'une portion du Nord-Est de la Sardaigne en faisaient partie. La matière de ce premier soulèvement se compose surtout de terrains primordiaux granitoïdes ; à l'époque de cette convulsion de la nature il n'y avait donc là aucune étincelle de vie.

Le second soulèvement se fit du Sud-Ouest au Nord-Est, et une bonne partie de ces terrains soulevés sont aussi primordiaux granitoïdes ; cependant à mesure qu'on avance vers le Nord-Est, le terrain primordial granitoïde se transforme peu à peu et devient un terrain ophiolitique. Au reste, ce second soulèvement est peu reconnaissable. Il détruisit évidemment en grande partie la crête septentrionale du premier ; mais la géologie corse en conserve à peine aujourd'hui quelques vestiges.

La destruction presque complète de la partie Sud du soulèvement primitif est due au troisième et dernier soulèvement, qui donna à l'île sa forme actuelle.

Il eut lieu dans la direction du Nord au Sud. Tant que la masse de ce dernier soulèvement n'a pas été en contact avec les terres produites par les soulèvements antérieurs, elle a conservé une direction régulière, comme l'indique la chaîne des montagnes du Cap-Corse. Mais, plus au Sud, elle a, par un choc terrible, triomphé de la résistance des roches primitivement amoncelées ; elle bouleversa tout, changea de direction et se brisa même en plusieurs endroits, comme le montrent les ouvertures des vallées conduisant des régions intérieures à la plage orientale et devenues le lit des torrents qui de ce côté se jettent dans la mer : le Bevinco, le Golo, le Tavignano, le Fiumorbo et d'autres encore.

Les roches fondamentales de ce troisième soulèvement sont primordiales ophiolitiques et primordiales calcaires, recouvertes sur plusieurs points par des terrains secondaires.

Les terrains primitifs, qui occupent le Sud et l'Ouest de l'île, sont donc presque entièrement granitiques. Près de leur limite, ils renferment quelques couches de *gneiss* et de *schistes*.

Presque partout le granit est recouvert. Preuve évidente que l'époque de son émission a précédé celle où les terrains se formaient au sein de l'Océan et se déposaient en couches horizontales sur les masses cristallines des granits.

Des masses de roches euritiques et de porphyres entrecoupent les granits ; une formation distincte de porphyres couronne les monts Cinto, Vagliorba et Pertusato, les plus élevés du Niolo, et recouvre les granits. Ces porphyres sont à leur tour traversés par des filons de *grunstein* de deux à trois pieds de puissance.

Les terrains intermédiaires occupent tout le Cap-Corse et l'Est de l'île. Ils consistent en *calcaires* d'un gris bleuâtre, en *talc* massif, en *ollaires*, *serpentines*, *euphotides*, *quartz*, *feldspath* et *porphyres*.

Les terrains tertiaires ne se montrent que par lambeaux isolés, à Saint-Florent, Volpaiola, Aleria et Bonifacio. On y trouve, dans des lits de ciment calcaire, beaucoup de fossiles d'animaux marins d'un ordre inférieur, d'*oursins*, de *peignes*, de *polypes*, etc.

Quant aux plaines de la côte orientale, celles de Biguglia, de Mariana et d'Aleria par exemple, ce sont des terres d'alluvion formées à l'époque où les eaux détruisirent un grand nombre d'espèces animales. Tout près de Bastia on a trouvé parmi les fossiles diluviens la tête d'un *lagomys*, petit lièvre sans queue, qui vit aujourd'hui en Sibérie.

La Corse n'a point de volcans; mais on en voit çà et là d'anciens vestiges, près de Portovecchio, d'Aleria, de Balistro, de Santa Manza et ailleurs.

Il semble presque incroyable qu'une île si rapprochée de la Sardaigne, de la Toscane, et particulièrement de l'île d'Elbe, puisse être aussi pauvre qu'elle l'est en effet, en productions minérales de la classe des métaux. Il y a sans doute un peu partout de nombreux indices de mines métallifères : ici des traces de fer ou de cuivre, là de plomb, d'antimoine, de manganèse, de molybdène, ou bien de mercure, de cobalt, d'or et d'argent. Mais tout cela est illusoire, comme l'a montré l'ingénieur Gueymard dans son ouvrage sur la géologie et la minéralogie de la Corse.

Les seules mines métallifères qu'il y aurait actuellement avantage à exploiter, ce sont : au Cap-Corse les mines de fer d'Olmeta et de Farinole, et la mine d'antimoine d'Ersa; la mine de fer près de Venzolasca; la mine de cuivre de Linguizzetta; et la mine de manganèse près d'Alesani.

Par contre, la Corse est d'une inépuisable richesse en roches précieuses de l'espèce la plus rare; c'est le véritable paradis des géologues. Mais ce trésor est complètement négligé et ne trouve point d'emploi. Il vaut la peine de citer ces pierres magnifiques, dans l'ordre que la géologie leur a jusqu'ici assigné.

1. Granits.

Granit rouge, semblable au granit oriental, entre l'Orto et le lac de Creno.

Granit rouge de corail, près d'Olmiccia.

Granit rouge rose, près de Cargese.

Granit rouge légèrement violet, près d'Aïtone.

Granit rose de Carbuccia.

Granit rose de Porto.

Granit rose rouge, près d'Algaiola.

Granit avec grenats (grenats de la grosseur d'une noix), près de Vizzavona.

2. Porphyres.

Porphyres variés du Niolo.

Porphyre noir, tacheté de rose, près de Portovecchio.

Porphyre nankin, avec feldspath rose, près de Portovecchio.

Porphyre gris verdâtre avec améthiste, sur la Restonica.

3. Serpentines.

Serpentine verte, très dure, et serpentine transparente, près de Corte, Matra et Bastia.

4. Eurites, amphibolites et euphotides.

Eurite globuleux, près de Curso et de Girolata, dans le Niolo, etc.

Amphibolite globuleux, vulgairement appelé granit orbiculaire (les globules se composent de feldspath et d'amphiboles disposés par couches concentriques), par blocs isolés, près de Sollacarô, sur le Taravo, dans la vallée de Campolaggio, etc.

Amphibolite à cristaux d'amphibole noir dans un feldspath blanc, près d'Olmeto, de Levie et de Mela.

Euphotide, appelé aussi Vert de Corse et Vert d'Orezza, dans le lit de Fiumalto et dans la vallée de Bevinco.

5. Jaspes et agates.

Jaspes dans des granits et des porphyres (Niolo et vallée de Stagno).

Agates, également dans les granits et les porphyres (mêmes endroits).

6. Marbres et albâtres.

Marbre blanc statuaire d'une beauté éblouissante, près d'Ortiporio, de Casacconi, de Borgo, de Cavignano, etc.

Marbre gris bleuâtre, près de Corte.

Albâtre jaune, dans la vallée de Santa Lucia près de Bastia.

Albâtre blanc, demi transparent, lamellaire et fibreux, dans une grotte derrière Tuara, au fond du golfe de Girolata.

CHAPITRE V

DEUXIÈME LEÇON

Ce fut une leçon bien instructive que celle que me donna F. Marmocchi, ancien professeur d'histoire naturelle, et ministre de Toscane, aujourd'hui pauvre *fuoruscito* solitaire, lorsqu'à l'heure la plus rosée du matin nous étions sur les vertes montagnes de Cardo, admirant ensemble la belle Méditerranée et sa douce teinte de saphir !

Dolce color d'oriental zaffiro. (Dante).

— Regardez, s'écria Marmocchi, cette bande bleue à l'horizon ! C'est la Toscane.
— Oh, oui, je vois bien la Toscane, je distingue même la belle Florence, et au milieu des *Uffizi* les statues des grands Toscans, Giotto, Orgagna, N. Pisano, Dante, Pétrarque, Boccace, Macchiavel, Galilée et le divin Michel-Ange. Trois mille Croates s'y promènent en ce moment parmi les statues ; l'air est si pur qu'on peut tout voir et tout entendre d'ici. N'entendez-vous pas, Francesco, les vers sublimes que ce Michel-Ange de pierre adresse à Dante ?

Dolce m'è il sonno e più l'esser di sasso,
Infinchè il danno e la vergogna dura.

Non parlar, non sentir m'è gran ventura :
Però non mi destar ! Deh, parla basso ! (1)

Mais voyez ce rocher brun et aride tout paré de fleurs ! Sa tête porte un superbe bouquet de myrte fleuri et son sein est gracieusement entouré d'une triple ceinture de lierre, de mûriers sauvages et de blanche clématite, cette douce vigne des bois. — Il n'y a point de plus belles couronnes que ces guirlandes de clématite avec leurs bouquets de fleurs blanches et leurs feuilles délicates ; déjà les anciens les recherchaient, et ils aimaient à s'en parer aux heures de plaisir.

Sur un petit espace quelle richesse de plantes agglomérées ! Ici le romarin et le cytise ; là l'asperge sauvage ; à côté un haut panache de bruyères à fleurs de lilas ; plus loin l'euphorbe qui, lorsqu'on la brise, fait jaillir un lait vénéneux; puis la sympathique lélianthème, qui laisse tomber peu à peu toutes ses belles fleurs jaunes, dès que l'on casse une seule de ses branches ; là se dresse, avec ses formes exotiques et bizarres, comme un Maure mécréant, le cactus épineux ; tout près de lui l'olivier sauvage, le chêne-liège, le lentisque, le figuier sauvage ; et à leurs pieds fleurissent les enfants bien connus de mon pays, la scabiée, le géranium, la mauve. Comme on se sent pénétré, réconforté par les parfums suaves qu'exhalent les fleurs de ces plantes sauvages, la rue, la lavande, la menthe et toutes ces labiées ! Napoléon ne disait-il pas à Sainte-Hélène, lorsque ses pensées se reportaient tristement vers le beau pays de sa naissance : « Tout y était meilleur, jusqu'à l'odeur du sol même. Elle m'eût suffi pour le deviner les yeux fermés. »

---

(1) Il m'est doux de dormir et surtout d'être de pierre, — tant que dure la misère et la honte ; — ni parler, ni sentir, c'est pour moi un grand bonheur. — Aussi, ne me réveille pas ! De grâce, parle bas !

Ecoutons maintenant les observations générales de Marmocchi sur la botanique de la Corse :

La Corse est la province la plus centrale du grand empire botanique de la Méditerranée, empire caractérisé par la surabondance des labiées, riches d'aromes, et des gracieuses caryophillées. Ces plantes couvrent toutes les parties de l'île, et en parfument l'air dans chaque saison.

En raison de cette position centrale, la botanique de la Corse se lie et se fond avec la botanique de toutes les autres provinces du vaste empire végétal dont nous venons de parler : par le Cap-Corse elle se rattache à la botanique ligurienne ; par la côte orientale, à la botanique toscane et romaine ; par les côtes occidentales et australes à celles de Provence, d'Espagne, de Barbarie, de Sicile et de l'Orient ; et enfin par la région centrale, très montagneuse et très élevée, à la botanique des Alpes et des Pyrénées. Aussi quelle richesse prodigieuse dans le règne végétal de la Corse ! Cette variété augmente encore la beauté des sites de l'île, si pittoresques déjà par la nature et les accidents du sol.

Quelques-unes de ses forêts sur les flancs des montagnes sont aussi belles que les plus renommées de l'Europe ; celles d'Aitone et de Vizzavona sont les plus remarquables. En outre, plusieurs provinces de la Corse sont couvertes d'immenses bois de châtaigners, dont les arbres sont aussi vigoureux et aussi productifs que les plus beaux arbres des Apennins et de l'Etna. Des plantations d'oliviers, vastes comme des forêts, ornent les collines et les vallées qui bordent la mer ou qui sont ouvertes à son influence. Partout, même sur les flancs raboteux et escarpés des hautes montagnes, les vignes serpentent autour des vergers et étalent aux yeux leur feuillage vert et leurs fruits pourprés. Des plaines fertiles, blondes de riches moissons, s'étendent sur les côtes; et l'orge et le seigle tapissent çà et là les penchants des montagnes de leur fraîche verdure, qui forme le plus beau contraste avec le vert plus foncé des makis et des bois et les tons froids des pierres et des rochers nus.

L'érable et le noyer se plaisent aussi, comme le châtaignier, dans les vallées et sur les montagnes ; le cyprès et le pin maritime aiment les lieux moins élevés ; le chêne-liège et le chêne-vert abondent dans les forêts ; l'arbousier et le myrte y acquièrent les proportions des arbres. Le pérussier et principalement l'olivier sauvage couvrent de vastes espaces sur les collines. L'alaterne, toujours vert, le genêt d'Espagne et de la Corse sont mêlés aux bruyères d'espèces variées, mais toutes également belles ; on distingue parmi elles l'*Erica arborea* qui atteint souvent une hauteur peu commune.

Dans les endroits périodiquement baignés par les débordements des torrents et des ruisseaux, le genêt de l'Etna, avec ses belles fleurs d'un jaune doré, les cystes, les lentisques, les térébinthes croissent partout où la terre n'est pas remuée par la main de l'homme. Plus bas, il n'est pas de ravin, ni de vallée qui ne soient ombragés par le gracieux laurier-rose dont les branches, vers les marines, se mêlent à celles du tamaris.

Le palmier éventail croît dans les rochers au bord de la mer, et le palmier dattier, apporté probablement d'Afrique, dans les parties les plus abritées des côtes. *Le cactus opuntia* et l'agave d'Amérique poussent partout dans les lieux chauds, rocailleux et arides.

Que dirai-je des superbes cotylédons, des belles plantes léguminenses, des grandes verbacées, des magnifiques digitales pourprées, qui tapissent les montagnes de l'île ? Et des mauves, des orchidées, des liliacées, des solanées, des centaurées et des chardons, plantes qui embellissent si bien les lieux brûlants, frais ou ombragés dans lesquels leurs sympathies naturelles les font naître ?

Le figuier, le grenadier, la vigne donnent en Corse de bons fruits, même quand l'agriculteur n'en prend aucun soin ; et le climat et le sol des rivages de cette belle contrée sont si favorables au limonier, à l'oranger et aux autres arbres de la même famille, qu'ils y forment de véritables forêts.

L'amandier, le cerisier, le prunier, le pommier, le poirier, le pêcher, l'abricotier, et généralemeut tous les arbres fruitiers de l'Europe y sont communs. Dans les expositions les plus chaudes de l'île les fruits du caroubier, du néflier de plusieurs espèces, du jujubier arrivent à parfaite maturité.

Enfin, si l'homme le voulait, il pourrait, selon les différentes localités et sans beaucoup de peine, cultiver avec succès la canne à sucre, le coton, le tabac, l'ananas, la garance et même l'indigo : en un mot, la Corse pourrait être pour la France la petite Inde de la Méditerranée.

Cette splendide végétation est favorisée par le climat. Il y a en Corse trois climats bien distincts, mesurés par les degrés d'élévation du terrain. La premier embrasse la région inférieure de l'atmosphère, depuis le niveau de la mer jusqu'à une hauteur de 580 mètres ; le second s'étend de cette hauteur à celle de 1950 mètres et le troisième de là au sommet des montagnes.

La première zône, c'est-à-dire toute la côte, est chaude, comme les terres parallèles d'Italie et d'Espagne ; elle n'a à proprement parler que deux saisons : le printemps et l'été; rarement le thermomètre y descend à deux ou trois degrés au-dessous de zéro, et il ne s'y maintient que peu d'heures. Sur toutes les plages, le soleil, même en janvier, est chaud ; mais la nuit et l'ombre y sont froids, et cela en toutes saisons. Si le ciel s'y voile, ce n'est que par intervalles ; le seul vent du Sud-Est, le lourd *Sirocco*, apporte les brumes tenaces que le violent Sud-Ouest, le *Libeccio*, chasse à son tour. Aux froids modérés de Janvier succède aussitôt une chaleur caniculaire de huit mois et la température passe de 8 degrés à 18, et même jusqu'à 26 degrés à l'ombre. Malheur à la végétation s'il ne pleut aux mois de Mars ou d'Avril ! Et ce malheur est fréquent : aussi, dans toute la Corse, les arbres et les arbustes sont-ils généralement des espèces à feuilles dures et coriaces, qui résistent à la sécheresse, tels que le laurier-rose, le myrte, le cyste, le lentisque, l'olivier. En Corse, comme dans tous les climats chauds, les terres basses, les contrées humides et ombreuses sont presque pestilentielles : l'on ne s'y promène point le soir sans y prendre des fièvres longues et cruelles qui, à moins de changer absolument d'air, se terminent parfois par l'hydropisie et la mort.

La seconde zône a le climat de la France, ou plutôt de la Bourgogne, du Morvan et de la Bretagne. La neige s'y montre en Novembre et y persiste quelquefois pendant 20 jours ; mais, chose remarquable, loin de tuer l'olivier, jusqu'à la hauteur de 1160 mètres elle le rend au contraire plus fécond. Le châtaignier semble être l'arbre spécial de cette zône : il disparaît vers 1950 mètres pour faire place aux chênes-verts, aux sapins, aux hêtres, aux buis, aux genévriers. C'est aussi dans ce climat qu'habite la majeure partie de la population corse, dans des villages disséminés sur les penchants des montagnes ou bien au fond des vallées.

La troisième zône est froide et orageuse pendant huit mois de l'année ; c'est le climat de la Norvège. Les seuls lieux habités de cette région sont le Niolo et les deux forts de Vivario et de Vizzavona. Au-dessus de ces habitations, l'œil n'aperçoit plus de végétaux, si ce n'est quelques sapins suspendus à des rochers grisâtres. C'est le séjour des aigles et des mouflons ; là aussi sont les sources et les réservoirs des nombreux torrents qui descendent avec fracas vers la plaine.

On peut donc considérer la Corse comme une pyramide

divisée en trois couches d'air horizontales, dont l'inférieure est chaude et humide, la supérieure froide et sèche, tandis que la moyenne participe de ces deux qualités.

CHAPITRE VI

SAVANTS CORSES

En considérant combien de personnages illustres la Corse a donnés en moins d'un siècle, on s'étonne de voir qu'une île si petite et si peu peuplée en ait tant produit ! Ses hommes d'État et ses généraux ont une importance européenne, et si ses lettrés ont moins de valeur, c'est que dans un tel pays et avec une pareille histoire les seconds devaient naturellement céder la place aux premiers.

Mais la science même a trouvé de nos jours chez les Corses des représentants autorisés, et des noms tels que ceux de Pompei, de Renucci, de Savelli, de Raffaelli, de Giubega, de Salvator Viale, de Caraffa, de Gregori font honneur à leur pays. Ce qu'il y a de curieux, c'est que la plupart de ces esprits distingués appartiennent au barreau. Ils se sont surtout fait connaître par leurs travaux sur la jurisprudence ou sur leur histoire nationale.

Nous devons une mention spéciale à Giovan Carlo Gregori, dont le souvenir mérite bien de vivre chez ses compatriotes. Il naquit à Bastia, en 1797, d'une famille très considérable de l'île. Entré au barreau, il fut successivement nommé juge auditeur à Bastia, juge d'instruction à Ajaccio, conseiller à la cour royale de Riom et de là à celle de Lyon. Il montra beaucoup d'activité comme président de l'académie des sciences de cette dernière ville, où il mourut le 27 mai

1852. Outre ses études sur le droit romain, l'histoire de la Corse a été le constant objet de sa passion patriotique. Il avait projeté d'écrire cette histoire et réuni, dans ce dessein, un grand nombre de matériaux. La mort le surprit au milieu de son travail, et l'on ne pourra jamais assez le regretter. Néanmoins Gregori a rendu d'assez grands services à son pays : il a donné une nouvelle édition de l'histoire de Filippini qu'il voulait continuer, une édition et une traduction italienne des annales corses de Pietro Cirneo ; enfin, en 1843 il a publié les *Statuts de la Corse*, ouvrage d'une grande importance. Dans sa jeunesse il a aussi composé une tragédie de Sampiero, encore inédite.

Parmi ses manuscrits se trouvent une partie de son histoire de la Corse et de nombreux documents sur l'histoire du commerce chez les nations maritimes. La mort de Gregori a été regrettée par les Corses aussi bien que par les savants français et italiens.

La Corse naît encore à peine à la vie littéraire. Les guerres continuelles dont elle fut autrefois le théâtre devaient rendre ses habitants belliqueux et énergiques ; mais elles n'étaient guère favorables aux progrès des lettres. Aussi l'historien Filippini, qui vivait au temps de Sampiero, se plaint-il amèrement de l'ignorance de ses compatriotes. Il n'en est que plus surprenant de voir qu'en 1650 les Corses fondèrent une Académie des sciences. Elle eut tout d'abord pour président l'avocat Geronimo Biguglia, poète, théologien et historien. A cette époque on aimait à donner à ces sociétés les noms les plus étranges : les Corses appelèrent la leur *Accademia dei Vagabondi*, et ils ne pouvaient pas choisir de nom qui lui convînt davantage. Le marquis de Cursay, fort vénéré dans l'île, restaura cette académie, et Rousseau, qui mena toujours lui-même une vie vagabonde, écrivit pour elle une courte dissertation sur ce thème : « Quelle est la vertu la plus nécessaire aux héros et quels sont les héros a qui cette vertu a le plus manqué ? » C'est bien là un sujet corse.

Cette académie n'existe plus. Les instituts littéraires de Bastia et de la Corse sont en général fort pauvres. Bastia possède un lycée et d'autres écoles moins importantes. J'ai assisté à une distribution de prix d'une école de filles. Elle se fit dans une des cours de l'ancien collège des Jésuites, élégamment décorée et illuminée le soir pour la circonstance. Les jeunes filles, toutes habillées de blanc, étaient assises formant un demi cercle en face des principaux citoyens et des autorités de la ville : elles attendaient les couronnes de laurier qui leur étaient destinées. La directrice proclamait le nom de l'heureux vainqueur, qui s'approchant alors de l'estrade, recevait sa couronne, puis allait en silence accorder à l'un des premiers citoyens de la ville la faveur de la lui poser sur la tête. Tout cela se faisait fort gentiment. On distribua un nombre infini de couronnes de laurier ; plus d'une aimable enfant en obtint jusqu'à douze pour ses immortels travaux, et c'est toujours avec beaucoup de grâce qu'elle savait les recevoir. Il me sembla cependant que l'on flattait par trop la vanité des anciennes familles : j'entendais sans cesse proclamer les noms des Colonna d'Istria, des Abatucci, des Saliceti. Ces jeunes dames emportèrent chez elles plus de lauriers qu'il n'en faudrait pour couronner les poètes de tout un siècle. Cette fête, qui n'est autre qu'une flatterie française adressée à la vanité, se termina par une petite pièce de théâtre, très agréablement jouée par les jeunes filles.

Bastia a un seul journal « L'Ère Nouvelle, journal de la Corse, » paraissant tous les vendredis. Jusqu'à l'été dernier le rédacteur en était l'avocat Arrighi. Voici pourquoi cet homme de talent s'est vu contraint de se retirer : Le nouveau préfet de la Corse, jeune fonctionnaire, paraît-il, sans aucune expérience et cherchant, comme les anciens préfets des provinces romaines, tous les moyens de se faire valoir, a menacé de supprimer les journaux corses, les plus inoffensifs du monde, qui se montreraient hostiles au gouvernement. L'*Ère nouvelle* existe encore : c'est une feuille tout à fait bonapartiste. Le second journal du département, c'est la *Gazette officielle d'Ajaccio*.

Bastia a trois librairies. L'une d'entre elles, la *Libreria Fabiani* ferait honneur à une ville allemande de second ordre. Elle a publié de fort belles éditions.

CHAPITRE VII

UN CHAPITRE DE STATISTIQUE

J'ai trouvé dans le journal de Bastia du 16 juillet 1852 la statistique de la Corse d'après le recensement de 1851, et je la donne ci-après :

La Corse n'avait en 1740 que 120,340 habitants.
»	1760	»	130,000	»
»	1790	»	150,638	»
»	1821	»	180,348	»
»	1827	»	185,079	»
»	1831	»	197,967	»
»	1836	»	207,889	»
»	1841	»	221,463	»
»	1846	»	230,271	»
»	1851	»	236,251	»

Voici leur répartition dans les 5 arrondissements :

Ajaccio	55,008 habitants.
Bastia	20,288
Calvi	24,390
Corte	56,830
Sartène	29,735

La Corse possède 61 cantons, 355 communes, 30,438 maisons, 50,985 ménages.

Sexe masculin	Garçons	75,543	
	Mariés	36,715	117,938
	Veufs	5,680	

Sexe féminin	Filles	68,922	
	Mariées	36,916	118,313
	Veuves	13,168	

236,187 habitants sont catholiques romains,
    54 chrétiens réformés.

Il y a dans le département de la Corse :

Français d'origine	231,653 (les Corses compris).
Naturalisés Français	353
Allemands	41
Anglais	12
Hollandais	6
Espagnols	7
Italiens	3,806
Polonais	12
Suisses	85
Autres étrangers	285

En 1851 on comptait 2554 malades, dont 435 aveugles, 568 borgnes, 344 sourds-muets, 183 aliénés, 176 pieds-bots.

    Professions :

Propriétaires cultivateurs	32,364 (hommes et femmes).
Journaliers propriétaires	34,427
Domestiques	6,924
Ouvriers en bâtiments	3,194 (maçons, charpent., etc.)
Marchands d'objets fabriqués et tailleurs	4,517
Marchands de comestibles	2,984
Charretiers	1,623

Marchands d'objets de luxe	55	(horlogers, bijoutiers, graveurs, etc.)
Rentiers	13,160	(hommes et femmes).
Fonctionnaires de l'État	1,229	
Employés de la commune	803	
Soldats et marins	5,627	
Pharmaciens et médecins	311	
Ecclésiastiques	955	
Avocats	200	
Professeurs	635	
Artistes	105	
Hommes de lettres	51	
Filles publiques	91	
Vagabonds et mendiants	688	
Malades à l'hospice	85	

La classe des bergers, la plus originale de l'île, n'est pas comprise dans cette nomenclature. Le nombre des véritables bandits, actuellement en Corse, est évalué à 200 ; il doit y en avoir à peu près autant qui ont quitté le pays pour se réfugier en Sardaigne.

Voici maintenant en peu de mots les renseignements nécessaires pour se faire une idée exacte de l'administration de l'île :

Depuis l'année 1811 la Corse forme un seul département, administré par un préfet qui réside à Ajaccio. Ce fonctionnaire s'occupe lui-même directement de l'arrondissement d'Ajaccio et il a sous ses ordres 4 sous-préfets chargés de gérer les 4 autres arrondissements. Il est assisté par un Conseil de préfecture dont il est le président. Ce conseil, composé de 3 membres, connaît des réclamations en matière d'impôts, de travaux publics, de biens communaux et nationaux. On peut en appeler de ses décisions au Conseil d'État.

Le Conseil général, dont les membres sont choisis par les électeurs de chaque canton, se réunit tous les ans à Ajaccio pour traiter des affaires du département. Il a pour mission de répartir les contributions directes entre les arrondissements. Le Conseil général ne peut s'assembler que sur un décret du chef de l'État, qui fixe la durée de la session. Il y a un représentant par canton, en tout 61.

Chaque arrondissement réunit à son chef-lieu un Conseil d'arrondissement composé d'autant de membres qu'il y a de cantons. Les citoyens que la loi déclare électeurs pour cette assemblée le sont aussi pour le Corps législatif. Il y a en Corse environ 50,000 électeurs inscrits.

Des maires et des adjoints, nommés par le préfet, dirigent les affaires des communes. Le peuple a conservé le droit d'élire le conseil municipal, qui assiste le maire dans son administration.

Pour ce qui regarde la justice, le département dépend de la Cour d'appel de Bastia, composée de 1 premier président, 2 présidents de chambre, 17 conseillers, 1 conseiller auditeur, 1 procureur général, 2 avocats généraux, 1 substitut et 5 greffiers.

La Cour d'assises siège à Bastia, et se compose de 3 conseillers de la Cour d'appel, du procureur général et d'un greffier. Les sessions ont lieu ordinairement tous les trimestres.

Il y a un tribunal de première instance dans chaque chef-lieu d'arrondissement, et dans chaque canton une justice de paix et un tribunal de simple police. Ce dernier se compose du juge de paix et du commissaire de police, ou du maire, qui peut se faire remplacer par un adjoint.

Les affaires du culte ressortissent au diocèse d'Ajaccio, dont l'évêque, le seul de la Corse, est suffragant de l'archevêque d'Aix.

La Corse forme la 17e division militaire de la France. Le quartier général est à Bastia, résidence du général de division. La gendarmerie, d'une si grande importance pour ce département, forme la 17e légion dont le siège est également à Bastia. Elle se compose de 4 compagnies avec 4 capitaines, 16 lieutenants et 102 brigades.

J'ajoute quelques détails sur l'agriculture et l'industrie. L'agriculture, fond de toute richesse nationale, est en Corse fort négligée. Cela ressort de ce fait : les terres cultivées ne constituent encore qu'un peu plus des trois dixièmes de la superficie de l'île, évaluée à 874,741 hectares. Les progrès de l'agriculture sont retardés par le banditisme, les luttes intestines, la vaine pâture, le manque de routes, la grande distance des terres arables aux lieux habités, l'insalubrité de l'air dans les plaines, et enfin la paresse des habitants.

Ainsi que l'agriculture, l'industrie est dans un état misérable. Elle ne s'occupe que des besoins immédiats, des objets nécessaires au travail manuel et à l'alimentation. Les femmes fabriquent presque partout le *panno corso*, drap brun grossier appelé aussi *panno lanio* ; les bergers préparent le fromage et le broccio, fait avec du lait caillé. Il n'y a de salines que dans le golfe de Portovecchio. Sur plusieurs points de la côte on pêche des sardines, des thons, du corail ; mais la pêche n'y est pas fort active.

Le commerce est aussi peu important. On exporte surtout de l'huile, que la Corse produit en grande quantité (si le pays était plus industrieux, il pourrait à lui seul en livrer pour plus de 60 millions de francs), des citrons, du vin, des légumes, des châtaignes, du poisson frais et du poisson salé, des plantes tinctoriales, des peaux, du corail, du marbre, beaucoup de tabac manufacturé, surtout des cigares dont la feuille est importée dans l'île. Les principaux objets d'importation sont : les céréales, le riz, le sucre, le café, le bétail, la soie, le coton, la toile, le cuir, le minérai de fer, la fonte, les briques, le verre, la poterie.

Il y a un écart énorme entre l'importation et l'exportation. La douane entrave l'industrie et le commerce de l'île en empêchant les étrangers d'y échanger leurs produits. Les Corses sont contraints de payer dix fois leur valeur les articles de consommation français, tandisque les vins de Provence entrent sans payer de droits et font une concurrence désastreuse aux vins indigènes. C'est aussi de Provence que les troupes de l'île reçoivent la farine et les légumes nécessaires à leur approvisionnement. Il est défendu d'exporter du tabac sur le continent français. Les règlements tyranniques de la douane pèsent lourdement sur ce pauvre pays qui, obligé d'acheter tous les ans pour trois millions d'articles à la France, peut à peine lui en vendre pour un million et demi. La Corse paie chaque année au trésor un million cent cinquante mille francs.

Le commerce se fait surtout par les ports de Bastia, d'Ajaccio, de l'Ile-Rousse et de Bonifacio.

Mais quelque triste que soit dans son ensemble une pareille situation, la Corse est du moins exempte d'un fléau : sa faible population même la préserve du prolétariat, qui désole les grands pays civilisés du continent et cache de bien plus horribles mystères que le banditisme et la *vendetta*.

Sauf de courtes interruptions, les Français occupent l'île depuis quatre-vingt cinq ans, et ils n'ont pas encore réussi à y éteindre les guerres de famille à famille, à guérir cette plaie béante au flanc du peuple corse : toutes les ressources de leur civilisation n'ont amélioré que faiblement l'état du pays. L'île qui deux fois a donné un empereur à la France, n'en a retiré d'autre profit que la satisfaction de sa propre vengeance. La Corse ne saurait oublier par quels honteux moyens la France a fait sa conquête : jamais un peuple brave n'apprend à aimer ses oppresseurs. Lorsque j'entendais les Corses insulter Gênes, je leur disais : Laissez donc en paix la vieille République ! Un Corse, Napoléon l'a anéantie. La France vous a trompés et dépouillés de votre liberté. Mais vous avez exercé contre elle une terrible *vendetta* en lui envoyant Napoléon, l'un des vôtres, qui l'a asservie ; et aujourd'hui même cette grande France n'est plus qu'une de vos conquêtes, qu'une de vos provinces.

Deux empereurs, deux Corses sur le trône de France, écrasant la nation française sous le poids de leur tyrannie ! Eh bien ! si une représentation idéale pouvait avoir la force de la réalité, je dirais que jamais peuple vaillant n'a été vengé de ses oppresseurs avec plus d'éclat. Napoléon, c'est le seul lien qui rattache la Corse à la France ; sans lui, l'île serait avec la France dans les rapports d'un pays conquis avec ses maîtres étrangers. Plusieurs écrivains assurent que le Corse est français de cœur. Jamais je n'ai eu lieu de m'en convaincre. Une telle assertion est, à mes yeux, erronée ou mensongère. Entre Corses et Français il y a un abîme : tout les sépare, la nationalité, le caractère, les sentiments. Le Corse est complètement italien : sa langue passe pour l'un des dialectes les plus purs de l'Italie ; sa nature, son sol, son histoire, tout rattache encore ce fils égaré à la vieille mère-patrie. Les Français se considèrent eux-mêmes en Corse comme des étrangers : les soldats et les fonctionnaires du continent regardent comme un douloureux exil le temps de service passé dans « *ce pays de sauvages.* »

Il existe encore un patriotisme corse : je l'ai vu maintes fois éclater. Au souvenir de Pontenovo, le Corse sent encore se réveiller toute sa colère. Comme je traversais un jour en voiture ce fameux champ de bataille, un paysan corse, assis à côté de moi, me poussa avec une certaine rudesse en s'écriant au milieu des gesticulations les plus vives : « Voici le lieu où la liberté corse fut assassinée par les Génois, je veux dire les Français ! » On comprendra toute la portée de cette expression en se rappelant que pour un Corse le mot Génois est synonyme de mortel ennemi. Une autre fois je demandai à un Corse instruit s'il était Italien. « Oui, me répondit-il, puisque je suis Corse. » Je le compris parfaitement, et lui tendis la main. Ce sont là des faits isolés, accidentels ; mais souvent une vive parole sortie de la bouche du peuple jette un grand jour sur ses tendances secrètes et nous montre la vérité que ne sauraient dire les écrivains officiels (1).

J'ai entendu plusieurs fois et partout répéter dans l'île : « Nous autres Corses, nous voudrions bien appartenir à l'Italie, car nous sommes certainement Italiens, si l'Italie était une et forte. Mais tant que l'Italie restera ce qu'elle est, nous serons avec la France. Abandonnés à nous-mêmes, nous aurions trop peu de ressources ; il nous faut un peuple riche qui nous soutienne de sa puissance. »

Le gouvernement fait ici de grands efforts pour remplacer l'italien par le français. Tous les Corses instruits parlent maintenant le français, et ils le parlent bien, dit-on. C'est en général la mode, l'ambition, la nécessité qui les porte à l'apprendre. J'ai eu aussi le regret d'en rencontrer quelques-uns, c'étaient toujours des jeunes gens, qui le parlaient entre eux, évidemment par vanité, et je n'ai pu m'empêcher de leur témoigner ma surprise de ce qu'ils sacrifiaient si légèrement leur bel idiome national. La langue française est assez répandue dans les villes, et pourtant les hommes du peuple n'y parlent qu'italien, même quand ils ont appris le

---

(1) Si l'auteur visitait maintenant la Corse, il ne lui serait plus possible de mettre en doute les sentiments français de tout le pays.

français à l'école ou par la pratique. La nouvelle langue n'a point du tout pénétré dans l'intérieur, au fond des montagnes ; là se sont aussi conservées intactes les anciennes mœurs, l'innocence et la simplicité primitives, la générosité du cœur, le sentiment de la justice, l'amour de la liberté. Ce serait un malheur pour le noble peuple corse, s'il venait à échanger un jour les rudes et grandes vertus de ses ancêtres contre les raffinements de la société parisienne. L'héroïque histoire des Corses a jailli tout entière du sentiment de la famille, dans ses droits primordiaux, inviolables et sacrés ; et la libre constitution qu'ils se sont donnée au cours des siècles et qui a trouvé sa formule définitive sous le gouvernement de Paoli, n'est elle-même qu'une large expression de ce sentiment. Toutes les vertus des Corses en proviennent, aussi bien que leurs défauts, comme la *vendetta*, par exemple, cette tache au tableau de leur société.

Nous frémissons d'effroi à l'aspect du terrible vengeur qui descend des montagnes et va immoler l'un après l'autre tous les membres d'une famille ennemie ; mais à cause de l'énergie, de la générosité, du sentiment de la justice et du patriotisme même qu'il déploie, ce vampire sanguinaire est un véritable héros, si on le compare au tartufe anémique rôdant sans cesse au milieu de notre grande civilisation pour sucer furtivement l'âme de son prochain.

CHAPITRE VIII

LE BANDIT BRACCIMOZZO

> Che bello onor s'acquista in far vendetta !
> DANTE.

J'étais depuis deux jours à Bastia, lorsqu'à mon hôtel de la rue des Jésuites je fus réveillé le soir par un bruit formidable. On aurait dit le combat des Lapithes et des Centaures. Je courus à la porte de ma chambre.... Voici ce qui se passait dans la salle à manger : L'hôtelier, hurlant avec rage, tenait sous le canon de son fusil un homme agenouillé devant lui ; d'autres personnes criaient aussi en tâchant de le calmer. L'homme à genoux demandait grâce : on le chassa de la maison. C'était un jeune gars, se disant Marseillais, qui avait joué au grand seigneur et qui, en fin de compte, n'avait pas pu payer l'hôtel.

Peu de temps après, je traversais un matin de bonne heure la place Saint-Nicolas pour aller prendre un bain de mer. Les bourreaux y dressaient la guillotine, à côté du tribunal, pas précisément au milieu de la place, mais toujours sur la promenade publique. Les gendarmes et le peuple entouraient cette horrible scène, avec laquelle la mer et les paisibles bois d'oliviers formaient un contraste violent. L'air était humide et alourdi par le Sirocco. Sur le quai, il y avait des groupes de marins et d'ouvriers qui fumaient silencieusement leur pipe de terre, les yeux fixés sur la rouge machine ; et plusieurs d'entre eux, avec leur haut bonnet, leur veste brune jetée sur les épaules, leur poitrine hâlée découverte, leur cravate rouge négligemment nouée autour du cou, me faisaient bien l'effet d'avoir plus que des raisons de curiosité pour considérer la guillotine. Et vraiment, au milieu de cette foule, ne pouvait-il pas y avoir quelqu'un que le hasard pousserait un jour à suivre la coutume sacrée de la *vendetta*, à commettre un meurtre, à se faire bandit et à subir finalement le sort réservé au criminel.

— Qui va-t-on exécuter ?

— Braccimozzo (le manchot). Il n'a que 23 ans. Les sbires l'ont arrêté dans les montagnes ; il s'est défendu comme un diable ; ils lui ont fracassé un bras, que l'on a amputé ; il est maintenant guéri.

— Quel crime a-t-il donc commis ?

— Il a tué dix hommes.

— Dix hommes ! et pourquoi ?

— Par *capriccio*.

Je courus vite à la mer, pour me restaurer par un bain ; puis je revins à mon hôtel afin de me soustraire à un pareil spectacle. L'impression fut si forte que dans ma solitude j'éprouvai un sentiment d'horreur. Je pris Dante et lus une des sauvages fantaisies du poète, la scène de l'*Enfer* où des diables noirs, armés de harpons, replongent dans la poix brûlante les pauvres damnés, toutes les fois qu'ils relèvent la tête pour happer un peu d'air.

Mon hôtel se trouvait dans l'étroite et sombre rue des Jésuites. Une heure s'était à peine écoulée, lorsqu'un bruit sourd accompagné de piétinements de chevaux m'appela à la fenêtre. On emmenait Braccimozzo. Il était escorté par les Frères de la Miséricorde, pénitents dont les noires cagoules ne montraient du visage que les yeux, brillants comme ceux des fantômes. On aurait dit d'horribles démons rejetés de l'Enfer de Dante dans la réalité. Ils s'avançaient en murmurant d'une voix sourde. Le bandit marchait d'un pas ferme entre deux prêtres, dont l'un lui présentait un crucifix. C'était un jeune homme de taille moyenne, une belle tête de bronze aux cheveux crépus d'un noir de jais. Sa figure était pâle et une fine moustache relevait encore sa pâleur. Il avait le bras gauche attaché derrière le dos ; l'autre n'était qu'un moignon. Son œil, qui devait briller comme celui du tigre, quand il s'allumait au feu de ses passions sanguinaires, était maintenant calme et sans éclat. Il semblait murmurer des prières. Son pas était assuré et son attitude droite. Des gendarmes à cheval, le sabre nu au poing, précédaient le cortège ; derrière le bandit marchaient deux à deux quelques Frères de la Miséricorde, et quatre d'entre eux, portant le noir cercueil sur lequel étaient peintes une croix blanche et une tête de mort, fermaient la marche. Le cortège s'avançait lentement à travers l'étroite rue des Jésuites, suivi de la foule frémissante ; c'est ainsi que le sauvage vampire, à l'aile fracassée, était conduit à l'échafaud. Je n'ai jamais assisté à une scène plus horrible, et il y en a peu dont les petits détails se soient gravés, malgré moi, si profondément dans ma mémoire.

On me dit ensuite que le bandit était mort avec courage et que telles avaient été ses dernières paroles : « Je demande pardon à Dieu et aux hommes, car je reconnais avoir fait beaucoup de mal. »

Ce jeune homme n'avait pas eu, à proprement parler, à exercer une vengeance personnelle : il était devenu bandit par ambition. Son histoire jette une vive lumière sur l'état effrayant de l'île.

Au temps de la fortune de Massoni, devenu bandit pour avoir vengé la mort d'un de ses parents, le jeune Giacomino (le peuple l'appela Braccimozzo après l'amputation du bras) était chargé de lui faire tenir des provisions. Il faut savoir que les bandits entretiennent toujours des intelligences avec leurs amis et avec des chevriers, qui leur apportent des vivres dans leur cachette et en reçoivent le montant lorsque, bien entendu, l'argent ne fait pas défaut. Giacomino, troublé par la gloire du vaillant Massoni, se mit en tête de l'égaler et de devenir lui-même pour la Corse un objet d'admiration. Il tua un homme, *prit le makis* et devint bandit à son tour. Le peuple le surnomma bientôt le « *Vecchio*, » le vieux, apparemment parce que tout jeune encore, il avait répandu autant de sang qu'un vieux bandit. Un beau jour le *Vecchio* tua d'un coup de fusil un homme généralement estimé, le médecin Malaspina, oncle d'un de mes amis de la Balagne, auquel je suis lié par les liens de l'hospitalité. Il s'était posté dans le makis et avait tiré sur la diligence qui venait de Bastia. Puis, le féroce démon se jeta dans les montagnes, où l'atteignit bientôt le châtiment.

Ainsi donc en Corse l'homme peut mener une vie aussi terrible ! Là, personne ne méprise le bandit, qui n'est ni un voleur, ni un brigand, mais un champion, un vengeur, libre comme l'aigle des montagnes. Des hommes ardents sentent leur imagination s'exalter à l'idée que leurs exploits pourront les conduire à la gloire, et que la poésie populaire gardera leur souvenir. La nature emportée de ces hommes que nulle instruction ne retient, qui fuient le travail comme un déshonneur, qui, avides d'action, ne connaissent rien du monde que les sauvages montagnes où le sort les a confinés au milieu de la mer, c'est comme un volcan qui a besoin d'une éruption. Sur un théâtre plus vaste et dans d'autres conditions, ces hommes, qui passent des années au fond des grottes de leurs montagnes ou à lutter contre les gendarmes au milieu des makis, deviennent des soldats héroïques, comme Sampiero et Gaffori. Les Corses ont le caractère du lutteur, et je ne connais pas d'épithète qui leur convienne davantage que celle que Platon applique aux hommes nés pour la guerre ; il les appelle *emportés*. La jalousie, l'amour de la gloire, l'ambition, le désir de la vengeance, toutes ces passions brûlantes sont bien à eux ; ce sont des lutteurs de naissance, dans toute l'acception du mot.

Après l'exécution de Braccimozzo, j'eus la curiosité d'aller voir si les dames se promèneraient le soir sur la place Saint-Nicolas. C'est pourquoi je ne tardai pas à m'y rendre. Eh bien ! sur cette même place où le matin le sang du bandit avait coulé, de belles Bastiaises se promenaient tranquillement. Rien ne rappelait la scène du matin ; tout avait repris son aspect accoutumé. J'y fis moi-même un tour de promenade. La mer avait des teintes ravissantes ; les barques des pêcheurs, avec leurs falots, glissaient mollement sur les ondes, et les pêcheurs entonnaient la belle barcarolle : *O pescator dell'onde*.

CHAPITRE IX

LA VENDETTA

> Eterna faremo vendetta.
> (*Chanson corse*)

Il faut presque exclusivement attribuer l'origine du banditisme à l'antique usage de la *vendetta*. Les écrivains que j'ai consultés à cet égard font remonter la *vendetta* à l'époque où la justice génoise était vénale, ou favorisait même l'assassinat. Sans doute les guerres continuelles et, par suite, les obstacles opposés à l'exercice de la justice y ont beaucoup contribué ; ils ont permis à cette coutume barbare de s'implanter dans le pays. Mais la cause est ailleurs. La *vendetta* n'est pas, en effet, particulière à la Corse : on la trouve dans d'autres contrées, en Sardaigne, en Calabre, en Sicile, chez les Albanais et les Monténégrins, chez les Circassiens, les Druses et les Bédouins.

Le même phénomène doit avoir les mêmes causes. Elles sont faciles à trouver, parce que l'état social de tous ces peuples se ressemble. Tous vivent en état de guerre, en présence d'une grande et sauvage nature ; tous, à l'exception des Bédouins, sont de pauvres montagnards, habitant des contrées difficilement accessibles à la civilisation, qui conservent avec opiniâtreté les mœurs des premiers temps barbares ; tous enfin sont pénétrés du même esprit de famille, lequel forme la base inviolable de leur état social. Dans une société primitive, au milieu des combats et des dangers qui entourent l'homme de toutes parts, la famille devient par elle-même un État, et ses membres sont unis par les liens de la plus étroite solidarité : une atteinte portée à l'un d'entre eux est ressentie par le petit État tout entier. Cette famille s'arroge seule le droit d'exercer la justice, dont la forme devient la *vendetta*. Ainsi donc la *vendetta*, malgré sa barbarie, provient du sentiment de la justice offensé et de l'amour naturel pour ses proches : elle a une noble source qui n'est autre que le cœur humain. La *vendetta* est une forme barbare de la justice. On sait que cet esprit de justice, les écrivains de l'antiquité l'ont déjà reconnu et vanté chez les Corses.

Deux grandes et nobles passions dominent les Corses, l'amour de la famille et l'amour de la patrie. Chez un peuple pauvre, confiné dans une île montagneuse dont la forte nature semble faite pour engendrer les héros, ces passions doivent être bien puissantes et tenir lieu à l'homme du monde entier. L'amour de la patrie a produit cette héroïque histoire de la Corse, qui n'est à proprement parler qu'une antique *vendetta* héréditaire des Corses contre les Génois ; l'amour de la famille a fait naître la non moins sanglante et héroïque histoire de la *vendetta*, qui déroule encore devant nous ses tragiques péripéties. Il faut bien que la vigueur native de ce peuple soit extraordinaire pour que, tout en se déchirant lui-même avec acharnement, il ait encore eu la force de soutenir tant de glorieux combats contre des ennemis étrangers.

L'amour de la famille est aujourd'hui pour la Corse ce qu'il était au temps héroïque de son histoire : une religion. L'amour de la patrie seul est à ses yeux un devoir supérieur. Chez les Corses, comme autrefois chez les Hellènes, l'amour fraternel est la forme la plus haute et la plus pure de l'amour. A leurs yeux, les relations entre frères sont sacrées, et le nom de frère et sœur exprime le bien suprême de l'âme, sa plus noble richesse ou sa perte la plus douloureuse.

Le frère aîné est un objet de respect : c'est le soutien de la famille. Rien, je crois, ne montre aussi bien que les chants populaires les sentiments communs, l'essence morale de tout un peuple. La poésie corse est, à vrai dire, tout entière dans les complaintes funèbres et dans les chants de vengeance, et la plupart de ces compositions nous représentent une sœur pleurant la mort de son frère. J'ai fait une remarque générale : lorsque dans ces vers on veut peindre d'un mot son amour pour le défunt, on dit simplement : c'était son frère. La femme même, pour marquer le plus haut degré de son affection, appelle son époux : frère. J'ai été surpris de trouver dans les chants populaires de la Serbie les mêmes sentiments et les mêmes expressions : la femme serbe donne aussi à son mari le doux nom de frère, et lorsque le Serbe prononce un serment solennel, il jure par son frère. — Chez les peuples non corrompus, la religion du cœur conserve toute sa candeur naturelle. Elle repose sur les seules choses qui ne changent pas dans la vie : le sentiment du peuple s'attache à ce qui est simple et durable. L'amour fraternel et l'amour filial, ce sont là les relations les plus simples et les plus fortes, parce qu'elles sont exemptes de passion. L'histoire de la misère humaine a commencé avec Caïn, le fratricide.

Malheur donc à celui qui a tué le frère d'un Corse, ou l'un de ses proches ! Le crime commis, le meurtrier fuit, poussé par une double terreur, la crainte de la justice qui punit le meurtre et celle des parents de la victime qui le vengent. Dès qu'ils sont informés de leur perte, les parents du mort prennent les armes et courent sur les traces du meurtrier.

Celui-ci s'élance dans le makis, grimpant peut-être jusqu'aux neiges éternelles où l'on perd sa piste. Mais il a des parents, des frères, des cousins, un père, qui savent bien que l'homicide sera expié dans leur sang. Ils s'arment donc eux-mêmes et se tiennent sur leurs gardes.

L'existence de celui qui a une *vendetta* à redouter est bien misérable ! Il s'enferme chez lui et condamne désormais ses portes et ses fenêtres où il ne laisse que des meurtrières. Les fenêtres sont même recouvertes de paille et de matelas, ce qui s'appelle *inceppar le finestre*. Dans les montagnes, la maison corse, déjà forte par sa position, semblable à une tour, étroite, avec un escalier en pierre très roide, se transforme aisément en forteresse. Le Corse en état de *vendetta* s'y tient retranché, sur le qui-vive, de crainte qu'une balle ne lui arrive par les ouvertures. Ses parents vont en armes vaquer aux travaux des champs où ils placent des sentinelles : il n'y a plus de sûreté pour eux. On m'a cité ici des exemples de personnes qui pendant dix et quinze ans n'ont pas quitté leur demeure ainsi fortifiée, passant une si grande partie de leur existence à soutenir un véritable siège, et sans cesse en proie aux angoisses de la mort. La vengeance corse ne s'endort jamais, et jamais le Corse n'oublie. Voici un fait qui s'est passé dernièrement à Ajaccio : Un homme qui avait vécu dix ans enfermé chez lui, se hasarda un jour à reparaître dans la rue ; il fut tué sur le seuil de sa porte, au moment où il rentrait. Celui qui pendant dix ans l'avait guetté lui logea une balle dans le cœur.

Je vois passer par les rues de Bastia un homme que le peuple appelle *Nasone* à cause de son grand nez. C'est un vrai géant, défiguré par son œil qu'une balle a crevé. Il vivait autrefois tout près d'ici, à Pietranera. Il offensa un habitant de ce village qui jura de se venger. *Nasone* se retranche alors dans sa maison et en barricade les fenêtres. Il s'écoule ainsi un long intervalle. Un jour *Nasone* ose sortir de sa demeure ; aussitôt son ennemi saute sur lui avec une serpette. Il s'ensuit une lutte terrible : *Nasone* est terrassé, et son adversaire, qui lui a déjà porté un coup à la nuque, se prépare à lui trancher la tête sur un tronc d'arbre, lorsque le monde accourt, et le meurtrier se sauve dans le makis. *Nasone* guérit de sa blessure. Un long intervalle s'écoule de nouveau. *Nasone* ose reparaître dehors. Une balle arrive, et lui traverse l'œil. On releva le blessé, et sa nature vigoureuse triompha du mal une seconde fois. Le bandit exaspéré dévasta alors pendant la nuit la vigne de son ennemi et mit le feu à sa maison. *Nasone* se retira à la ville ; et c'est là qu'on le voit errer encore, vivant exemple de la *vendetta*, objet d'effroi pour le paisible étranger qui s'est fait raconter sa lamentable histoire. Je le rencontrai un jour au bord de la mer ; il était armé d'un fusil à deux coups. Son aspect me remplit d'horreur : il m'apparut comme le démon de la vengeance.

Ne pas se venger est aux yeux des vrais Corses un déshonneur. Le sentiment de la vengeance est chez eux un sentiment naturel, une passion sacrée. La vengeance a un culte dans leurs chants, où elle est célébrée comme une religion. Or, un sentiment consacré par les chants populaires est ineffaçable, surtout lorsque la femme l'ennoblit en le partageant. La plupart des chants de vengeance ont été composés par des jeunes filles, et on les entend partout en Corse, de la montagne à la plage. Il y a là une véritable atmosphère de vengeance au milieu de laquelle vit le peuple, et grandissent les enfants qui sucent avec le lait le sauvage sentiment de la *vendetta*. Il est dit dans l'une de ces poésies : « Douze âmes, c'est encore trop peu pour venger seulement.... la chaussure du mort. » C'est vraiment corse ! Un homme comme Hamlet, qui cherche péniblement à se pénétrer de l'esprit de vengeance, sans y parvenir, passerait ici pour le plus misérable sujet. Nulle part peut-être le sang, la vie de l'homme n'a moins de valeur que dans cette île. Le Corse est toujours prêt à tuer, mais il est aussi toujours prêt à mourir.

Celui qui hésite à se venger, à qui peut-être un sens plus doux ou un peu de philosophie a donné quelque chose du caractère d'Hamlet, est l'objet des murmures de ses parents et des insultes des étrangers qui lui reprochent hautement sa faiblesse. C'est ce qu'on appelle *rimbeccare*, c'est-à-dire accuser quelqu'un d'avoir supporté une injure sans la venger. Le *rimbecco* était puni par les anciens Statuts génois, comme une excitation au meurtre.

Voici ce qu'on lit au XIXᵉ Chap. de ces Statuts :

« *De ceux qui se rendent coupables de reproche ou rimbecco.*

« Celui qui adressera directement un reproche ou *rimbecco* à un autre de ce que celui-ci n'a pas vengé la mort de son père, de son frère ou de l'un de ses parents, ou bien de ce qu'il n'a pas tiré vengeance des injures et des insultes à lui faites, sera puni, chaque fois, d'une amende de 25 à 50 livres, au gré des autorités et suivant la qualité des personnes et d'autres circonstances ; et au cas où il ne voudra ou ne pourra pas payer l'amende dans les huit jours, il sera banni de l'île pour un an, ou bien on lui donnera une fois la corde, au gré du juge. »

En 1581 la loi devint encore plus sévère : on perçait la langue, en public, à l'auteur du *rimbecco*. Ce sont en général les femmes qui poussent les hommes à la *vendetta* : elles entonnent leur chant de vengeance sur le corps de la victime, dont elles montrent la chemise sanglante. Parfois même la mère attache aux vêtements de son fils un lambeau de cette chemise, pour lui rappeler sans cesse qu'il a un père à venger.

Les Corses avaient autrefois la chevaleresque habitude de dénoncer d'avance la *vendetta* en déclarant jusqu'à quel degré de parenté elle devait s'étendre. Cet usage a disparu. La *vendetta* croise naturellement ses fils entre tous les membres des diverses familles unies par les liens du sang, qui se regardent comme solidaires ; cette vengeance *croisée* s'appelle en Corse *vendetta transversale*. On doit y rattacher, comme une conséquence naturelle, la guerre de famille à famille, qui est encore aujourd'hui le fléau de ce malheureux pays. Les familles qui sont en *vendetta* entraînent dans leur inimitié tous leurs parents et même leurs amis, et en Corse, comme chez tous les peuples pareillement constitués, les liens de race sont très solides. C'est ainsi que dans le même village ou de commune à commune, de vallée à vallée surgissent des guerres intestines qui durent des années et coûtent beaucoup de sang. Des raisons de *vendetta*, des offenses légères, des accidents fortuits en fournissent l'occasion, et, avec le caractère emporté des Corses, la moindre querelle peut devenir sanglante, puisqu'ils sont tous armés. La guerre s'étend même aux enfants : on connaît des exemples de petits garçons, appartenant à des familles ennemies entre elles, qui se sont tués les uns les autres à coups de fusil ou de poignard.

Il existe en Corse certains rapports de clientèle, restes de l'ancienne féodalité, et ce patronage s'est surtout maintenu dans le delà des monts, où les descendants des anciens seigneurs habitent encore les mêmes lieux que leurs ancêtres. Ils n'ont plus de vassaux, mais des espèces d'hommes-liges, des amis, des obligés, des séides volontaires qui se réunissent naturellement pour constituer le parti de la famille ; les Corses appellent ces protecteurs *patrocinatori* ou *geniali*. Ainsi que dans les villes italiennes au moyen-âge, il existe de nos jours en Corse des villages déchirés par les guerres intestines, dernier reste, si l'on veut, des luttes des seigneurs. Cette île de granit conserve obstinément les traditions anciennes, et son histoire (une guerre civile continuelle, écrasante, provoquée par l'ambition et l'arrogance guerrière des seigneurs) lui a donné un esprit de parti qui persiste encore.

En Corse le mot inimitié a toute sa terrible signification. Là un ennemi, c'est un ennemi mortel ; celui qui vit en état d'inimitié est prêt à répandre le sang de son adversaire et à le payer lui-même de son propre sang. Nous aussi, nous avons emprunté à la société primitive le mot de mortel ennemi ; mais il exprime pour nous quelque chose d'abstrait. Nos ennemis mortels n'en veulent pas à notre vie : ils nous font du mal à la sourdine, ils nous calomnient et nous nuisent de toutes les manières, toujours sans se montrer ; souvent même nous ne les connaissons pas. Chez les peuples civilisés, les inimitiés ont, en général, quelque chose de vulgaire. Aussi, un noble cœur ne peut plus, dans notre société, avoir de la haine pour quelqu'un ; il ne saurait avoir que du mépris. Mais en Corse les ennemis mortels se font une guerre à outrance ; ils ont juré tout haut, publiquement, de se venger jusqu'à la mort, et partout où ils se rencontrent, ils se tuent à coups de stylet ou de fusil. Quelque barbare que soit un pareil état social, il y a là une énergie sauvage et terrible qui impose ; car le vengeur corse est souvent un véritable personnage tragique, poussé au meurtre par une coutume sacrée, comme par la force du destin. En Corse, même un homme de noble caractère peut devenir un Caïn : le bandit qui s'en va là-bas errant sur les montagnes ne porte souvent que la malédiction de cette féroce coutume, et il pourrait posséder telles vertus qui, dans la vie civile, l'honoreraient et le distingueraient parmi ses concitoyens.

Une passion unique, puisée à une noble source — la vengeance et rien que la vengeance ! — s'empare du cœur de l'homme avec une puissance merveilleuse, irrésistible. La vengeance ! voilà la divinité qui préside au destin des pauvres Corses, qui ourdit la trame de leurs jours. C'est ainsi que par une passion unique l'homme devient ici le plus terrible des démons, plus implacable que l'ange exterminateur, car il ne se contente pas du premier-né. Mais quelques ombres que cette passion répande sur la figure humaine, elle produit aussi des contrastes lumineux. A côté des ennemis implacables il y a aussi des amis dévoués. Si la vengeance déchire ici le cœur de l'homme avec ses féroces désirs, l'amour du prochain y élève l'âme vers les résolutions sublimes. On y voit une abnégation héroïque, une douceur de pardon vraiment divine et le précepte du Christ : aime ton ennemi ! ne se trouve nulle part appliqué avec un sentiment plus chrétien que dans le pays de la *vendetta*.

Souvent des médiateurs, appelés *parolanti*, s'interposent entre des ennemis et c'est dans leurs mains que les adversaires jurent la paix. Ce serment est aussi sacré que la religion même : le violer, c'est s'avilir, se condamner devant Dieu et devant les hommes. On le viole rarement ; mais pourtant on le viole, car le démon a établi sa demeure dans le cœur de l'homme.

CHAPITRE X

VIE DU BANDIT

> Bien! voilà une marque certaine de son passage. Suis toujours l'indice muet qui te guide. Oui, comme le chien qui court sur la piste du faon blessé, c'est aux gouttes de sang que nous reconnaissons les traces de l'homicide.
>
> *(Les Euménides d'Eschyle)*

Par quelles circonstances un Corse peut-il être amené à quitter brusquement sa paisible vie de famille pour aller habiter les sauvages montagnes, à devenir un ennemi de la société, mis au ban de la loi, en un mot un bandit? Ce fait anormal trouve dans la *vendetta* son explication.

Le bandit corse ne ressemble pas au voleur, ou au brigand italien : c'est, comme son nom l'indique, un proscrit. Dans les anciens Statuts on appelle *banditi* tous ceux qui se sont soustraits au bras de la justice ; ils étaient déclarés hors la loi, et chacun pouvait les tuer. L'idée de banni s'est ensuite naturellement étendue à tous les hommes vivant en dehors de la loi.

L'isolement, le manque de ressources, enfin l'amour de leur terre natale empêchent souvent les bandits corses de s'éloigner de leur pays. Autrefois ils se sauvaient en Grèce, où ils devenaient de vaillants soldats ; de nos jours un grand nombre se réfugient en Italie, presque tous en Sardaigne. Il n'est nulle part aussi facile qu'en Corse d'échapper à la justice : à peine, en effet, le sang est-il répandu, que le meurtrier se jette dans les montagnes, partout fort rapprochées, et va se cacher dans l'impénétrable makis. Dès ce moment il prend le nom de bandit. Ses parents et amis connaissent sa retraite ; ils le pourvoient du nécessaire, et plus d'une fois ils l'accueillent en secret, la nuit, dans leur maison. En cas de nécessité, le bandit est toujours sûr de trouver des vivres auprès des chevriers.

Les principaux lieux de refuge des bandits se trouvent entre Tox et la montagne de Sant'Appiano, dans les sauvages régions du Monte Cinto et du Rotondo, au milieu des contrées impraticables du Niolo. Là, des forêts vierges, que la hache n'a jamais profanées, et des bouquets touffus de chênes nains, d'arbousiers, de myrtes et de bruyères couvrent les versants des montagnes ; de sombres ravins où roulent avec fracas d'impétueux torrents et où va se perdre tout sentier, des cavernes et des grottes et des débris confus de roches dispersées offrent au fugitif une sûre retraite. C'est là qu'en compagnie des aigles, des renards et des mouflons le bandit mène sa vie désolée, plus romanesque que celle des habitants des sauvages solitudes de l'Amérique. La justice suit son cours et le condamne par contumace. Mais le bandit s'en moque en disant : J'ai reçu le *sonetto*, expression assez étrange pour désigner la condamnation. Les sbires se mettent sur la piste du meurtrier, et les *vengeurs* ne sont pas moins ardents à la poursuite. Le bandit fuit, fuit toujours : c'est le juif-errant de ces montagnes désertes. Il se livre entre lui et les gendarmes des combats héroïques, terribles ; le sang coule à flots, et ce n'est pas seulement le sang des sbires, car le bandit est aussi un *vengeur*. S'il mène cette vie misérable, c'est qu'il est surtout soutenu par l'idée de la *vendetta* : il a juré la mort de tous les parents de son ennemi. Il erre ainsi au milieu des sauvages montagnes, sans cesse hanté par les pensées de la mort et les horribles visions de l'échafaud, et l'on se figure quelles monstrueuses proportions doit prendre dans son cœur le sentiment de la vengeance. Parfois il descend de la montagne pour immoler son ennemi; après avoir accompli son œuvre de sang, il disparaît de nouveau. Souvent même il se pose en Charles Moor en face de la société. On se souvient toujours en Corse du bandit Capracinta, de Prunelli. Son père avait été condamné au bagne injustement; Capracinta se jeta dans le makis avec quelques-uns de ses proches, et de temps en temps ces *vengeurs* descendaient des montagnes pour poignarder et fusiller des ennemis personnels, des gendarmes ou des espions. Ils arrêtèrent même un jour le bourreau, auquel ils infligèrent le supplice qu'il faisait subir aux autres.

Il est facile de prévoir que le bandit consentira parfois à se faire l'instrument de certaines personnes et à mettre au service de leur vengeance son poignard ou son mousquet. Dans une île étroite, où les familles ont, en outre, des ramifications fort nombreuses, la puissance des bandits doit naturellement s'accroître d'une manière redoutable. Ils deviennent les sanglants fléaux du pays. Le champ reste en friche, la vigne abandonnée; car qui oserait aller travailler sa terre quand un Massoni ou un Serafino s'y oppose? Il y en a qui, avant d'être bandits, jouissaient de beaucoup de considération auprès de leurs concitoyens, et prenaient une part active à la vie publique. Confinés en des lieux déserts, ces hommes ne renoncent pas volontiers à leur ancienne influence : au fond de leurs cavernes, ils continuent, dit-on, à lire les journaux, qu'ils savent toujours se procurer; ils pèsent lourdement sur les élections communales et même sur le choix des conseillers généraux, et il n'est pas rare de les voir menacer les juges et les témoins, sur lesquels ils se vengent parfois d'une manière sanglante. Tout cela joint à la trop grande indulgence des jurés corses, a amené plusieurs personnes à désirer dans ce département la suppression du jury. Il ne faut pas nier que la crainte des bandits ne puisse exercer ici quelque influence sur les verdicts ; mais en reprochant aux jurés corses une indulgence excessive, on est souvent injuste à leur égard. Il faut, en effet, considérer le banditisme et ses causes au point de vue de la société de l'île, telle qu'elle se trouve maintenant constituée.

J'ai assisté à Bastia à une séance du jury, une heure après l'exécution de Braccimozzo et devant la place même où elle venait d'avoir lieu. On voyait bien que les jurés et le public étaient encore sous le coup de cette scène sanglante ; mais la figure du jeune prévenu ne trahissait aucune émotion. Il avait tué un homme. Son visage était terne, insensible ; il avait un crâne de nègre (on aurait bien pu en faire une enclume). Ni l'exécution récente, ni la solennité de la séance ne produisaient d'effet sur ce jeune homme : il ne montrait pas le moindre signe de crainte ou d'hésitation, répondant avec le plus grand sang-froid à toutes les questions et s'exprimant en termes brefs et précis sur les circonstances de son homicide. Je ne sais à combien d'années de prison il a été condamné.

Bien que les bandits corses ne se déshonorent jamais par des actes de brigandage vulgaire, ils ne regardent pas toujours comme indigne de leurs sentiments chevaleresques d'employer la violence pour se procurer de l'argent. Ils lèvent parfois des impôts, taxent des particuliers, souvent même des villages et des communes, et ils exigent avec rigueur le paiement de ce tribut. Ce sont les rois du makis : en cette qualité, ils décrètent les impôts, et l'on dit que les contribuables leur paient les taxes beaucoup plus vite et avec plus d'exactitude que celles qu'ils doivent au gouvernement. Le bandit envoie, par exemple, une feuille de contributions à quelque riche particulier, en le sommant de déposer pour lui tant de milliers de francs sur un point déterminé, « faute de quoi, le contribuable récalcitrant verra sa maison et son champ dévastés. » La formule de menace débute ordinairement par ces mots : *Si prepari* (qu'il s'apprête). Il arrive aussi parfois que le bandit sequestre les gens dont il veut exiger une rançon. Avec l'argent ainsi extorqué il enrichit ses parents et ses amis et obtient pour lui-même plus d'une faveur. Mais la richesse peut à peine contribuer à soulager un peu son existence : eût-il des tas d'or, qu'il n'en serait pas moins obligé de mener une vie errante et misérable.

Beaucoup de bandits ont vécu ainsi quinze ou vingt ans : resserrés comme ils l'étaient dans leurs montagnes, ils ont pu pendant un si long intervalle soutenir la lutte contre la force armée jusqu'au jour où ils ont enfin succombé sous le nombre. Ils ne sont pas réunis par bandes, le pays ne leur fournissant pas assez de ressources et le caractère corse se refusant d'ailleurs à se soumettre à un chef ; ils vivent presque toujours deux à deux dans une espèce de camaraderie militaire.

Il existe même des inimitiés, des *vendette* entre bandits, et c'est bien singulier. Mais le sentiment de la vengeance personnelle est si puissant chez les Corses qu'une misère et une destinée communes ne parviennent jamais à réconcilier deux bandits. On a vu souvent un bandit en poursuivre un autre dans la montagne pour le tuer ; il ne se reposait qu'après avoir assouvi sa vengeance. Massoni et Serafino, les deux derniers héros du banditisme, vivaient en état de *vendetta* : ils tiraient l'un sur l'autre toutes les fois qu'ils se rencontraient. Un jour Massoni emporta d'un coup de feu un doigt à Serafino.

L'histoire des bandits corses est pleine de traits héroïques, d'un caractère à la fois chevaleresque et infernal. Dans tout le pays l'on chante des complaintes en leur honneur ; c'est sa propre destinée, sa propre douleur que le peuple semble pleurer en ces vers. Un grand nombre d'entre eux sont devenus célèbres ; mais il y en a un surtout, qui par sa hardiesse s'est acquis une brillante renommée. Il s'appelait Théodore, et lui-même s'intitulait le *Roi des montagnes*. Ainsi donc la Corse a eu deux rois du nom de Théodore.

Un jour, au commencement du siècle actuel, Théodore Poli fut conscrit ; il demanda un délai afin de se procurer l'argent nécessaire pour se faire remplacer. On s'empara de sa personne pour l'incorporer dans l'armée. Théodore sentit l'instinct de la liberté se révolter en lui. Il s'enfuit dans les montagnes, où il vécut en bandit. Sa hardiesse remplit la Corse d'admiration : il devint la terreur de l'île.

Loin de se dégrader par des crimes vulgaires, il montra toujours la plus grande magnanimité : on le vit même pardonner à des parents de ses ennemis. Il était très beau de sa personne et, comme son cousin le roi de même nom, il aimait les habits somptueux. Sa maîtresse l'accompagnait, menant joyeuse vie avec l'argent qui provenait des tailles levées dans les villages. Il vivait avec un autre bandit, nommé Brusco, à qui il avait voué une amitié inviolable, ainsi qu'avec son oncle surnommé Augellone, c'est-à-dire gros oiseau. Les bandits reçoivent de ces sobriquets quand ils arrivent à une certaine réputation. Le vilain oiseau fut jaloux de Brusco que Théodore aimait tant ; et un jour il lui fit sentir le froid de son stylet un peu trop avant dans le cœur. Puis il s'élança dans la montagne. Lorsque Théodore apprit la mort de son ami Brusco, il poussa des hurlements de douleur, comme Achille à la mort de Patrocle et, suivant l'usage de ceux qui sont en *vendetta*, il laissa croître sa barbe, jurant de ne la couper que le jour où il pourrait se baigner dans le sang du vilain oiseau.

Peu de temps après, Théodore reparut avec la barbe coupée.

Tels sont les drames qui se jouent parfois entre bandits au milieu des montagnes désertes, car l'homme porte en tous lieux ses passions.

Théodore s'alita un jour ; et un espion dévoila la retraite du lion malade. Les féroces chiens-loups, les sbires accoururent en bondissant vers la bête fauve ; ils la tuèrent dans une cabane. La poésie populaire dit de Théodore : Il est tombé le pistolet à la main et près de sa carabine, *come un fiero paladino*, comme un fier paladin. Si grand était le respect inspiré par ce roi des montagnes que, même après sa mort, on continua à lui payer les impôts. On venait les déposer pieusement dans le berceau du petit enfant que Théodore avait eu de la reine, sa compagne. Il mourut en 1827.

Gallocchio est aussi célèbre. Perfidement abandonné par son amante, il avait défendu à tous d'aspirer à la main de cette femme. Cesario Negroni la demanda. Le jeune Gallocchio dit à l'un de ses amis qu'il se contenterait de blesser le beau-père. Le jour de la noce arrive ; les invités commencent à danser aux sons joyeux des cithares et des violons.... Un coup part. La balle manque le but : elle traverse le cœur du beau-père. Gallocchio devient bandit. Cesario se retranche dans sa maison. Mais Gallocchio le chasse de sa forteresse, le poursuit à travers les montagnes, le rencontre enfin et l'étend raide mort. Puis, il s'en va en Grèce combattre contre les Turcs. Mais un jour il apprend que son propre frère est tombé victime de la *vendetta* provoquée par le meurtre de Cesario. Gallocchio revient dans son pays, tue deux frères de Cesario et bien d'autres encore : il extermine la famille de ses ennemis.

Gallocchio était toujours accompagné de Gambini, le *Rouge*. Soutenu par ce dernier, il battit un jour les gendarmes, en attacha même un à la queue de son cheval et le traîna longtemps ainsi sur des sentiers rocailleux.

Gambini s'enfuit en Grèce, où il eut la tête tranchée par les Turcs. Gallocchio mourut par la balle d'un traître qui le frappa pendant qu'il dormait.

On parle aussi beaucoup de Giammarchi qui resta au makis pendant 16 ans, de Camillo Ornano qui y vécut 14 ans, de Joseph Antomarchi qui fut bandit pendant 17 ans.

J'arrivai en Corse quelque temps après la fin sanglante de Serafino. Arrighi et le terrible Massoni venaient aussi de succomber ; et leur mort offre autant que leur vie des traits d'un romantisme féroce.

Massoni était doué d'une force extraordinaire. C'est la *vendetta* qui le poussa, lui le fils d'un bon propriétaire de la Balagne, à chercher dans les montagnes un misérable abri. Il y passa plusieurs années, soutenu par ses parents et favorisé par les bergers, et eut souvent à lutter contre la gendarmerie à laquelle il infligea des pertes cruelles. Il était accompagné de son frère et du vaillant Arrighi.

Un habitant de la Balagne, qui avait à venger sur une famille puissante la mort d'un de ses parents, vint un jour trouver Massoni et implora son appui. Le bandit accorda l'hospitalité à l'étranger ; et comme il manquait de vivres pour le repas, il se rendit chez un berger du Monte Rotondo et lui demanda un agneau. Le berger en prit un. Mais Massoni le refusa en disant : « Tu me donnes un agneau maigre, et cependant j'ai aujourd'hui à faire honneur à un étranger : en voilà un gras, c'est celui qu'il me faut. » Et d'un coup de fusil il abattit l'agneau et l'emporta dans sa caverne.

Le berger fut exaspéré par cette violence. Le cœur plein de haine, il descendit vers la plaine, et montra aux sbires la retraite de Massoni. Il voulait venger le sang de son agneau. Les gendarmes en grand nombre gravirent les montagnes. Ces soldats corses connaissent parfaitement le terrain, et exercés dans les luttes contre les bandits, ils ne sont pas moins audacieux que les fauves qu'ils vont chasser. Leur vie se passe en dangers continuels, car les bandits sont vigilants, toujours aux aguets avec leur télescope, au fond de leurs impénétrables makis et, à la moindre apparence de danger, ils sont sur pied et s'enfuient plus rapides que le mouflon sauvage ; ou bien ils laissent venir l'ennemi à portée de leur carabine, et jamais ils ne le manquent.

Les gendarmes gravirent donc les montagnes ; le berger marchait devant eux. Ils escaladèrent les rochers abrupts, en suivant des chemins que leur guide seul connaissait. Les bandits se trouvaient dans une grotte presque inaccessible et dissimulée par un buisson énorme derrière lequel Massoni était en faction. Par un sentier fort roide quelques gendarmes arrivèrent au-dessus de la grotte ; d'autres en gardèrent l'issue. Ceux qui étaient postés en haut regardaient le buisson pour voir s'ils n'y apercevaient rien. L'un d'eux prit une pierre et la jeta dans le buisson où il crut remarquer une ombre noire. Aussitôt on en vit bondir un homme qui déchargea son pistolet pour avertir les habitants de la grotte. Mais, au même instant retentirent aussi les coups des sbires, et Massoni roula à terre foudroyé.

Aux détonations, un homme s'élança hors de la grotte ; c'était le frère de Massoni. Pareil à la chèvre des montagnes, il sautait de roc en roc, et les balles sifflaient autour de lui. Frappé mortellement, il fut précipité du haut des rochers. Arrighi, voyant tout ce qui se passait, resta dans la grotte. Les gendarmes s'avancèrent avec précaution ; mais aucun d'eux n'osait entrer. Enfin le plus hardi s'y hasarda : on ne voyait personne. Les gendarmes ne se laissèrent pas tromper :

ils persistèrent à croire que la grotte cachait encore quelqu'un. Ils en occupèrent l'entrée.

La nuit vint. On alluma des torches et des feux de bivouac. On résolut d'affamer Arrighi. Le lendemain matin quelques gendarmes se rendirent à la source près de la grotte pour puiser de l'eau. Un coup retentit, puis un second, et deux sbires tombèrent. Leurs camarades déchargèrent avec rage leurs fusils dans la grotte : tout y resta silencieux.

Il s'agissait maintenant d'aller ramasser les deux morts ou mourants. On hésita longtemps. Enfin quelques-uns se décidèrent, et cela coûta encore la vie d'un homme. Un jour se passa encore. Un gendarme eut alors l'idée d'enfumer le bandit, comme un blaireau, moyen employé avec succès en Algérie. On entassa du bois sec à l'entrée de la caverne et on y mit le feu. Mais la fumée s'échappait par les crevasses. Arrighi entendait tout, et s'entretenait même avec les sbires qui ne pouvaient ni le voir, ni l'atteindre. On lui promit de lui faire grâce : il refusa de se rendre. Enfin le procureur, qu'on avait appelé d'Ajaccio, fit venir des soldats et un ingénieur de la ville de Corte. L'ingénieur déclara qu'on pouvait jeter des pétards dans la grotte. Arrighi l'entendit, et l'idée de sauter avec la grotte lui inspira un tel effroi qu'il résolut de fuir.

Lorsque la nuit fut venue, il roula des pierres dans une fausse direction et s'élança de rocher en rocher pour arriver à une autre montagne. Des coups partirent au hasard, et une balle l'atteignit à la cuissse. Il perdait beaucoup de sang : ses forces s'épuisaient.

Le jour parut. Comme la bête fauve blessée, il trahit sa retraite par les traces de sang laissées dans sa course. On fut bientôt sur sa piste. Arrighi affaibli appuya la tête sur un bloc de pierre ; un sbire s'élança vers lui, le doigt sur la détente. Le bandit releva la tête pour regarder ; le coup partit, et une balle lui fracassa le crâne.

C'est ainsi que moururent les trois *vengeurs*, heureux de ne pas terminer leur vie sur l'échafaud. Mais si grande était l'estime dont ils jouissaient auprès des paysans, qu'aucun habitant des environs du Monte Rotondo ne voulut prêter son mulet pour emporter les corps des victimes. « Nous ne voulons pas, disaient-ils, avoir la moindre part au sang que vous avez versé. » Lorsqu'on se fut procuré les bêtes de somme, on chargea sur elles tous les morts, les bandits et les sbires, et la troupe descendit à Corte, emportant avec elle les huit cadavres.

Si la Corse pouvait rendre tout le sang qu'elle a répandu sur les champs de bataille ou pour la *vendetta*, ses villes et ses villages en seraient inondés, ses habitants noyés, et sa mer en serait rougie jusqu'à Gênes.

Filippini rapporte, chose incroyable ! que de son temps la *vendetta* avait fait en Corse 28,000 victimes dans le seul espace de 30 années. D'après le calcul d'un autre historien corse, dans une période de 32 ans se terminant à l'année 1715, on aurait commis dans l'île 28,715 assassinats. Le même auteur calcule que le nombre des morts par la *vendetta*, de l'année 1359 à l'année 1729 doit s'élever au chiffre de 333,000, et il pense qu'il y a eu au moins autant de blessés. Cela ferait donc 666,000 Corses frappés par une main homicide ! Ce peuple ressemble à l'hydre dont les têtes repoussaient sans cesse à mesure qu'elles étaient coupées.

D'après le discours prononcé au mois d'Août 1852 par le préfet de la Corse devant le Conseil général du département, 4300 assassinats ont été commis en Corse depuis l'année 1821, 833 dans les quatre dernières années, et 99 dans les sept premiers mois de l'année 1852.

L'île compte 250,000 habitants.

Le gouvernement français veut extirper la *vendetta* et le banditisme par le désarmement général de la Corse. J'ignore si et comment la chose peut se faire. Il en résultera assez de malheurs, car on ne pourra pas désarmer en même temps les bandits, et leurs ennemis seront, sans défense, exposés à leurs coups. Les guerres intestines et la *vendetta* ont jusqu'ici rendu le port d'armes nécessaire en Corse. En effet, puisque la loi est impuissante à protéger les particuliers, il faut bien laisser à ceux-ci le soin de se protéger eux-mêmes : c'est pourquoi la société corse vit en quelque sorte en dehors de l'État.

Il est depuis longtemps défendu de porter des pistolets et des poignards ; mais tous sont armés de fusils à deux coups, et j'ai trouvé des villages presque entiers sous les armes, comme au moment d'une invasion de Barbares. Au milieu de ces rudes montagnes, c'est un spectacle à la fois sauvage et bizarre que la vue de ces hommes affublés de leur *pelone* et de leur bonnet phrygien, la cartouchière à la ceinture et le fusil double sur l'épaule.

Pour détruire la *vendetta* et le banditisme, la meilleure arme c'est l'instruction. Mais en Corse les progrès sont lents. Coloniser, ouvrir des routes dans l'intérieur, donner de la vie aux ports de mer en augmentant le commerce et la production, tel est le vrai moyen de désarmer le pays. Si le gouvernement français n'a pu vaincre l'orgueilleuse résistance des insulaires, il mérite bien des reproches. Que fait-il d'une contrée qui possède un excellent climat, un sol fertile, dominant par sa position toute la Méditerranée entre l'Espagne, la France, l'Italie et l'Afrique, comptant des golfes et des mouillages superbes, riche en forêts, en minéraux, en sources salutaires, en fruits de toutes sortes, et habitée en outre par un peuple brave et capable des plus grandes actions ?.... Une espèce de Montenegro ou d'Irlande italienne.

CHAPITRE XI

Le poète corse Salvatore Viale, de Bastia, a bien voulu me communiquer la nouvelle qu'on va lire. Il m'a envoyé un recueil de vers composés par lui ou par d'autres poètes de son pays, et c'est là que se trouve inséré ce remarquable fragment de l'histoire des mœurs corses. Viale l'a emprunté, dit-il, à un manuscrit latin dont il n'existe qu'un exemplaire, et l'a traduit en langue italienne. Il le donne pour un appendice à l'ouvrage *De rebus corsicis* de l'historien Pietro Cirneo, qui raconterait ici un épisode de sa vie romanesque et agitée. Il ne doute point de l'authenticité du manuscrit, mais il n'en fournit aucune preuve, et le malin lecteur devinera aisément pourquoi.

J'ai traduit de l'italien cette nouvelle magistrale, sans me permettre aucune addition ou suppression. Non seulement elle me paraît remarquable comme une peinture de caractères pleine d'originalité, parfaitement vraie même pour les Corses de nos jours ; mais c'est aussi une délicieuse œuvre d'art, où règne cette mélancolie particulière aux poètes corses et surtout à Salvatore Viale, le poète le plus fécond de l'île, digne et noble vieillard d'une infatigable activité.

LE VŒU DE PIETRO CIRNEO

NOUVELLE HISTORIQUE DE SALVATOR VIALE (1)

..... Revenge, sent from the infernal Kingdom,
To ease the gnawing vulture of my mind,
By working wreakful vengeance on thy foes.

SHAKESPEARE.

Les Espagnols, les Génois, le Pape, et en dernier lieu Galéas, duc de Milan, qui se disputaient entre eux et contre nous la possession de la Corse, venaient de poser les armes, lorsque l'orgueil des seigneurs de Cinarca, blessé d'une simple mesure de stricte équité du lieutenant ducal, alluma dans notre pays le feu de la guerre civile, et y renversa de fond en comble les formes et jusques aux notions les plus communes de la justice. Il arriva dès lors, comme cela devait être, qu'en l'absence d'une direction politique fixe et constante, les lois n'ayant plus ni crédit ni pouvoir, tout ennemi du gouvernement usurpait la puissance souveraine ; on vit même les bandits et les condamnés exercer une sorte de juridiction et d'arbitrage au fond de leurs makis.

Ce fut en ces conjonctures et durant l'été de l'année mil quatre cent soixante-huit, que les violentes entreprises d'un puissant adversaire sur ma fortune, et ses outrages contre

---

(1) Nous donnons la traduction qu'en a faite M. Arena en 1837 (Bastia, Imprimerie Fabiani).

ma personne, me contraignirent moi, Pietro de Felce, à me pourvoir de quelque protecteur qui me fît respecter, et prît en main la défense de mes droits. Je résolus en conséquence de m'adresser à un condamné contumax, comme d'autres recourent au besoin à la justice régulière. Mon choix cependant recherchait quelque bandit qui me parût le mieux famé entre ses confrères pour sa loyauté et la rectitude de son jugement ; et il se fixa sur Galvano de Chiatra, l'un de mes proches. Ce dernier, n'étant pas encore tombé en disgrâce auprès du gouvernement, avait autrefois, à la mort de mon père, et avant que mes autres infortunes domestiques ne m'eussent forcé d'émigrer en Romagne, assisté mon enfance de ses soins et de ses conseils. Il s'était d'abord fait bandit, ou comme l'on disait, rebelle, soit par patriotisme, soit par haine de la domination étrangère : mais dans la suite, l'intérêt de sa propre défense, les liens du sang, ou la conformité du genre de vie, l'avaient rapproché de ces bannis que l'on désignait sous le nom de *Paroissiens*, à cause du curé ou archiprêtre d'Alesani, leur chef ; et après la mort de ce curé, surnommé Paganello, suivie de la dispersion des Paroissiens, il continuait à soutenir, seul, l'existence et l'espoir de leur faction, contre les Génois. Comme il avait toujours porté les armes pour le parti ducal, les siens l'appelaient communément Galeazzino, tandis que les Génois, à raison d'une visière dont il avait coutume de se couvrir le visage, le surnommaient Masque de fer. Galvano avait en outre acquis de la célébrité par une arquebuse désignée sous le nom de Samson, arme puissante et terrible, qu'il savait manier et diriger au but fort adroitement. C'était une de ces bombardes portatives, autrement dites mousquetons, qui, à l'aide de la poudre, chassent au loin une petite balle de plomb avec une incroyable vitesse. Cette machine de guerre avait passé ainsi que beaucoup d'autres aux mains de nos compatriotes à l'époque de la déroute des Catalans à Lorette, quand les quatres pièves se furent liguées contre les *Bisogni*, hordes déguenillées et sans solde du roi d'Aragon.

Je pris secrètement le chemin du mont Saint Alexis, d'où la piève d'Alesani, qu'il domine, a tiré son nom, et je le gravis jusqu'au sommet. Là, parmi des chênes, les uns touffus et étroitement entrelacés, les autres tombés de vétusté ou renversés par les orages, n'apparaissait aucun vestige de créature vivante, si ce n'est le gîte solitaire de quelque sanglier, les plumes de la mue des oiseaux de proie, et la carcasse des animaux dont les aigles avaient fait leur pâture. Parvenu dans la plus profonde épaisseur du bois, je fus très surpris de trouver Galvano avec un homme de moyen âge, qui, à la dignité de son extérieur, à l'élégance de son costume et de ses manières, me parut un personnage de distinction. L'air de politesse et de gravité aimable empreint sur sa physionomie formait avec ce lieu sauvage et la présence du bandit un contraste frappant, et avait à mes yeux quelque chose d'étrange et d'inexplicable. Aussi, loin de prendre l'inconnu pour un associé de Galvano, je penchai bien plutôt à croire qu'il était venu, comme moi, solliciter sa faveur ; je n'osais, pour cette raison, ni m'approcher de mon oncle, ni lui faire la moindre démonstration amicale ; mais lorsque d'un geste il eut fait signe à cet étranger de se retirer à l'écart, je m'avançai, et dans l'épanchement de l'affection et de la confiance, je l'instruisis de mille particularités que je ne veux ni ne dois consigner en cet écrit, et entre autres du nom de mon adversaire et du rapport de mes démêlés avec les vastes ramifications de l'inimitié fameuse qui divisait la commune de Petricaggio. Je lui contai ensuite l'une après l'autre les diverses atteintes dont mon honneur et ma fortune avaient eu à souffrir depuis longtemps, c'est-à-dire les propos diffamatoires et les affronts publics dirigés contre moi, les enlèvements de bornes et les destructions de clôtures et de murailles commis dans mes propriétés, le massacre de mes bestiaux, les menaces de mort à mes bergers et à mes colons, et autres offenses et dommages de même nature. Galvano m'écouta avec beaucoup d'indifférence, ou plutôt d'un air dédaigneux auquel j'étais loin de m'attendre: Mon neveu, me dit-il, nous vivons en des temps bien rudes et bien déplorables. Tu le vois ; Paganello mort, et les Paroissiens chassés, je suis demeuré seul, n'ayant avec moi que ce chien maigre, ma fidèle arquebuse, et ce scapulaire, le seul meuble de mon héritage paternel dont je sois en possession ; et dans ce complet isolement, les fatigues, les maux sans nombre que j'endurais à cause de mes inimitiés particulières, se sont accrus encore par les haines qui pesaient sur mes compagnons expatriés ou défunts, dont je porte maintenant tout le fardeau. Je ne te dirai ni les dangers terribles que j'ai courus, ni mes cruelles souffrances durant une vie pleine d'anxiété qui se consume à errer furtivement et sans cesse de la montagne à la plage, et de la plage à la montagne, pour y chercher quelque asile ; car tu sais combien les excursions des sbires d'une part, et de l'autre les croisières génoises et leurs débarquements, rendent peu sûres les montagnes et le littoral, la résidence et la fuite. Mais enfin l'abandon où je me trouve, l'incertitude de mon sort, l'épuisement de mes forces minées à la fois par l'âge et par les travaux, me font presque résoudre à embrasser le hasardeux parti de la fuite comme le moins funeste, et à m'éloigner pour toujours des rivages de la Corse et de l'Italie. Suis donc le conseil qu'en bon parent je te donne ; borne-toi tout uniment à recourir aux tribunaux pour les bagatelles dont tu as à te plaindre, ou pardonne à ton adversaire ; et si tu ne goûtes pas cet avis, imite mon exemple en quittant la terre natale une seconde fois. Surpris de le voir qualifier aussi légèrement les préjudices graves et les atroces persécutions dont j'étais victime, je me mis à en récapituler le détail avec plus de chaleur. J'alléguai toutes les raisons que la passion sait trouver d'ordinaire pour colorer et justifier jusqu'à ses propres excès ; je lui dis que pardonner à l'auteur de tant d'outrages, ou m'expatrier, ce serait, indépendamment des pertes énormes dont ma fortune aurait à souffrir, m'exposer, moi et ma famille, à de nouvelles calamités, puisqu'en cédant aux violences les plus injustes et les plus arbitraires, je ne manquerais pas d'attirer sur moi les reproches et les huées de tous mes concitoyens, qu'ils fussent ou non favorables à ma cause ; qu'en outre, il me faudrait en ce cas supporter ou faire supporter aux personnes que j'aimais le mieux, les avanies des hommes les plus vils et les plus lâches, toujours prêts à se liguer contre le faible qui fuit ou se laisse insulter impunément. Je concluais de tout cela, qu'à moins de tirer de mon ennemi une vengeance convenable, je ne pouvais ni vivre en sûreté dans mon pays, ni m'en éloigner avec honneur. Quant à la justice civile, m'écriai-je, en avons-nous une en ce moment, pour que je puisse y recourir ? Et ceux qui nous gouvernent, permettraient-ils qu'elle fît droit à mes griefs contre un adversaire riche et puissant ? Vous connaissez la triste condition de notre malheureux pays en ces temps d'anarchie et de désordres. Les choses se trouvent au point que, si je devais suivre votre conseil et abandonner, je ne dirai pas la Corse, mais seulement mes foyers et mon village, ce ne serait que pour me joindre aux ennemis de ce gouvernement, aux généreux défenseurs de la patrie....... Voilà, interrompit Galvano, un dernier propos qui se rattache assez mal au sujet de notre conversation, ou plutôt ne s'y rapporte nullement. Mais puisque tu mêles ici l'intérêt de la cause publique, je te dirai qu'il me serait très facile de me servir de cette amorce pour t'amener à partager les hasards de ma fortune. Je me souviens en effet que moi-même, j'avais justement ton âge alors, je fus poussé à prendre la campagne par ce grand mot de patriotisme, qui en substance signifiait, chez les autres, amour de soi et haine privée envers tel et tel. Malheureusement, je le compris trop tard, et quand il m'était impossible de revenir sur mes pas ; mais cette connaissance du moins me rendit meilleur et plus loyal que mes camarades, au nez desquels j'éclatais de rire, toutes les fois qu'ils parlaient de patrie et de leur zèle pour sa cause. Tu vois bien, Pietro, que je ne veux ni abuser les autres, ni me laisser abuser moi-même. Je t'exhorte donc à t'en tenir pour l'heure à mon premier avis : regagne paisiblement le village, et tâche, s'il est possible, de fuir, de mépriser ou de supporter durant un mois encore les grossièretés et les provocations de ton adversaire. Tu auras dans cet espace de temps, tout loisir et toute latitude pour mûrir tes résolutions ; car je doute que, blessé profondément comme tu l'es par de trop récentes injures, tu possèdes aujourd'hui l'entier et libre usage de tes facultés mentales. Mais, ce terme échu, si tu persistes dans ton opinion, je t'attendrai sans faute ici même, à la fin du trentième jour, et je te garantis que nous aurons trouvé pour lors le tempérament qu'il te faut.

De retour à Felce, le mauvais vouloir et la rancune ne me quittaient point. Résolu toutefois de me conformer strictement au conseil de mon oncle, je m'efforçai de vivre seul et caché, évitant soigneusement les regards et la rencontre de mon ennemi, et jusqu'à la société des autres habitants du hameau. Cette solitude forcée, cette inaction contraire à mes habitudes, redoublaient la misanthropie et les noires pensées auxquelles j'étais en proie ; mais j'eus néanmoins la force de souffrir et de dissimuler encore une longue série de nouvelles offenses. J'ai lieu de croire que la haine de mon infatigable persécuteur était attisée et nourrie par quelque instigateur caché, qui lui rendait compte de ma conduite et de mes discours, par un de ces artisans de discorde, qui, faisant l'office de médiateurs, exagèrent et dénaturent, au moyen de perfides rapports et sous de faux semblants de zèle, les mutuelles actions de deux adversaires, dans le dessein de nuire à l'un et à l'autre à la fois. Poussé par de malignes insinuations, et témoin de mon silence et de mon apparente impassibilité, mon ennemi trouva enfin le moyen de me piquer au vif. Sous je ne sais quel prétexte, il tourna tout à coup la haine irréconciliable qu'il me portait, contre un vertueux ecclésiastique, mon cousin, auquel me liait l'amitié la plus tendre ; se doutant bien que je ne pourrais dissimuler ce dernier affront, et ne pas en garder du ressentiment, vu l'innocence du pauvre prêtre, qu'il ne persécutait évidemment qu'à cause et en haine de moi. Quand je vis ce digne ministre des autels, frustré d'une chapellenie dont il jouissait à titre héréditaire ; que j'entendis, le dimanche à l'Église, lire son nom sur le catalogue de la confrérie, en l'accompagnant tout haut de la formule funèbre et menaçante du *Pater noster* ; que je le vis enfin réduit à chercher, hors de sa propre piève, de la considération, un asile et du pain, je perdis tout à fait patience ; et au jour convenu, je m'empressai de courir au rendez-vous que Galvano m'avait assigné sur le Saint Alexis.

Dans les doléances que je lui portais cette fois, je mis à dessein quelque exagération. Je lui racontai comment, à force de mauvais traitements et d'actes arbitraires, mon ennemi nous avait contraints, mon cousin et moi, d'abandonner le village ; à quoi j'ajoutai, que les insultes réitérées de cet homme envers le neveu marquaient assez son profond mépris pour la personne de l'oncle ; et que lui, Galvano, ne fût-ce qu'à raison de notre parenté, devait s'en tenir offensé, et prendre une part active dans mes justes ressentiments. Galvano avait écouté jusque là ma nouvelle plainte avec une attention calme ; mais il fronça le sourcil à mes dernières paroles. Dis-le moi franchement, me répondit-il, serais-tu venu ici dans l'intention de te décharger sur moi seul du soin de ta vengeance ? Et paraîtrais-je à tes yeux un homme assez abject et assez perdu d'honneur pour être l'instrument de ta haine, pour te servir de sicaire ? Non, repris-je, ce qui m'amène vers vous, c'est le besoin de vos conseils et de votre assistance ; je les réclame instamment ; et si vous me les refusez, je suis dans la ferme résolution de me venger de mes propres mains, quelque prix qu'il en coûte. Si tu es décidé à cela, répliqua Galvano, mais décidé tout de bon, il me semble que tu n'as pas beaucoup à consulter. Qui t'empêche, en effet, de suivre l'exemple que ton adversaire t'a donné jusqu'à ce jour, et de lui rendre la pareille ? Et làdessus, le bandit se mit à me détailler toutes les façons de nuire que peuvent mettre en usage la scélératesse et la perversité, comme de porter le ravage dans les vignes et dans les campagnes, d'intimider les colons, les laboureurs, les témoins et les juges, d'employer les menaces et les délations contre son adversaire et ceux qui le soutiennent, et faire conjurer à sa ruine amis et ennemis. Si je le voulais, poursuivit-il, rien ne me serait plus aisé que de te faire seconder, en toutes ces entreprises, du bras et de la protection de mes affidés, au nombre desquels je compte même des hommes riches et titrés dont l'appui me favoriserait à l'occasion ; car, nous autres bandits, ayant besoin de tout le monde, nous faisons en sorte que tout le monde, soit en bien soit en mal, ait un peu besoin de nous. C'est ce qui fait que nous ne manquons ni d'amis improvisés, ni de clients officieux, ni même de quelques illustres parrains dans les rangs de la noblesse. Mais tu peux en croire et mon âge et mon expérience, cette série de violences et de représailles n'est, pour m'exprimer à votre façon, qu'un cercle vicieux, et te mènerait, tôt ou tard, ou à recevoir la mort ou à la donner. Or, dis-le moi sans déguiser, aurais-tu bien le courage de te mettre dans cette alternative ? Et supposé qu'au lieu d'être la victime tu fusses le meurtrier, te sentirais-tu plus tard le courage et la force de supporter toutes les conséquences qu'entraîne après elle une action de cette nature ? Pèse ta réponse, Pietro, ma demande étant faite à dessein ; car, si dès à présent tu es préparé au parti extrême dont j'ai parlé, et qu'il te faudra prendre un jour, ne vaut-il pas mieux que tu commences aussitôt par où tu devras nécessairement finir ? Ainsi du moins, placé dès l'abord entre les deux chances opposées, tu demeureras maître de ton choix.

Vingt-quatre heures s'étaient écoulées à peine, depuis que, par ses intrigues et ses provocations, mon persécuteur nous avait expulsés, mon cousin et moi, du village et du foyer paternel ; la question réitérée et pressante de Galvano me trouvait donc en proie à toute l'ardeur du ressentiment et de la vengeance : aussi je l'avouerai, ma réponse à l'atroce proposition du bandit ne se fit pas attendre ; elle fut affirmative. Je te prends au mot, me dit-il, et puisqu'en homme de cœur tu arrêtes ton choix à la résolution la plus prompte et la plus périlleuse, je te crois digne de ma confiance et de tout mon appui. Prends donc ta lance, et viens. Dès demain, tu peux y compter, avant que la journée ne s'achève, tu seras satisfait. Que dis-je ? aujourd'hui même..... Suis-moi jusqu'aux gorges de Felce. Là, se trouve le champ de ton adversaire ; le temps et l'heure sont favorables...... En disant ces mots, il demeura un instant pensif, puis, ayant considéré attentivement la lune, selon une habitude ordinaire aux bandits : — Mais non, poursuivit-il, tant que l'astre est en son plein, nous ne pouvons rien entreprendre à cause de l'octave de la Saint-Pancrace, fête du bienheureux que tous les contumax révèrent à juste titre comme leur avocat et leur patron. Un vœu solennel m'impose en outre l'obligation toute particulière de chômer ces huit jours, durant lesquels je me ferais scrupule de nuire à un individu quelconque, fût-il Génois ou Catalan, et ne souffrirais pas que d'autres en ma présence lui fissent tomber un cheveu de la tête. A pareille époque, il y a trois ans, la flèche d'un Miquelet m'atteignit entre les deux os de la jambe droite sans me faire beaucoup de mal ; et cependant une fracture ou une simple esquille dans cette partie, quoique peut-être non mortelle de sa nature, le fût immanquablement devenue par la nécessité où elle m'aurait mis de tenir de mes propres mains le service qu'un de mes camarades, en semblable occasion, dut rendre sur sa prière à l'un de ses amis. En parlant de la sorte, Galvano faisait sortir hors de sa manche, et me montrait le pommeau luisant et à demi consumé d'une courte dague. Depuis le vœu que m'arracha le péril auquel je venais d'échapper, je ne manque jamais, continua-t-il, d'en solenniser l'anniversaire en m'abstenant de tout acte d'hostilité, et je me flatte que tu feras de même à ma considération, et à la gloire de notre Saint. Je profiterai de cette suspension d'armes pour te donner quelques leçons, pour t'endurcir et te former aux manœuvres de la nouvelle milice dont tu fais maintenant partie. Laisse-toi seulement guider par mes instructions, et je me flatte que, perfectionné par elles, tu seras méconnaissable au bout de huit jours.

En achevant ces mots, le bandit chargea sur ses épaules son manteau de poil de chèvre et sa besace, puis ajouta : Qu'il te souvienne au moins, Pietro, de regarder ta vengeance ou plutôt la nôtre à tous deux, comme accomplie dès ce moment, quoique nous l'ayons ajournée à la nouvelle lune, et que tu doives par conséquent te comporter désormais vis-à-vis de moi en recrue obéissante, en digne et fidèle camarade. Changeant alors tout à coup de manières, de langage et de physionomie, il m'apparut sous l'air redoutable et les attributs terribles qui l'avaient fait surnommer Galeazzino et Masque de fer. Mais il m'en imposa davantage encore, lorsqu'après s'être armé de son casque, et la visière baissée, il saisit l'arquebuse, m'ordonnant d'un geste brusque et impérieux de le précéder vers le mont que l'on nomme la Pointe aux trois Pièves. Tandis que je lui obéissais en silence et dans l'attitude de la crainte et de l'humiliation, son chien appelé Brusco, dressé à de pareilles courses, ne me perdait pas de vue, comme s'il eût deviné les intentions de son maître, et m'empêchait en grondant de le devancer d'un pas.

J'avais entendu quelques personnes vanter le grand courage, la liberté absolue, et la puissance de l'homme des makis; et quoique je me soumisse d'abord à contre-cœur à l'ordre aussi arbitraire qu'inopiné de Galvano, toutefois par une folle fantaisie de jeunesse, je ne fus pas fâché de me procurer à ce prix le spectacle, et d'essayer même, pendant quelques jours, de cette vie aventureuse où l'on foule également aux pieds et le joug des lois et celui de l'opinion. Comme d'ailleurs j'échappais à peine à la malveillance et aux embûches des habitants de mon village, j'avais lieu de me croire moins en sûreté parmi eux qu'auprès de ce bandit terrible et désespéré. Libre enfin de donner tout leur essor à ma haine et à mes ressentiments, je me faisais illusion sur l'affreuse dépendance à laquelle je venais de m'assujettir, et je me reposais sur la consolante pensée, que loin d'avoir désormais à redouter mon adversaire, c'était à lui de me craindre à son tour, en apprenant la violence de ma résolution. Jamais je n'avais été aussi pénétré du sentiment de mon indépendance et de l'entière disposition de mes facultés que lorsque des sommets de la Rotonde et de Calleruccio je pus mesurer d'un coup d'œil tout le littoral de notre île, depuis les plaines de Solenzara jusqu'à la pointe du Cap-Corse. Arraché pour la seconde fois du nid obscur de ma vallée natale, je contemplais avec surprise l'étendue et la variété de cette admirable perspective ; puis de là plongeant ma vue au fond des brouillards et des ravins éloignés de ma piève, je distinguais à peine, sous l'apparence d'autant de ruches, les maisons peu nombreuses du hameau de Pietricaggio, commune pauvre, il est vrai, et d'un territoire assez restreint, mais à cause de l'importance et des graves effets d'une inimitié récente, regardée pour lors comme le point central de tout le diocèse d'Aleria.

Galvano, assis avec moi sur la cime de Calleruccio, avait quitté le casque et la besace. Après quelques instants de repos, je consentis pour lui complaire, à me charger, durant la descente de la montagne, de cette partie de son bagage ; mais nous n'avions pas encore fait deux milles que, trempé de sueur et haletant sous mon fardeau : Je ne conçois pas, m'écriai-je, qu'un bandit aille s'embarrasser d'un poids aussi lourd et aussi incommode, lui, dont rien ne devrait entraver la marche. Eh quoi ! répondit Galvano, ignores-tu que le contumax, ainsi que le limaçon, porte sa maison sur son dos ? Et à ce sujet il m'apprit que la découverte du moindre ustensile de son ménage ambulant, laissé par mégarde en quelque lieu, aurait suffi pour le trahir, comme cela était arrivé à Macchiarolo, un de ses camarades, nommé encore Settefiati, que l'on parvint à arrêter sur le simple indice d'une gourde et d'un crucifix qu'il avait oubliés au fond d'une grotte. Cette besace que tu vois, poursuivit-il, renferme tout ce dont j'ai besoin, c'est-à-dire, mes vivres, mon linge, tout ce qu'il faut pour écrire et pour coudre, un briquet, du sublimé corrosif, de l'onguent vulnéraire et deux livres, *les Chansons de Pétrarque* et *le Chrétien à son lit de mort* du père Guillaume de Speloncato.

Nous nous éloignâmes de plus en plus de la piève d'Alesani, tantôt nous enfonçant dans l'épaisseur des forêts, tantôt, pour déguiser nos traces et le bruit de nos pas, courant nu-pieds à travers les ronces ou sur la grève tranchante des torrents. Je ne me souviens pas d'avoir passé deux nuits consécutives dans le même village ; et si nous faisions une pause de cinq ou six heures en quelque lieu, il nous fallait ensuite nous en éloigner promptement à la distance de 25 ou 30 milles, afin de prévenir ou d'éluder la chasse des sbires et des ennemis de Galvano. La même raison nous déterminait à donner chaque jour à notre marche une direction contraire à celle du jour précédent, c'est-à-dire, de l'est à l'ouest, et de l'ouest à l'est ; et cela par les lieux les plus boisés et de l'accès le plus difficile, ne nous arrêtant jamais que le temps nécessaire pour prendre quelque nourriture et un peu de sommeil. Ces marches tortueuses et fatigantes se multiplièrent au point que j'estime avoir parcouru ainsi un bon tiers de la Corse.

Enfin, nos provisions étant venues à s'épuiser, je dis à Galvano qu'à défaut de vivres, il me serait impossible de continuer davantage cet itinéraire en zigzag, sans terme comme sans repos.

Pour nous refaire de la grande chaleur du jour, nous fîmes une longue halte à l'ombre dans un bois de chênes, par où le mont Saint-Appien s'allonge et décline vers Alesani. Je me mis à errer çà et là parmi ces arbres antiques au port libre et majestueux ; mais comme je ne trouvais sous mes pas que des capsules de glands, et de gras pâturages pour lesquels la montagne est renommée, je parlai à Galvano de mon adresse à tirer de l'arc sur les lièvres et les sangliers, m'offrant de contribuer ainsi à nous procurer la venaison qui pourrait nous être nécessaire. Tu n'es, je le vois, qu'un enfant, me dit-il, puisque tu peux songer à une partie de chasse en ma société. Fais-moi le plaisir de renoncer à des idées aussi étranges, et réserve tes flèches ainsi que ta lance pour de meilleures occasions. Nous ne pourrions d'ailleurs poursuivre le gibier sans courir le risque d'attirer sur nous l'attention de mes ennemis ou de la justice, qui aux aboiements du chien viendraient peut-être nous traquer aussi. Voilà pourquoi nous autres contumax nous vivons en paix avec les bêtes sauvages. Quant à Brusco, ce fut jadis à la vérité un excellent chien d'arrêt ; mais aujourd'hui il n'est bon qu'à courir sus aux Catalans et aux *Bisogni* : son nez le sert encore merveilleusement en cela ; car il les évente aussi bien qu'un lévrier peut lever un lièvre. Galvano me montrant ensuite une superbe génisse qui paissait dans un pré voisin, ajoutait que nous ne pouvions pas même nous servir pour notre nourriture de cet animal domestique ; car, disait-il, sans compter que donner la mort à l'animal d'autrui uniquement pour le manger, est une véritable lâcheté, cette action pourrait encore nous être préjudiciable en augmentant sans nécessité le nombre de nos ennemis.

Je ne répliquai rien à ce discours, mais mon visage devait montrer du trouble et de l'altération, car après m'avoir considéré attentivement, il ajouta : Tu souffres, Pietro, je m'en aperçois ; mais tu serais moins sensible aux privations que tu éprouves, si tu te rappelais davantage ce que t'a fait ton ennemi ; aussi, peut-être eût-il été à souhaiter que la vue de quelque bonne marque de sa haine imprimée sur ta personne ravivât tes faibles souvenirs. Ne te laisse point abattre cependant, et retiens l'avis que je te donne : songe désormais à ne m'inspirer ni mélancolie ni défiance, et à montrer surtout de la fermeté et de la bonne humeur ; car je ferais peu de compte d'un projet de vengeance qui ne résisterait pas à une diète de trois jours. Si tu veux que je prête foi à tes dispotions, commence d'abord à endurer le jeûne comme il faut, et apprends à faire ce que nous appelons parmi nous *le carême du diable.*

A ces mots, je sentis mes genoux fléchir ; toutefois pour dissiper les doutes de mon compagnon et lui donner une preuve de bonne volonté, je m'efforçai d'allonger le pas, et gravis aussi précipitamment qu'il me fut possible la côte de la montagne de Mutari. Parvenus à l'endroit dit Portello, sorte d'ouverture qui de ce côté forme l'unique issue du vallon d'Alesani, le bandit, craignant le danger de la position, m'ordonna de sortir de la route frayée ; et je fus contraint de grimper et de ramper à sa suite le long des rochers qui dominent ce passage. Après avoir escaladé ainsi la crête de la montagne, comme j'étais excédé de fatigue, j'allai prendre quelque repos au pied d'un arbre ; puis, avec un sentiment mêlé de joie et de tristesse, je voulus, de cette élévation, revoir ma piève chérie. Nous nous avançâmes encore, et nous atteignîmes un site d'où nous pûmes découvrir le village même de Felce, et distinguer jusqu'aux fenêtres crénelées de la maison de mon père et de celle de mon ennemi. Galvano énumérait l'une après l'autre, en me les montrant du doigt, mes propriétés champêtres, ou en friche et sans clôture, ou dévastées et devenues la proie de l'usurpateur. A l'aspect de ces localités, source et aliment de haine, mes ressentiments jusqu'alors comprimés, assoupis en quelque sorte par les privations, l'éloignement et les fatigues, reprirent soudain toute leur vivacité ; lassitude, mélancolie, tourments de la crainte et de la faim, tout fut à l'instant oublié, et fit place à des transports de rage et de fureur. L'idée même de ce que je souffrais depuis plusieurs jours, loin d'amortir ma passion à l'égard de mon ennemi, en redoublait la violence et me portait à lui attribuer exclusivement et mes peines volontaires et jusqu'à mes propres égarements.

J'étais en butte à ces impressions, lorsque Galvano me dit : Ecoute, Pietro ; puisque le village de Pirelli est proche, et que la faim te presse, je te donne une heure de temps pour y aller chercher des vivres et retirer mes taxes. Mais avant de partir, prends les deux signaux que je te donne ; l'un, propre à nous entendre entre nous, et l'autre à faire comprendre mes ordres aux habitants. Quant au premier, le voici : et là-dessus il fit entendre un coup de sifflet très aigu, ajoutant qu'il ne cessait de recommander ce signal à ses compagnons et à ses parents, et me racontant la fatale méprise d'un bandit qui, pour ne pas avoir donné de mot d'ordre de cette nature, tua son frère pendant qu'il lui apportait des provisions en cachette. Le second signal, reprit-il, premier gage de mon amitié et de ma confiance envers toi, sera en même temps un moyen infaillible de nous procurer une bonne quête. Vois-tu cette arquebuse ? par elle s'illustra l'un de mes prédécesseurs (et en me parlant ainsi, il me faisait lire sur la crosse, sculpté à la pointe du stylet, le nom de Samson que je connaissais déjà par plus d'un récit). Va, continua-t-il, à Pirelli avec cette arme ; demande à la première maison venue les vivres qui nous sont nécessaires. A l'aspect d'une lettre de créance comme celle-là, nul n'osera t'éconduire, car chacun sait que nous refuser le pain et le vin c'est nous intimer la guerre ; et en effet nous mettons au même rang dans notre haine et l'homme qui veut nous égorger, et celui qui nous laisse périr de faim.

Le nom de Samson m'avait fait ausssitôt comprendre que l'arme de Galvano était précisément celle qui avait appartenu au fameux bandit des montagnes, au redoutable Brandolaccio de Casacconi. Je songeai aux suites affreuses de la commission confiée à mon zèle, si je me mettais en devoir de l'exécuter avec un pareil sauf-conduit : car je risquais par cette démarche de rompre pour toujours avec mes semblables, partisans ou adversaires, étrangers ou concitoyens. Je vis alors quelle destinée affreuse pouvait s'appesantir sur moi dès l'instant même où je me serais présenté aux habitants de Pirelli, muni de ce vrai diplôme de malfaiteur. Dissimulant donc à Galvano ma répugnance à lui obéir, je lui dis, comme du reste c'était la réalité, que je me sentais à même de résister à la faim jusqu'au jour suivant. Il tira alors de sa poche une pièce de métal, ou je ne sais quel autre objet, et ayant noué ce signe d'intelligence dans un mouchoir qu'il fit prendre à son chien, il dirigea cet animal vers le couvent de Saint-François.

Tandis que Brusco, docile aux ordres de son maître, courait de ce côté : Je suis bien aise, me dit Galvano, de te voir disposé à imiter mon abstinence ; mais je voudrais me persuader que ton refus d'aller à Pirelli n'est point motivé par la crainte, par la crainte, veux-je dire, de passer pour l'héritier de Brandolaccio ou l'ambassadeur de Galeazzino. Si cette raison t'avait déterminé, réfléchis, Pietro, qu'en accomplissant il y a six jours tes projets de vengeance, tu serais maintenant un bandit achevé ; or, il y a six jours, tu jurais devant moi la mort de ton ennemi, et cela suffit pour que tu sois déjà et criminel et condamné à mes yeux. Considère-toi donc comme un homme qui, après avoir jeté le gant à la justice, aurait reçu d'elle, en revanche, ce que nous autres bandits nous appelons le *sonnet*, c'est-à-dire, le brevet d'une sentence par contumace. Apprends d'ailleurs que quiconque a vécu trois ou quatre jours en ma société, ne peut y renoncer qu'au péril de sa vie, qu'en s'exposant à mes poursuites ou à celles des tribunaux et, qui pis est, aux unes et autres à la fois : en achevant ces paroles, du canon de l'arquebuse il me faisait signe de marcher devant lui. Nous poursuivîmes ainsi notre chemin, et nous parvînmes, à la brune, au pied d'une tour abandonnée, lieu désert et sauvage à quelques milles du hameau de Felce. Je m'assis sur une roche, et me mis à contempler avec inquiétude le lever de la nouvelle lune dont les pâles rayons blanchissaient à peine la pointe du Saint-Alexis.

Peu de temps après, Brusco vint nous rejoindre d'un air de fête et remuant la queue. Il avait un paquet entre les dents. Je gage, dit Galvano, que cette pauvre bête aura exécuté ma commission mieux que ne l'aurait pu faire un être raisonnable, mieux que toi, par exemple. Et là-dessus, allant au devant du chien, il déploya la serviette où le paquet était enveloppé, en tira un grand pain de seigle et une gourde pleine de vin de Verde, dégaîna son stylet pour découper nos vivres, donna à Brusco sa portion trempée de vin, et s'assit sur l'herbe où il se mit lui-même à manger fort tranquillement, sans quitter l'arquebuse, que selon l'usage il avait d'abord assujettie entre ses jambes. Quant à moi, je bus avidement à la gourde, et quoique j'eusse perdu tout-à-fait l'appétit, il me fallut, pour complaire à l'impérieux camarade, partager avec lui et son chien ce pain noir qui avait un goût de moisi, et l'avaler jusqu'à la dernière miette.

Cela fait, Galvano commença d'abord d'un ton plus familier à m'entretenir de divers événements ; puis, pour donner le change, disait-il, au sommeil et à la faim, entrant dans les détails de quelques aventures de sa vie : Mon cher neveu, ajouta-t-il, si je t'ai montré jusqu'ici de la méfiance, ne t'en formalise pas : la méfiance est pour moi une nécessité, une habitude ; c'est là, pour ainsi dire, mon talisman, la relique sainte dont je me sers pour repousser les atteintes du fer et du poison. Afin de te convaincre à quel point ce sentiment est raisonnable et fondé de ma part, je ne te citerai pas l'indigne fin du généreux Brandolaccio, car tu as appris sans doute, par quelle fraude, amené à la table de son cousin-germain, ce vaillant homme en fut trahi sous le manteau de la parenté et de l'hospitalité ; il me suffira de te montrer le lieu même où nous sommes, et que tu dois assurément connaître de réputation. Il n'est personne en effet à qui le seul nom de la tour des *Pinzacchi* ne rappelle l'infâme trahison que consommèrent contre le curé Paganello, Christophe Appulone, son compère, et mon cousin Morazzano. Tu auras ouï parler des circonstances qui accompagnèrent ce crime, mais tu ne peux en connaître ni les antécédents, ni les causes secrètes. Et ici, mon oncle me raconta que le curé, fomentant la révolte contre Gênes, avait, à la suite d'heureuses escarmouches avec les soldats de cette république, envahi toute la *Terre de commune* à la tête de 500 hommes armés ; que le gouverneur Grimaldi, hors d'état de lui tenir tête, lui fit offrir la paix et des lettres de grâce, mais prévoyant bien que Paganello se serait défié de ces belles propositions, il avait engagé Vincent de Chiatra, ennemi mortel du curé, à lui dévoiler par lettre la pure vérité, c'est-à-dire, le complot perfide que, sous cette apparente mansuétude, Grimaldi ourdissait pour le perdre ; abusé par un tel stratagème le malheureux prêtre crut devoir plutôt ajouter foi aux avances du gouverneur qu'aux révélations d'un compatriote dont la haine lui était par trop manifeste ; il s'imagina d'ailleurs qu'un sentiment d'envie portait seul ce dernier à le détourner de l'accommodement proposé et, se défiant de l'un de ses ennemis pour s'abandonner à l'autre, il demeura victime de la méchanceté de tous deux. Durant l'entrevue de Paganello avec Appulone, Guy de Pietra-Santa et Morazzano, j'étais, poursuivit Galvano, en vedette à Novale, accompagné d'une dizaine de *Paroissiens*, et je me souviens que la cloche du village donna aux trois sicaires le signal de la trahison. Aux cris des assaillants et du blessé, j'accourus à la tête de mes gens, et lorsque j'eus appris de la bouche de Paganello que, pour mieux accréditer l'imposture, Morazzano s'était prévalu de mon nom et des liens du sang qui l'unissent à moi, je fondis avec fureur sur les traîtres. Je brûlais de laver mon sang et mon nom d'une pareille infamie, et je fus assez heureux pour plonger en ce lieu même la lance que tu vois dans le dos de mon perfide parent.

Le récit que je venais d'entendre excita dans mon âme le dégoût et la terreur. Comme j'ignorais alors les crimes véritables de Paganello, je fus touché de son sort, et me sentis entraîné vers lui et vers mon oncle par un vif mouvement de tendresse. J'aimais surtout en Galvano cette horreur si profonde de la trahison et cette générosité qui ne balance point à sacrifier la vie à l'honneur, et les liens du sang à la sainte cause de l'amitié.

Nos entretiens en étaient là, quand le bandit entendant sonner la cloche de Novale, se leva brusquement de la pierre où nous étions assis, mit en joue son arquebuse et, dirigeant de part et d'autre le point de mire, observa soigneusement autour de nous les abords les plus secrets du bois. L'homme des makis, disait-il, doit être en garde même contre les cloches, car souvent elles servent, mille exemples m'en donnent la conviction, à donner l'éveil aux sbires. Mais nous n'avons rien à craindre de celle qui sonne actuellement ; c'est la cloche du *De profundis*. A ces mots, il ôta son casque, laissa à terre l'arquebuse toute montée, et alla s'agenouiller et prier loin de moi sur un monceau de pierres ; après y avoir récité quelques oraisons, il se rendit au pied d'une haie de ronces et d'orties où il en fit autant. Cet amas de pierres, me dit-il ensuite, couvre les restes de Paganello, et sous ce tertre d'orties repose Simon d'Arezzo, l'un de ses meurtriers, venu le dernier au secours des conspirateurs, mais le seul qui se battît en brave. J'ai prié avec la même ferveur pour l'ami et pour l'ennemi, parce que je souhaite vivre en paix avec les morts. Dans cette rencontre je n'eus pas le moindre mal ; et ici même, après avoir vengé le curé, ce fut moi qui lui tins lieu de chirurgien, de sentinelle et de prêtre ; hélas ! c'est encore à moi qu'était réservé le triste devoir de lui procurer un tombeau, une fosse clandestine comme tu peux le voir, sans croix et sans nom ! Une circonstance me parut surtout bien déplorable en ce tragique événement, et me causa les regrets les plus amers : mon frère d'armes avait déjà cessé de vivre, lorsqu'à cent pas de lui je trouvai le cadavre de Morazzano. Le fourbe était allé mourir furtivement au bas de la colline sous le chêne vert... Pauvre Paganello ! il obtint vengeance, mais il n'eut pas la consolation d'en être témoin.

Ces prières funèbres, ces discours, ce mélange de compassion et de cruauté produisirent en moi une impression terrible, et je retombai dans un accablement d'esprit, dans une morne tristesse, pires que toutes les agitations que j'avais éprouvées jusque-là. Je ne pus d'abord me rendre raison de cette alliance monstrueuse et vraiment sacrilège de religion et de barbarie, surtout chez un homme aussi éclairé que Galvano ; mais reportant ensuite ma pensée sur le lugubre spectacle dont ce lieu avait été le théâtre, des réflexions plus mûres me suggéraient qu'il était bien difficile au malfaiteur vagabond et fugitif de revenir aux vertus chrétiennes sans exposer sa vie à de continuels dangers. Et pourtant, me disais-je, l'idée de Dieu est l'unique soutien qui reste à l'homme séquestré du sein de sa famille, haï de ses semblables, ou persécuté par eux : l'effet de cette vérité, je le ressentais alors moi-même ; car jamais je n'avais médité aussi sérieusement sur l'Être suprême et la vie future, que je le fis en ce lieu et en cet instant, entre deux tombeaux, à la vue de mon pays natal, prêt à me bannir dans quelques heures et pour toujours du commerce des hommes, et à renoncer à toutes les consolations comme à toutes les garanties de la vie civile.

J'avais hâte d'abandonner ce désert de funeste mémoire, et je marchai avec empressement sur les traces du chien qui, au signe de son maître, s'avançait vers les gorges de Felce. A mesure que je passais au-dessous des rochers sourcilleux et des hautes esplanades toutes couvertes d'arbres, qui assombrissent le vallon, à chaque pas qui nous rapprochait du village, des frémissements inconnus, d'horribles palpitations agitaient mon cœur. Le bruissement des arbres, le vol et le cri des oiseaux qu'effarouchait notre passage, me faisaient tressaillir et reculer d'effroi ; l'ombre mouvante des buissons, un jappement léger ou la moindre halte de Brusco, les perches chaperonnées des jardins, la fumée lointaine provenant des charbonnières ou des jachères en feu, et les coups de sifflet des bergers sur la montagne, m'inspiraient des alarmes et éveillaient mes remords. Tout me paraissait à craindre, jusqu'à mon compagnon de voyage ; je me redoutais moi-même le premier ; car si l'idée du crime que j'avais juré de commettre me pénétrait d'horreur, j'en détestais également le repentir, soit à cause de la haine vivace que je gardais à mon ennemi, ou de peur de rencontrer un plus puissant et plus terrible adversaire dans le complice que je m'étais choisi.

Galvano décida que nous passerions la nuit sur une hauteur à un mille environ au-delà du défilé de Felce ; et voyant que je cherchais le refuge d'une grotte voisine pour me garantir du vent froid et humide qui venait de la montagne, il s'y opposa en me disant que sur le territoire de sa piève, le bandit doit dormir en plein air, et ne jamais s'abriter que dans les temps de bourrasque ou de neige : seulement, il me conseilla de profiter de la grotte pour y mettre mon arc, dont la fraîcheur de la nuit aurait pu faire briser la corde. Aie bien soin, poursuivit-il, de presser ton manteau contre la poitrine, et tâche surtout de te préserver du rhume. La saison est bonne, et l'air de ce lieu fort sain, quoique des affections catarrhales s'y gagnent aisément. Un accès de toux qui te surviendrait nous exposerait à de grands dangers, et particulièrement pendant la journée de demain. Il est vrai qu'une fièvre ou une pleurésie aurait des inconvénients plus fâcheux encore ; mais quant à cela, la bonté de ta constitution me rassure. Le froid, le jeûne, la crainte, m'avaient un peu transi, lorsque affublé de mon manteau, je me couchai sur la terre nue. Tout en feignant de m'assoupir, je pensais en moi-même que les animaux auxquels l'homme fait la guerre la plus acharnée, avaient un lit meilleur que le nôtre, et y reposaient plus sûrement. Les tristes événements arrivés dans le voisinage, et le crime dont nous avions ajourné l'exécution au lendemain, se présentaient alternativement à mon esprit avec leurs terribles conséquences. Je songeais à ce Brandolaccio, dont le nom avait été pour moi, dès l'enfance, un symbole d'horreur et d'infamie ; et pourtant, naguère j'avais entendu mon camarade parler de lui avec éloge. Je me souvins qu'à l'âge de dix ans, me trouvant dans un pays de la Romagne avec plusieurs autres Corses, je ne fus nullement affecté d'apprendre la mort de ce brigand, et que la physionomie de mes compatriotes exprimait la même indifférence ou plutôt un air de satisfaction ; je me rappelai encore avoir, à cette occasion, entendu sans me plaindre, des paroles de blâme et d'insulte contre ma patrie sortir de la bouche des étrangers. Eh ! quoi ! me disais-je, mener une vie pleine de maux, d'angoisses et de fatigues, une vie plus misérable et plus dure que celle de la brute, pour mourir dans l'opprobre, pour porter la désolation et la honte au sein de sa famille, pour déshonorer son pays ! Dans la solitude où nous étions et au milieu du silence de la nuit, l'idée d'un Dieu, éternel témoin de nos actions et de nos pensées, se développait, s'agrandissait en moi, occupant et subjuguant toutes les facultés de mon âme. Parmi ces méditations aussi involontaires que douloureuses, ma conscience agitée par le remords me reprochait non seulement le projet de mon crime, mais le simple contact du bandit, dont la société me paraissait un crime continuel. Mes réflexions furent interrompues par l'arrivée de Galvano qui s'étendit à mon côté. Étroitement enveloppé dans son manteau, il saisit les deux pans du mien, puis, selon la coutume des contumax, ayant écarté mes jambes pour y engager les siennes, il parut s'endormir. Je ne savais pas au juste si le bandit feignait, à mon exemple, ou si de sa natnre il avait le sommeil très léger et très inquiet; quoi qu'il en soit, au moindre mouvement que je fisse du pied ou des reins, à chaque soupir ou faible murmure qui s'échappât de ma poitrine, je ressentais une secousse de sa part, suivie d'une sorte de grognement ou d'une toux sèche et convulsive, que le chien, accroupi à nos pieds, accompagnait de ses hurlements plaintifs et en se secouant à son tour. Mon insomnie fut affreuse et pleine d'angoisse. Toutes les fatigues, toutes les tortures du corps et de l'âme que j'endurais depuis sept jours, semblaient s'être réunies pour me faire éprouver en une seule sensation l'effet de leurs atteintes successives. Me rappelant alors les paroles de Galvano à notre première entrevue sur la montagne : Aux peines extrêmes que je souffre, me disais-je, manquent cependant encore et le poids des haines privées, et celui de la haine publique ; aucun forfait réel ne me fait encore sentir les véritables aiguillons du remords ; je ne porte pas encore imprimés sur mon front, ni l'infamie, ni le sceau réprobateur de l'homicide Caïn ; et en raisonnant ainsi, je cherchais à me figurer quel serait mon état après la consommation d'un premier crime, lorsque, devenu malfaiteur, la compagnie des malfaiteurs, mes semblables, deviendrait pour moi une nécessité et comme la condition désormais indispensable de mon existence. Je ne trouvai ni relâche ni refuge contre ces cruelles réflexions, je ne trouvai ni repos ni soulagement au martyre de ma conscience, qu'en tournant mes regards vers ce Dieu qui lit au fond de nos cœurs, et qui sans doute venait d'insinuer en moi l'heureuse et salutaire pensée de recourir à lui. J'abjurai dès lors mes serments de vengeance ; j'implorai mon pardon de ce Dieu de bonté qui jadis, le pardon à la bouche, expirait pour nous ; et le prenant à témoin de mes résolutions nouvelles, je lui promis de me conserver pur de tout crime, en présence même de la mort. Je fis vœu en outre, si l'arrêt de la miséricorde divine avait déjà décidé que je survécusse à mon repentir, de consacrer le reste de mes jours au service des autels, à l'édification et à l'enseignement de mes concitoyens. L'engagement intérieur et solennel que je venais de prendre me rendit la force et le calme ; je dormis du sommeil le plus paisible et ne m'éveillai qu'aux aboiements du chien et à la voix de Galvano qui m'appelait.

L'aube naissante dissipait les ténèbres. Dégagés des vapeurs de la veille, les sommets des collines et des montagnes apparaissaient dans toute la pureté de leurs contours, au milieu d'un air calme et azuré ; les quatre îles qui ceignent la Corse du côté du levant se détachaient de l'horizon, et les rivages du continent, invisibles durant le jour, nous offraient si distinctement leurs bords sinueux et escarpés, qu'on eût dit que, par une impulsion miraculeuse, ils se fussent rapprochés de nous. Galvano était monté sur un lieu élevé d'où planaient au loin ses regards immobiles et plus attentifs que de coutume. Sa poitrine aspirait avidement le parfum matinal des fleurs et les émanations pénétrantes du lentisque, du ciste et de la lavande sauvage, qui çà et là revêtent de leur verdure le flanc des rochers. Je le vis longtemps se plaire aux premiers chants des oiseaux, au murmure et à la brise de la rivière d'Alesani, suivre de l'œil les massifs de saules, et les brouillards légers errant au-dessus des ondes, puis contempler tour à tour la colline de son village, la vaste mer et les côtes d'Italie. Pour moi, retranché derrière un châtaignier, je considérais à travers ses branches ma maison et mon jardin avec des yeux humides ; mais quand la cloche de Saint-Damien se fit entendre, je pleurai abondamment, car je crus que Dieu même empruntait alors cet organe pour me rappeler ma promesse de la nuit, et me presser de rentrer au plus vite dans le bon chemin.

Galvano ne tarda pas à me rejoindre au pied de l'arbre où je m'étais retiré. Eh quoi ! me dit-il, tu n'as pas vu l'homme qui vient du hameau de Felce, et s'avance maintenant vers nous ? Excellent bandit, en vérité, que celui dont les yeux ne sont pas les premiers à découvrir son adversaire ! et en disant ces mots, il m'envisageait attentivement. Aussi habile à pénétrer les sentiments des autres qu'à dissimuler les siens, mon oncle n'eut pas de peine à s'apercevoir de la révolution manifeste qui s'était opérée en moi, et lut sur mes traits altérés l'expression du repentir. Il avait remis son casque, et en tenait baissée la noire visière toute rouillée par la sueur et le temps. Tu voudrais reculer, me dit-il, je le vois bien ; mais prends-y garde, ton retour à la vertu serait désormais tardif. Quoi ! tu as recherché l'amitié, tu as pris part aux secrets intimes d'un contumax et tu prétendrais encore demeurer innocent ! non, non ; cela ne se peut. L'amitié d'un bandit, la fin de Morazzano doit te l'apprendre, est plus forte que les liens de la patrie et du sang. Et d'ailleurs, les insultes, les vexations, les violences que tu as souffertes, et la parole qu'ici tu m'as donnée d'en tirer vengeance, les as-tu donc oubliées ? N'y eût-il entre nous que cette parole, elle nous lie fermement l'un à l'autre ; et il me faut ce matin même la mort de ton ennemi pour prendre gage de ta foi. Ce fait d'armes te procurera un nom de guerre et tu l'emprunteras aujourd'hui du lieu de ta première victoire. Vois-tu ce noir ravin à l'extrémité de ce champ auquel il sert de fossé et d'issue ? on le nomme *la Trappe*; encore une demi-heure, et nous y verrons surgir ta victime. Je te cède comme de raison *les honneurs de la vengeance*, et te promets seulement de l'assurer dans le cas où ta flèche s'égare (et en parlant ainsi, il renouvelait l'amorce de l'arquebuse et en remontait le rouet). Si tu rejetais ma proposition, poursuivit-il, je te regarderais comme un traitre, et par le ciel !.,... En ce moment, Brusco voyant l'attitude menaçante de son maître, me prit tout-à-coup en haine, et frémissant de rage, le poil tout hérissé, ne semblait attendre qu'un signal pour fondre sur moi.

Jetant alors de l'air le plus résolu mon arc, ma lance et mon casque : Galvano, dis-je au bandit d'une voix ferme, je suis désarmé ; vous pouvez m'immoler, mais vous ne me forcerez jamais à devenir homicide. J'en atteste le Ciel, il n'est rien non plus au monde qui me déterminât à vous trahir : mais j'ai fait vœu devant l'Éternel d'abjurer mon infâme promesse ; et dût-il m'en coûter la vie, j'abhorre en votre présence, je rétracte.... Il suffit, s'écria Galvano, j'ai enfin vaincu ! et relevant son casque, il découvrait un visage où régnait la satisfaction et la sérénité, et appuyait contre terre le canon de son arme. Dieu soit loué, reprit-il, j'ai enfin accompli une bonne œuvre ! rassure-toi Pietro ; et toi aussi rends grâce au Ciel d'avoir eu à faire à un bandit tant soit peu honnête homme. Et comme il me voyait étonné, abasourdi par cette réponse imprévue, il jeta ses armes, à mon exemple, et reprit les manières affectueuses avec lesquelles il m'avait antérieurement accueilli en ce lieu même : Mon cher neveu, ajouta-t-il, ne t'avais-je pas promis qu'en huit jours j'aurais fait de toi un autre homme ? Tu vois maintenant de quelle sorte j'ai tenu parole. Je prévoyais bien que pour te rendre à la raison, il ne fallait rien moins que les rudes et utiles épreuves par lesquelles je t'ai fait passer. La façon dont tu as triomphé de la dernière me démontre enfin la sincérité de ta conversion qui, je l'espère, sera durable. Tandis qu'il me parlait, mes yeux, attachés sur les siens, le voyant pénétré d'une profonde émotion, versèrent des larmes de reconnaissance et de joie ; je n'en réprimai le cours qu'après m'être senti soulagé, et que mon âme fut entièrement remise de son trouble. Reprenant alors du courage et de la confiance : Ah ! s'il est vrai, lui dis-je, que vous ayez pris tant de peine pour me rendre à moi-même, c'est une preuve manifeste que vous aussi, depuis longtemps, vous êtes revenu de vos propres erreurs. J'espère donc, je compte recevoir de vous en ce jour une double consolation. Ah ! oui, mon excellent oncle, au nom de mon père auquel vous portâtes un attachement si tendre, au nom de ce que vous avez au monde de plus cher et de plus sacré, fuyez, je vous en conjure, fuyez avec moi cette infâme solitude, renoncez dès à présent à l'indigne vie que vous menez ; pour une âme telle que la vôtre, cette vie doit être horrible, insupportable. Au nom du Ciel, souvenez-vous que les sentiments que je vous exprime vous appartiennent, puisque vous seul les avez gravés avec tant de force au fond de mon cœur. Depuis trop longtemps votre naturel sensible et bienfaisant se cache à tous les regards ; depuis trop longtemps il se déguise sous un masque odieux ; permettez que le monde puisse enfin le connaître et l'apprécier, et tous, jusqu'à vos propres ennemis, s'uniront, j'en suis sûr, pour vous pardonner, pour rendre un juste hommage à vos vertus. Suivez-moi donc, car c'est à moi d'être votre guide, et de reconnaître en quelque sorte le bienfait signalé dont je vous suis redevable. Divulguer les rares et secrètes perfections de votre âme, vous concilier l'estime et l'amour des gens de bien, telle est la première tâche que s'imposera mon zèle et qu'il trouvera mille douceurs à remplir ; mais quoi qu'il puisse arriver, dussé-je y rencontrer la mort, mes soins vous feront trouver un asile, et vous procureront des appuis et des défenseurs. A ces mots, dans l'ivresse de ma reconnaissance et de mon affection, je me précipitai entre les bras du bandit, et je l'aurais longtemps pressé contre mon cœur, si avec une dignité modeste et toutefois affectueuse il n'eût réprimé la violence de mes transports. Je le sens, me dit-il ensuite, pour opérer ta guérison j'ai usé d'un remède bien amer, bien nauséabond, et la dose était un peu forte ; mais je voulais en rendre l'effet infaillible, et le voir de mes propres yeux. Pauvre jeune homme ! Une semaine de la belle saison, passée au milieu des makis, a donc suffi pour te déconcerter ! Mais la vie agreste qu'ensemble nous avons menée sous un ciel pur et sans nuages, n'est qu'un jeu, qu'une ébauche informe auprès de celle que tu aurais menée pour toujours, si dès le premier instant je n'eusse détourné tes pas de la carrière du crime. Tu as nourri quelque temps, peut-être, de coupables pensées ; mais console-toi, puisque la pénitence a suivi la faute de si près. Quant à moi, et au sermon que tu viens de me faire, les choses sont bien loin d'aller comme tu l'imagines. S'il était en mon pouvoir de changer de vie, crois-tu que j'aurais attendu tes exhortations ? Eh ! plût au Ciel que je puisse éprouver un repentir sincère, et travailler aussi heureusement à ma conversion que j'ai contribué à la tienne ! mais, crois-moi, Pietro, en ces lieux, sur ma terre natale, ma conversion est tout-à-fait impossible. Bien plus, mes pareils doivent craindre et éviter le repentir, comme l'on fuit un ami dont on a découvert la trahison, ou un ennemi domestique dont les embûches menaceraient nos jours. Telle est, Pietro, ma fatale condition, et telle serait maintenant la tienne, si le crime que tu méditais, il y a huit jours, eût souillé ta main.

En discourant de la sorte, Galvano s'éloignait peu à peu des gorges de Felce, et moi, pénétré d'une admiration croissante pour cet homme, dominé par le sentiment de l'affection la plus vive, je le suivais, traversant des chemins abrupts, et des ravines alors desséchées et buissonneuses qui vont aboutir à la plage de Bravone. Comme je lui rapportais les termes du vœu mental que j'avais fait à ses côtés : Pietro, me dit-il en souriant, quant à ta promesse d'embrasser la prêtrise, elle te fut arrachée par la seule pensée d'un péril chimérique ; en conséquence je te délie avec plaisir, autant qu'il peut dépendre de moi, de l'obligation qu'elle t'impose ; mais à l'égard de ta résolution de vivre innocent et vertueux, j'espère que pour y persévérer et t'abstenir du crime, tu n'auras pas même besoin d'y songer. Si toutefois une maudite tentation du genre de la première venait de nouveau te troubler la cervelle, sache que tu es encore loin d'avoir une idée juste et complète du véritable malfaiteur, de l'homme qui est devenu l'ennemi de l'homme ; tu n'as point éprouvé et ne pourrais même te figurer jamais les tourments, les terreurs et les malédictions attachés à cette infernale existence. Tu n'as pas encore appris que ce courage extraordinaire que plusieurs admirent en nous comme l'unique vertu qui nous reste, n'est au fond que le dégoût d'une vie exécrable, joint au mépris de nous-mêmes. Qu'il te suffise enfin de savoir que durant les longues années de ma contumace, je n'ai jamais éprouvé un plaisir pur et de quelque durée, si ce n'est celui que je goûte en ce jour, où mes actions et mes paroles ont réussi à te détourner de la route de perdition et de déshonneur dans laquelle je suis malheureusement engagé.

Telle était la nature de nos entretiens, le long de la route, lorsqu'arrivés à la marine de Chiatra, nous vîmes un brigantin armé en guerre s'avancer à rames sourdes vers une anse auprès de l'embouchure du Bravone. Galvano baissa la voix, et se tint immobile derrière une roche avec un air de méfiance et d'inquiétude. Mais à un coup de sifflet parti de la chiourme, et à l'aspect d'un homme sur les écueils qui servent à la fois de promontoire au rivage et de lieu de débarquement, il précipita sa marche de ce côté.

En l'homme que nous venions d'apercevoir je reconnus le personnage qui se trouvait avec mon oncle, à la première visite que j'allai lui rendre sur le Saint-Alexis. A un signe de cet étranger, Galvano prit congé de moi, et je n'eus pas même le courage de lui demander quelle était sa direction ; mais après mes offres de service, comme je lui promettais de garder sur son compte le plus inviolable secret : Le mystère est superflu, me dit-il ; je puis enfin passer une fois pour honnête homme sans risquer ma vie. Tu dois me promettre au contraire (et c'est l'unique faveur que je te demande) de déclarer partout ce que tu as vu, entendu et souffert dans la solitude des forêts et des montagnes ; et tu pourras le faire sans crainte de me nuire, car ce bâtiment est destiné à me transporter au moment même loin de notre commune patrie. Engage-moi donc ta parole de rendre publique, par tous les moyens qui seront en ton pouvoir, l'histoire de ces huit derniers jours : tu te laveras ainsi de l'opprobre d'avoir été si longtemps le camarade et le convive d'un bandit ; et moi, en abandonnant pour toujours la terre natale, j'aurai du moins la consolation de donner par ton moyen une preuve de ma résipiscence à mes compatriotes, et à quelques-uns d'entre eux, peut être, un utile enseignement.

Galvano entendit avec joie et reconnaissance la promesse que je lui fis de remplir ses philanthropiques intentions ; mais par un sentiment d'honorable et scrupuleuse délicatesse, il fit un pas en arrière et retira sa main, lorsque je m'approchais pour l'étreindre dans la mienne, en témoignage de ma foi, et prêt à le suivre encore. Ayant alors exigé que je me séparasse de lui, il reçut l'expression verbale de mes derniers adieux, et s'empressa de rejoindre le compagnon qui l'attendait.

Je repris seul et en versant un torrent de larmes la route d'Alesani, laissant mon oncle avec cet étranger, qui n'était autre, comme je le sus plus tard, que le père Guillaume de Speloncato, religieux observantin, illustre par ses talents et la sainteté de sa vie, et dont les prédications avaient mis fin à beaucoup d'inimitiés, opéré de nombreuses conversions et provoqué, suivant le pieux usage des missionnaires, d'abondantes aumônes pour la rançon des chrétiens retenus esclaves en Barbarie. J'appris aussi que ce bon moine avait plusieurs fois endossé le costume séculier pour se dérober aux fureurs des partis et à la jalouse rivalité des passions et des intérêts politiques du temps. Il allait actuellement en Afrique, accompagné de plusieurs Pères de la Merci, dans le but de rendre à leur patrie une foule de Corses estimables et vertueux qui depuis longtemps gémissaient dans les bagnes d'Alger.

Quand du haut d'une colline je tournai les yeux vers la mer, j'aperçus l'esquif où étaient les deux passagers, gagner le brigantin à force de rames, et ne pus contempler sans étonnement cet homme impassible, endurci aux plus grands malheurs, qui pleurait à chaudes larmes en s'éloignant d'un rivage pour lui si funeste. Mes regards, accompagnant ensuite le navire qui, favorisé par un vent frais du nord-ouest, prenait le large vers le midi, distinguèrent Galvano à la proue, lorsque pour dernier salut il déchargea son arquebuse, et aussitôt après la jeta dans les flots avec sa lance et le masque de fer.

Tous les habitants de mon village savent comment, rentré dans mes foyers et redevenu le jeune homme le plus content et le plus paisible d'Alesani, je me réconciliai non seulement avec mes adversaires, mais pris à tâche d'apaiser plusieurs inimitiés fort anciennes qui troublaient alors ma piève et les cantons voisins, entreprise où j'eus le bonheur de réussir ; car le retour des Orateurs du peuple, envoyés à la Cour de Milan, et l'arrivée du nouveau Lieutenant dans l'Ile, muni de la sanction de notre Statut national, avaient réprimé l'ambition des Caporaux et des seigneurs de Cinarca, et remis sur un meilleur pied les affaires de ce malheureux pays.

Mes concitoyens savent encore que, regardant mon vœu comme un ordre du Ciel, je voulus m'en acquitter envers Dieu d'abord, en consacrant ma vie entière au service de son culte ; et maintenant j'achève de l'accomplir en toutes ses parties ainsi que ma promesse envers Galvano, par ce récit fidèle, rédigé pour l'édification de mes compatriotes, et dédié en tribut d'amour et de reconnaissance à la mémoire de mon digne Instituteur.

LIVRE II

CHAPITRE PREMIER

DES CONTRÉES QUI AVOISINENT LE CAP-CORSE

Le Cap-Corse est cette longue et étroite presqu'île par laquelle la Corse se termine au Nord. Une âpre chaîne de montagnes, la *Serra*, la traverse dans toute sa longueur, et s'élève avec le Monte Alticcione et le Monte Stello à une hauteur de plus de 5000 pieds. Des deux côtés elle s'incline vers la mer en formant des vallées délicieuses.

Comme on m'avait beaucoup parlé de la beauté de cette petite province, de sa richesse en vins et en oranges, et de la douceur des mœurs de ses habitants, c'est avec un véritable plaisir que j'y dirigeai mes pas.

Dès qu'on met le pied dans le canton de San-Martino, tout prend un air de fête. On y arrive par une belle route qui longe la mer en traversant des bois d'oliviers. Le paysage est vraiment pittoresque : des chapelles au milieu de la verdure, des tombeaux de famille surmontés de coupoles, sur le rivage des maisons solitaires, çà et là quelque tour abandonnée où le figuier sauvage s'établit dans les crevasses et au pied de laquelle croît partout le cactus épineux. Tout le littoral de la Corse est couvert de ces tours, élevées par les Pisans et les Génois pour se défendre contre les Sarrasins. Elles sont rondes ou carrées, et leur hauteur est de 30 à 50 pieds. Les soldats y montaient la garde et, à l'approche des corsaires, ils donnaient l'alarme. Elles tombent maintenant toutes en ruines, et donnent aux côtes de l'île un aspect éminemment romanesque.

Je fis un superbe voyage au milieu de cette belle nature rayonnante des premiers feux du jour : tantôt mon regard embrassait la plaine liquide où se dessinaient les formes gracieuses de l'île d'Elbe, de Capraia et de Montecristo, et tantôt il se reportait avec joie vers le spectacle toujours nouveau des montagnes et des vallées qui touchent à la mer. Les hauteurs forment ici un vaste amphithéâtre autour des vallées fleuries et ombreuses traversées par des ruisseaux murmurants. Sur les collines sont rangés de sombres villages avec leurs sveltes clochers et leurs antiques monastères ; à leur pied, dans les prairies, les bergers font paître leurs troupeaux, et partout où la vallée a une ouverture vers le rivage, on aperçoit une tour et un port solitaire avec quelques navires.

Le matin, avant le lever du soleil, des Cap-Corsines de tout âge se rendent par troupes à Bastia pour y porter au marché leurs fruits. On met pour la ville une robe coquette de couleur, et l'on noue autour de sa chevelure son plus beau *mandile*. C'est un spectacle ravissant que la vue de ces femmes qui cheminent à l'aube sur le bord de la mer, portant sur la tête de jolies corbeilles où brillent des fruits d'or ; et rien n'est plus gracieux qu'une jeune et belle fille, aux formes sveltes, avec un panier de raisin sur la tête et marchant d'un pas alerte, comme Hébé ou la fille du Titien. Elles passaient toutes sur le chemin, babillant, plaisantant et me saluant de leur gentil *Evviva*. Le meilleur souhait que l'on puisse adresser à l'homme, c'est qu'il vive longtemps.

Mais pressons le pas ! Le soleil est entré dans le signe du

Lion, et bientôt il fera rage. Après la tour de Miomo, du côté de Brando, il n'y a plus de route, mais des sentiers escarpés, où il faut grimper comme les chèvres ; au Cap-Corse on ne rencontre de chemins carrossables que dans un petit nombre de localités. De la petite marine déserte de Lavasina je m'élevai vers les montagnes où se trouvent les trois communes de la piève de Brando. Le chemin était rude, mais rendu agréable par les ruisseaux aux cascades sonores et par la végétation luxuriante des jardins : toute la côte est couverte de vignes, d'orangers et d'oliviers. Le figuier abaissait vers moi ses doux fruits, et loin de ressembler à l'arbre de Tantale, il contentait les désirs du voyageur languissant.

L'une de ces collines qui s'abaissent vers la mer renferme la grotte de Brando, formée de stalactites. On l'a découverte récemment. Elle est placée au milieu des jardins qui appartiennent à un officier en retraite. Un émigré de Modène m'avait remis une lettre pour lui, et j'allai le trouver dans sa propriété. Elle est splendide. Le commandant a transformé tout ce rivage en un jardin délicieux, fantastiquement suspendu au-dessus de la mer avec ses paisibles ombrages d'oliviers, de myrtes et de lauriers. Des cyprès et des pins, isolés ou réunis par groupes, des fleurs partout, du lierre autour des murs, des festons de vigne chargés de raisins, une maison de campagne discrètement cachée sous la verdure, une fraîche grotte, la solitude, le calme, la vue d'un ciel d'émeraude et de la mer bleue avec ses îles, un coup d'œil jeté dans son propre cœur satisfait.... je ne sais vraiment si ce doit être là le séjour d'un jeune homme ou d'un vieillard.

Lorsque je demandai au jardinier des nouvelles du commandant, je vis sortir de la villa un homme mûr, qui me fit signe de monter. Qu'était cet homme ? Son jardin me l'avait déjà dit, et à ce moment je le reconnus par l'inspection de sa chambre, où j'entrai. Les murs étaient peints d'emblèmes significatifs : on y voyait fraterniser les divers états de la société, sous la forme d'un paysan, d'un soldat, d'un prêtre et d'un savant qui se donnaient la main. Des représentants des cinq races humaines, un européen, un asiatique, un nègre, un australien et un peau-rouge étaient là assis à la même table et, le verre en main, la tête joyeusement couronnée de pampres verts, ils buvaient à la fraternité des peuples. Je vis bien que je venais d'arriver dans la belle Icarie et chez un homme qui n'était autre que l'excellent *Oncle* des *Années de voyage* de Gœthe. Il en était réellement ainsi : Monsieur vivait dans le célibat, et l'*Oncle*, socialiste humanitaire, était ici un paisible campagnard dont l'influence bienfaisante se faisait partout sentir autour de lui.

Il vint à moi avec une jovialité sereine, le *Journal des Débats* à la main, souriant de ce qu'il venait d'y lire.

« J'ai lu, *Signore*, dans votre jardin et dans votre chambre le *Contrat social* de Rousseau et quelques pages de la *République* de Platon. Je vois bien que vous êtes un compatriote du grand Pasquale. »

Nous causâmes un peu, faisant maintes réflexions sur l'humanité et la barbarie des hommes, et nous conclûmes en constatant l'impuissance de la théorie. Mais ce sont là des questions surannées et il n'y a point d'homme sérieux qui ne les ait agitées dans sa vie.

Tout plein de ces pensées, je descendis vers la grotte, après avoir dit adieu à l'homme qui venait si inopinément de me montrer les rêves du poète dans la réalité. Cette île est bien étonnante, me disais-je. Hier je voyais mener à l'échafaud un bandit qui, par *capriccio*, avait tué dix hommes, et aujourd'hui m'apparaît un philosophe pratique, proclamant que les hommes sont frères, tous deux de véritables Corses, sortis de l'histoire même de leur pays.

En cheminant au milieu des plantes fleuries de ce jardin,

je me disais qu'il n'est pas difficile d'aimer les hommes au paradis. Mais la merveilleuse influence du christianisme provient, je crois, de ce que ses apôtres étaient pauvres et malheureux. Saint-Paul, raconte la légende, débarqua un jour au Cap-Corse, ou *Promontorium sacrum*, comme on l'appelait jadis, et y prêcha le christianisme. Il est incontestable que la religion chrétienne pénétra dans l'île par le Cap-Corse : cette petite province est ainsi depuis longues années une terre consacrée à l'humanité.

Une jardinière m'introduisit dans la grotte, qui n'est ni très haute ni très profonde, et se compose d'une série de chambres faciles à parcourir. A la voûte sont suspendues des lampes. La jardinière les alluma, et me laissa seul. Une faible lumière crépusculaire éclairait cette belle crypte formée de stalactites bizarres, telles qu'un architecte gothique pourrait seul en imaginer pour les ogives, les chapitaux des colonnes, les tabernacles et les rosaces d'une cathédrale. C'est la plus ancienne église gothique de la Corse, que la nature a façonnée dans les jeux charmants de son imagination. Au moment où les lampes répandaient une lueur vacillante sur les stalactites d'un jaune pâle qu'elles pénétraient de leurs rayons, la grotte ressemblait à une chapelle souterraine. Laissé tout seul dans ce crépuscule, les stalactites prirent à mes yeux des formes fantastiques et voici les images que je crus distinguer.

Une vierge merveilleuse, enveloppée d'un voile blanc, était assise sur un trône de l'albâtre le plus pur. Elle ne faisait aucun mouvement. Elle portait sur la tête une fleur de lotus et un escarboucle sur le sein. La vierge voilée excitait au cœur un ardent désir : l'œil ne pouvait s'en détacher. Devant elle plusieurs nains de pierre étaient à genoux, et ces pauvres petits êtres portaient au front des couronnes jaunes de superbe stalactite. Ils ne faisaient aucun mouvement. Mais ils avaient les mains tendues vers la blanche vierge, comme s'ils voulaient en soulever le voile, et de leurs yeux gonflés tombaient de grosses gouttes. Il me semblait en connaître quelques-uns et pouvoir les appeler par leur nom. « C'est Isis ! — dit un crapaud d'un ton moqueur (elle était assise sur une pierre, et je crois que ses yeux les avaient tous ensorcelés). — Celui qui, sans connaître le mot magique, essaiera de soulever le voile de la vierge, sera comme elle pétrifié. Etranger, veux-tu prononcer ce mot ? »

Le sommeil me gagnait : j'étais très fatigué, la grotte avait une agréable fraîcheur, était faiblement éclairée, et les gouttes mélancoliques tombaient toujours. Soudain la jardinière me cria : « Il est temps ! — Temps ? De soulever le voile d'Isis ? O dieux immortels ! — *Si, Signore*, de sortir, pour revoir le beau soleil et notre joyeux jardin. » Ainsi parla la jardinière ; et comme je trouvai qu'elle avait bien parlé, je la suivis sur le champ.

« Monsieur, voyez-vous ce fusil ? Nous l'avons trouvé dans la grotte, entièrement couvert de stalactites et tout près d'ossements humains. » C'étaient, sans doute, les os et le fusil d'un bandit. Le pauvre diable se sera blotti dans cet antre, et c'est là qu'il a dû mourir, comme une bête fauve blessée. Il ne restait plus du fusil que le canon rouillé. Qui sait dans combien de cœurs il a envoyé ses balles vengeresses ! Je le pris entre les mains, comme un fossile d'une horrible histoire ; et sa bouche béante semblait me parler de *vendetta*.

CHAPITRE II

DE BRANDO A LURI

> Où cours-tu ainsi tout seul dans les montagnes,
> Voyageur qui ne connais pas le pays ?
> HOMÈRE (*Odyssée*).

Je descendis à Erbalunga, petite *marine* assez animée, d'où partent chaque jour des barques de pêcheurs à destination de Bastia. La chaleur me força à y prendre quelques heures de repos.

C'est ici qu'était autrefois la résidence des plus puissants seigneurs du Cap-Corse. Au-dessus d'Erbalunga on voit encore l'antique château des Gentili, dont les sombres murailles se dressent imposantes sur les montagnes. Les Gentili dominaient au Cap avec les Da Mare, qui possédaient aussi Capraia, située non loin de là. Mais cette île, opprimée par ses violents seigneurs, se révolta contre eux en 1507 et, ayant réussi à secouer leur joug, elle se mit sous la protection de la Banque de Gênes. A cause de sa position, le Cap-Corse a toujours été regardé comme favorable aux Génois ; ses habitants n'ont jamais passé d'ailleurs pour gens très belliqueux. De nos jours encore, les montagnards corses montrent un certain mépris pour le petit peuple doux et actif qui habite cette presqu'île. L'historien Filippini dit de lui : « Les habitants du Cap-Corse s'habillent convenablement ; leur commerce et le voisinage de la Terre-ferme les rendent plus sociables que les autres Corses. Il règne chez eux beaucoup de probité et de loyauté. Ils n'ont d'autre industrie que la fabrication de leurs vins, qu'ils exportent sur le continent. » Le vin du Cap était déjà renommé au temps de Filippini. En général, il est blanc. On vante surtout le vin de Luri et celui de Rogliano. Ce vin peut être rangé parmi les meilleurs que produise le Sud de l'Europe ; il ressemble aux vins d'Espagne, de Chypre et de Syracuse. Le Cap-Corse est aussi riche en oranges et en citrons.

Si, quittant le bord de la mer, on voyage dans les montagnes, on ne jouit plus que faiblement des beautés de ce pays, car elles se cachent presque toutes au fond des vallées. Tout le Cap offre une suite de vallées charmantes qui, sur les deux versants, se tournent vers la mer. Mais ses montagnes sont rudes et sans ombrages : leurs maigres buissons ne vous protègent pas contre le soleil. On y rencontre de la pierre calcaire, de la serpentine, du talc et du porphyre.

Après un pénible voyage, j'arrivai dans la vallée de Sisco vers la nuit. Un villageois m'avait offert l'hospitalité, et tout joyeux d'aller me reposer chez lui, je me mis en route. Mais quelle était donc la commune de Sisco ? Au pied de la montagne ou plus haut sur la côte je voyais autour de moi plusieurs villages noirs. Ils étaient tous compris sous la même dénomination. Il est d'usage, en Corse, de désigner les villages d'une même vallée par le nom de la *pieve*, bien que chacun d'eux porte cependant un nom particulier. Attiré par la vue d'un vieux cloître qui s'élevait au milieu des pins, je me dirigeai vers le prochain village. Mais je me trompai : ce n'était pas là que se trouvait la maison hospitalière de mon ami de Sisco. Enfin, après une montée d'une heure, je parvins au village désiré. Pittoresquement assis au milieu de rochers noirs et abrupts, il était traversé par les eaux écumantes d'un torrent impétueux et dominé par le Monte Stello.

La maison de mon hôte était confortable et occupée par un jeune ménage. Des montagnards corses venaient d'y entrer armés de leur fusil, et il y avait une petite société de gens du village. Les femmes ne se mêlaient point à la conversation : elles ne faisaient que préparer le repas, servir et disparaître. On passa la soirée à causer. Les habitants de Sisco sont pauvres, mais hospitaliers et aimables. A l'aube, mon hôte me réveilla ; il m'accompagna jusqu'à sa porte, puis me confia à un vieillard qui à travers le labyrinthe des sentiers de ces montagnes devait me conduire sur la route de Crosciano. J'avais quelques lettres de recommandation pour d'autres villages, qu'un Corse m'avait données la veille. C'est une excellente habitude du pays : celui qui vous accueille dans sa maison vous remet, au départ, une lettre pour ses parents et amis, lesquels vous reçoivent, à leur tour, sous leur toit hospitalier, et vous congédient également avec une lettre adressée à d'autres amis. C'est ainsi que l'étranger peut jouir longtemps de l'hospitalité corse, partout hébergé avec grand honneur. Sans cela, il serait presque impossible de voyager dans ce pays à peu près dépourvu d'auberges.

Sisco possède une église consacrée à Sainte-Catherine ; c'est un lieu de pélérinage renommé. Elle est haut perchée sur le bord de la mer. Un navire étranger vint un jour échouer contre ce rivage, et les marins, en reconnaissance de leur salut, déposèrent pieusement des reliques dans l'église. Ce sont des choses rares, et les habitants de Sisco peuvent s'estimer heureux de les posséder. On y voit un peu du limon qui servit à modeler Adam, quelques amandes du paradis terrestre, la baguette verdoyante d'Aaron, de la manne du désert, une partie de la peau de Saint-Jean-Baptiste, des éclats de bois provenant du berceau de l'enfant

Jésus, un fragment du roseau du Christ et la verge célèbre avec laquelle Moïse sépara les eaux de la Mer Rouge.

Les montagnes de Sisco présentent un grand nombre de jolis points de vue : plus on s'avance vers le Nord, plus la contrée devient riante. Je traversai plusieurs villages, Crosciano, Pietra Corbara, Cagnano, sur l'un des versants du Monte Alticcione ; je trouvai aussi les villages les plus pauvres, où même la provision de vin était épuisée. Comme, chez mon hôte, j'avais refusé de déjeûner, pour ne pas confiner le matin ces braves gens dans la cuisine, et que nous approchions de l'heure de midi, la faim commençait à me tourmenter. Il n'y avait ni figues, ni noix sur le chemin ; c'est pourquoi je résolus d'entrer dans le premier village, pour assouvir ma faim à tout prix. Je frappai à trois maisons. On n'avait rien, ni vin, ni pain ; tout était épuisé. J'entendis jouer de la *cetera* dans une autre maison. J'y entrai. Il y avait là deux vieillards revêtus d'une veste en lambeaux, l'un assis sur un grabat et l'autre sur un tabouret. L'homme assis tenait la *cetera* à la main et jouait en regardant devant lui d'un air rêveur. Peut-être songeait-il à sa jeunesse disparue. Le vieillard ouvrit un coffre en bois : il en tira la moitié d'un pain, soigneusement enveloppée dans un linge, et me l'offrit à couper. Puis, il s'assit de nouveau sur sa couche et, frappant les cordes de la *cetera*, il entonna une mélancolique chanson. Je mangeai de ce pain de la misère, et je crus entendre le vieux joueur de harpe de *Wilhelm Meister* chanter ainsi :

« Celui qui jamais n'a mangé un pain mouillé de ses lar-
» mes, — qui jamais pendant des nuits désolées — ne s'est
» en pleurant assis sur sa couche, — celui-là ne peut pas
» vous connaître, ô divines puissances. »

Dieu sait ce que Gœthe a à faire dans ce rude pays ; mais c'est déjà le second type de sa création que je rencontre au Cap-Corse.

Lorsque ma faim fut pleinement assouvie, je continuai mon voyage. En débouchant dans la vallée de Luri, je vis soudain la contrée prendre autour de moi l'aspect d'un véritable paradis. Cette vallée est la plus belle du Cap ; c'est aussi la plus grande, bien qu'elle n'ait que dix kilomètres de long sur cinq de large. Du côté de la terre, elle est entourée de superbes montagnes dont le pic le plus élevé est surmonté d'une sombre tour. C'est la tour de Sénèque, ainsi nommée parce que, d'après la tradition populaire, Sénèque y aurait passé les huit années de son exil. Du côté de la mer, la vallée s'étend en pente douce jusqu'à la marine de Luri. Elle est traversée par un gros torrent dont les eaux sont dirigées dans les jardins au moyen de canaux. Là se trouvent toutes les communes de la piève de Luri : elles respirent la richesse et la joie, avec leurs églises élancées, leurs couvents et leurs tours, qui surgissent au milieu d'une végétation luxuriante. J'ai visité en Italie plus d'une vallée splendide : aucune, ce me semble, n'offre un aspect si riant. Elle est entièrement couverte de vignes, d'orangers, de citronniers et d'arbres fruitiers de toute espèce, et produit un grand nombre de plantes potagères et de melons. Plus on s'élève vers les hauteurs, et plus les bois de châtaigniers, de noyers, de figuiers, d'amandiers et d'oliviers deviennent touffus et nombreux.

CHAPITRE III

PINO

Une bonne route carrossable s'étend en amont de la marine de Luri. C'est partout un jardin à l'air embaumé. Quelques maisons ont la forme de villas, et leur style plus élégant annonce la richesse. Qu'il doit être heureux ici l'homme à l'abri de la fureur des passions et des éléments ! Un vigneron qui me vit passer m'invita par un geste à entrer dans sa vigne, et je ne me fis pas prier. C'est bien ici qu'on peut brandir le thyrse : de toutes parts des raisins magnifiques sans nulle trace de maladie, sur chaque figure l'expression d'une joie cordiale et du contentement. Le vin de Luri est délicieux, et les citrons de cette vallée sont, paraît-il, réputés les meilleurs de la Méditerranée. On trouve au Cap, particulièrement sur la côte occidentale, une espèce de citron à écorce épaisse, appelé cédrat ; c'est Centuri qui en produit le plus. Le cédratier est très frileux et exige beaucoup de soins. Il ne prospère qu'en plein soleil, dans les vallées chaudes abritées contre le *Libeccio*. Le Cap-Corse est le vrai paradis de cette précieuse plante des Hespérides.

Je me disposai à franchir la *Serra* pour me rendre à Pino, sur l'autre versant. Je marchai longtemps au milieu de grands noyers dont les fruits étaient déjà mûrs ; et je confirme ici ce que j'avais entendu dire, c'est que les noyers de la Corse n'ont pas leurs pareils. Ces arbres alternaient avec les figuiers, les oliviers et les châtaigniers.

Certes, il est beau de traverser une forêt germanique avec ses hêtres, ses chênes, et ses grands sapins aux ombres profondes ; mais les forêts du Sud ont quelque chose de princier et leurs arbres semblent nous former une noble compagnie.

Je grimpai à la tour de Fornali, cachée sous la verdure près du petit hameau de ce nom : au milieu de ces doux ombrages elle produit un effet merveilleux. Du haut de la tour on embrasse du regard cette vallée ravissante et la mer bleue, tandis qu'on a derrière soi de vertes montagnes parsemées de sombres couvents abandonnés. Au point culminant de la *Serra* se dresse sur un roc isolé la tour de Sénèque : c'est comme un stoïcien rêveur dont le morne regard domine au loin la terre et la mer. Les nombreuses tours de la vallée de Luri (j'en ai compté beaucoup) prouvent que la richesse agricole de ce pays remonte aux temps anciens, et c'est probablement pour la protéger que ces tours ont été construites. Ptolémée parle déjà de la vallée de Luri dans sa géographie de la Corse : il l'appelle *Lurinon*.

Après m'être frayé un passage à travers un labyrinthe d'arbres touffus et de plantes fleuries entrelacées, je parvins au col de la *Serra*, tout près de l'espèce de cratère sur lequel s'élève la tour de Sénèque. De ce point on aperçoit des deux côtés la mer. Je descendis à Pino où des sculpteurs de Carrare m'attendaient. Cette côte occidentale avec ses rouges récifs et ses baies déchiquetées, et cette piève de Pino partout entourée de frais ombrages offraient à l'œil un spectacle enchanteur. Pino a quelques maisons qui ressemblent à des châteaux, et des parcs superbes qu'un prince romain ne dédaignerait pas d'habiter. Il y a même en Corse des millionnaires. On compte au Cap une centaine de riches familles. Quelques-unes possèdent une fortune immense qu'elles ont acquise, par elles-mêmes ou par des parents, aux Antilles, au Mexique ou au Brésil.

L'un de ces Crésus de Pino a hérité de son oncle, à Saint-Thomas, d'une fortune de dix millions de francs. Les oncles sont bien les meilleures gens du monde : avoir un oncle, c'est constamment jouer à la loterie. Ce sont des hommes splendides, qui peuvent tout faire de leurs neveux, des millionnaires, des personnages historiques, immortels. Notre neveu de Pino, voulant reconnaître les services de son digne oncle, lui a fait élever une chapelle mortuaire en marbre, charmant tombeau de style moresque, sur une colline au bord de la mer. Les Carrarais y travaillaient justement, et ils me menèrent à la chapelle. Le monument porte cette inscription : *Sous la protection de Dieu.*

Il aurait mieux valu, ma foi, qu'au lieu d'être un père, le bon Dieu eût été un oncle pour les hommes. Nous serions alors naturellement ses neveux et, par suite, peut-être millionnaires ; nous paierions nos dettes, et ne dînerions qu'avec des murènes et du champagne ; nous formerions tous une grande chaîne en nous donnant la main, et il n'y aurait parmi nous rien que des présidents, des vice-rois, des rois et des empereurs !

Le soir, nous fîmes une visite à M. le curé. Nous le rencontrâmes devant le presbytère, d'où l'on jouit d'une vue superbe. Il se promenait en veste corse de couleur brune, coiffé du bonnet phrygien. Après nous avoir introduit dans sa chambre, il s'assit sur un escabeau en bois, dit à la *donna* d'apporter du vin, et pendant qu'on préparait les verres, il décrocha sa *cetera* du mur. Puis, il en fit vibrer les cordes avec un entrain plein de franchise et de joyeuse ferveur, et entonna la marche de Paoli. Les prêtres corses ont toujours été libéraux : dans les batailles livrées pour la patrie, ils combattaient à la tête de leurs ouailles. Le curé de Pino redressa son bonnet, ce qui le faisait ressembler à Mithras, et nous chanta encore une sérénade à la belle Marie. Je lui serrai la main avec effusion et le remerciai de son vin et de sa romance. Je sortis alors pour aller dans un village voisin prendre possession du lit qu'on m'avait préparé. Le lendemain de bonne heure nous voulions faire une dernière promenade à Pino, et aller ensuite visiter Sénèque dans sa tour.

Sur la côte occidentale, au-dessous de Pino, se trouve Nonza, la cinquième et dernière piève du Cap. Près de Nonza s'élève la tour dont j'ai parlé dans mon *Histoire des Corses* à propos d'un fait héroïque qui eut lieu sous ses murs. Cette tour rappelle un autre exploit : En 1768, le vieux commandant Casella y était enfermé avec une poignée de miliciens. Les Français avaient soumis le Cap : les chefs corses s'étaient tous rendus à l'exception de Casella, qui refusa d'en faire autant. La tour possédait une pièce d'artillerie, avec assez de munitions, et les hommes avaient leurs mousquets. « Dans ces conditions, dit le vieillard, on peut se défendre contre une armée entière et, à la dernière extrémité, on doit se faire sauter. Les soldats connaissaient leur chef et savaient qu'il tiendrait parole. Aussi, la nuit ils s'évadèrent, laissant là leurs fusils et leur vieux commandant. Casella résolut de défendre seul la tour. Le canon était chargé ; il chargea tous les fusils, les plaça aux différentes meurtrières et attendit les Français. Ils arrivèrent, sous les ordres du général Grand-Maison. Lorsqu'ils furent à portée, Casella déchargea contre eux son canon, et fit ensuite un feu d'enfer avec ses fusils. Les Français envoyèrent un parlementaire. Il dit au commandant que, le Cap-Corse ayant fait sa soumission, le général l'adjurait de se rendre avec ses hommes, pour éviter une inutile effusion de sang. Casella répondit qu'il allait tenir un conseil de guerre, et se retira. Quelque temps après il reparut, et déclara que la garnison de la tour de Nonza ne capitulerait qu'à la condition de sortir de la place avec les honneurs de la guerre, emportant ses bagages et son artillerie, que les Français eux-mêmes se chargeraient de transporter. On y consentit. Lorsque les Français se furent rangés devant la tour pour recevoir la garnison, le vieux Casella en sortit armé d'un fusil, d'un sabre et de pistolets. Les Français attendaient la garnison, et furent tout étonnés de ne pas la voir paraître. L'officier qui était à leur tête demanda enfin à Casella : « Pourquoi donc vos hommes tardent-ils tant à sortir ? » « Ils sont tous sortis ! répondit le Corse. Je suis à moi seul toute la garnison. » L'officier, furieux, voulut se jeter sur le vieillard, qui tira l'épée pour se défendre. Grand-Maison accourut, et lorsqu'il apprit le fait il fut ravi d'enthousiasme. Il mit aussitôt l'officier aux arrêts, et non seulement il remplit avec la plus scrupuleuse exactitude toutes les conditions accordées, mais, faisant escorter Casella par un piquet d'honneur jusqu'au quartier général de Paoli, il écrivit à ce dernier pour lui dire combien une si noble conduite lui inspirait d'admiration.

Au-dessus de Pino s'étend le canton de Rogliano avec Ersa et Centuri ; c'est une contrée fort riche en vin, en huile et en citrons et qui, pour l'agriculture, peut rivaliser avec Luri. Les cinq pièves du Cap-Corse, Brando, S. Martino, Luri, Rogliano et Nonza possèdent 21 communes avec environ 19,000 habitants ; c'est presque la population de l'île d'Elbe. Si, partant de Rogliano, on s'avance vers le Nord en passant par Ersa, on arrive à l'extrémité septentrionale de la Corse, en face de laquelle se trouve la Giraglia, petit îlot surmonté d'un phare.

CHAPITRE IV

LA TOUR DE SÉNÈQUE

> Melius latebam procul ab invidiæ malis
> Remotus inter Corsici rupes maris.
> OCTAVIE (*Trag. rom.*)

La tour de Sénèque se voit déjà de la mer à plusieurs milles de distance. Comme une noire colonne sur un gigantesque bloc de granit isolé qui domine les autres hauteurs, elle surgit solitaire, voilée de brouillards, pleine d'une horrible mélancolie ; autour d'elle s'étend la montagne aride et déserte, et plus loin, des deux côtés, la mer.

Si, comme l'affirme l'ingénieuse tradition, le Stoïcien a passé ici huit années d'exil, sur ce trône élevé vers le ciel, au milieu du silence de ces rochers sauvages, il me semble que le lieu convenait bien à un philosophe pour faire de sages réflexions sur le monde et la destinée, et se livrer à la contemplation des éternels éléments. Le génie de la solitude est pour les sages le meilleur des maîtres. Il aura sans doute expliqué le monde à Sénèque et, pendant les nuits tranquilles, il aura fait sentir la vanité de la grande Rome à l'exilé mécontent. Revenu de l'exil, le philosophe pouvait bien, en voyant les horreurs du règne de Néron, regretter parfois la solitude de la Corse. Il existe une vieille tragédie romaine, Octavie, ayant pour sujet le sort tragique de l'épouse de Néron. Sénèque, qui figure dans la pièce comme un personnage moral, y fait entendre ces plaintes (1) :

« Puissante Fortune, fallait-il me tirer de la retraite où j'étais heureux, et, me montrant un visage riant, mais perfide, m'appeler à ce poste élevé où je me vois entouré de périls, et d'où ma chute ne sera que plus terrible ? Combien je regrette ma solitude sauvage, au milieu des rochers que baigne la mer de Corse ! A l'abri des fureurs de l'envie, libre et disposant de moi-même, je pouvais me livrer tout entier à mes études chéries. Avec quel ravissement j'admirais le ciel, ce chef-d'œuvre de la nature qui a produit tant de merveilles ; le soleil et sa marche auguste ; l'harmonie de l'univers, le retour de la nuit, le disque de Phébé, son cortège brillant d'étoiles, et cet éclat resplendissant dans l'immensité de l'espace ! Si ce monde vieillit, s'il doit retomber dans la confusion du chaos, nous touchons sans doute à ce jour suprême, où la race impie des humains sera écrasée par la chute du ciel. »

L'étroit sentier que je suivais sur la montagne était roide et partout jonché de débris de roches. Au pied de la tour, à peu près à mi-côte, se trouve un couvent de Franciscains, abandonné et comme perdu dans les rocs et les buissons qui le masquent entièrement. Les bergers et les figuiers sauvages habitent maintenant sous ses voûtes, où le corbeau croasse un *De profundis*. Mais le *Matin* et le *Soir* viennent y faire une muette prière et allumer pour le divin sacrifice une touffe de menthe, de cityse ou de myrte sauvage. De tous côtés quels suaves aromes de plantes ! Quel silence dans les montagnes et sur la mer !

---

(1) Pour les citations de Sénèque nous suivons la traduction de la collection Nisard.

Nous touchions à la tour de Sénèque. En nous aidant des pieds et des mains, nous étions arrivés jusqu'aux murs. Pour y entrer il faut s'accrocher aux saillies et, suspendu ainsi sur l'abîme, grimper jusqu'à une fenêtre. Il n'y a pas d'autre moyen de pénétrer dans la tour. Les ouvrages extérieurs sont complètement détruits ; mais leurs ruines prouvent bien qu'il y avait là un château, lequel a pu appartenir aux seigneurs du Cap ou aux Génois. La tour est ronde et formée de matériaux solides : son couronnement ne présente plus que des débris. Il est difficile d'admettre que cet *Aorne* ait servi d'habitation à Sénèque ; il est du moins inaccessible aux philosophes moralistes, une race d'hommes qui se plait sur les chemins unis. Sénèque a dû vivre dans les colonies romaines d'Aleria ou de Mariana : le stoïcien, habitué à toutes les aises de Rome, s'y sera arrangé un nid confortable, non loin du rivage de la mer qui devait lui fournir le thon ou le mulet favori.

Sur la tour de Sénèque, je vis passer encore une image de ce monde impérial romain, rayonnant d'une horrible majesté. Qui donc a jamais pu le comprendre ? Il me semble parfois que c'est l'antique Hadès et que l'humanité tout entière, prise de folie, y va fêter dans le crépuscule un carnaval diabolique, dansant devant le trône de l'empereur une monstrueuse sarabande. Et l'empereur est assis là, morne et grave comme Pluton, et de temps en temps il éclate d'un fou rire. Et parmi les polichinelles on aperçoit le vieux Sénèque qui s'avance accompagné de sa baignoire.

Un Sénèque même peut avoir quelque chose de tragicomique. Voyez-le sous la figure à la fois touchante et risible de l'antique statue qui porte son nom. Il est nu, avec un linge passé autour des reins, dans la baignoire où il va mourir. Son attitude fait vraiment pitié : à genoux, il gémit d'un air lamentable. On dirait un Saint-Jérôme ou quelque pénitent amaigri ; et cependant il provoque le rire, comme certaines figures de martyrs que la forme insolite de leurs souffrances rend souvent tragi-comiques.

Sénèque naquit à Cordoue en Espagne, trois ans avant Jésus-Christ, d'une noble famille de chevaliers. Il eut pour mère Helvia, femme d'un esprit supérieur, et pour père Lucius Annæus, rhéteur renommé, qui s'établit à Rome avec sa famille. Au temps de Caligula, Sénèque, le fils, se distinguait déjà comme orateur et philosophe stoïcien : son heureuse mémoire aida beaucoup à sa réputation. Lui-même rapporte que, si on lui disait deux mille noms, il pouvait les répéter aussitôt et dans l'ordre où il les avait entendus, et qu'après une seule audition il lui était facile de réciter sans faute plus de deux cents vers.

Il jouissait à la cour de Claude de la plus grande considération, lorsque Messaline l'accusa d'entretenir un commerce amoureux avec la fameuse Julie, fille de Germanicus, la plus impudique des courtisanes romaines. L'accusation est doublement comique : elle vient d'une Messaline et elle nous montre le moraliste Sénèque comme une espèce de Don Juan. Je ne sais ce qu'il faut penser de cette histoire scandaleuse : Rome était alors bien frivole, et il n'y a rien de plus bizarre que ses caractères. Julie fut mise de côté, et notre Sénèque — Don Juan relégué en Corse au milieu des barbares, et transformé ainsi en *bandito*. On ne pouvait imaginer alors de châtiment plus redoutable : être banni de Rome, c'était l'être du monde. Sénèque passa huit années en Corse, et je ne saurais pardonner à ce vieil ami de n'avoir trouvé rien à dire, rien à noter sur la nature, l'histoire ou les mœurs de ses farouches habitants. Un seul chapitre sur la matière aurait de nos jours une valeur inappréciable. Mais ce silence caractérise bien le Romain. L'homme était alors arrogant et borné, sans la moindre sympathie pour l'espèce humaine. Aujourd'hui, nous regardons la nature et l'histoire avec des yeux bien différents.

Pour l'exilé Sénèque la Corse n'était qu'un horrible cachot. Ce qu'il en dit dans sa *Consolation* prouve combien peu il la connaissait. Bien qu'elle fût, en effet, plus inculte que de nos jours, sa nature était pourtant aussi grande. Sénèque a composé sur la Corse cette épigramme qui se trouve dans ses œuvres poétiques :

> Corse, antique Cyrnos, qu'autrefois cultiva
> L'aventurier des bords de la Phocide ;
> Moindre que la Sardaigne et plus grande qu'Ilva,
> Corse, horrible séjour, quand sur la plage aride
> Le soleil des étés darde ses traits brûlants,
> Quand Sirius en feu dessèche les torrents ;
> Corse inhospitalière, où l'étranger succombe,
> Epargne un exilé, car l'exil c'est la tombe.
> O terre ! sois légère aux cendres des vivants.

On conteste à Sénèque une autre épigramme ; mais je ne vois pas pourquoi le poète mécontent n'aurait pas pu la composer aussi bien que l'un des nombreux exilés qui, de son temps ou après lui, furent relégués en Corse. La voici :

> Parmi d'affreux rochers ces bords nus et sauvages
> N'offrent partout à l'œil que déserts sans abris ;
> Le printemps n'y voit pas naître ses doux ombrages,
> Ni l'été ses moissons, ni l'automne ses fruits ;
> Jamais, quand l'hiver sombre au loin blanchit les plaines,
> La liqueur de Pallas sous mon toit n'a brûlé ;
> Point de pain, point de feu, point de fraîches fontaines :
> Qu'y trouver ? Un exil ; qu'y voir ? Un exilé.

Les Corses n'ont pas épargné Sénèque dans leur vengeance. Comme il a si mal parlé d'eux et de leur pays, ils lui ont attribué une curieuse aventure ; et c'est le seul fait que la tradition populaire rapporte sur le séjour du philosophe en Corse. La voici : Sénèque était une fois dans sa tour, regardant les contrées horriblement sauvages qui s'étendaient à ses pieds. Il aperçut de jeunes femmes qui parurent aimables à ses yeux. Descendant de son trône élevé, le fils du Ciel se mit à briguer les faveurs des filles de la terre. Il daigna même admettre une jeune bergère à l'honneur de ses embrassements. Mais pendant qu'il se délectait ainsi comme un simple mortel, il fut surpris par les parents de la jeune fille, qui le saisirent et flagellèrent sa partie terrestre avec des orties. Depuis lors l'ortie croît obstinément près de la tour de Sénèque ; c'est en quelque sorte une plante symbolique placée sous les yeux des philosophes moralistes comme un avertissement. *Ortica di Seneca !* c'est ainsi que les Corses l'appellent encore.

Pauvre Sénèque ! Il ne peut pas se tirer des situations tragi-comiques. Un Corse me demanda un jour : « Vous avez lu ce que Sénèque a écrit sur nous ? *Ma era un birbone* (c'était un fripon) ! » *Seneca morale*, dit Dante. *Seneca birbone*, dit le Corse. C'est encore un signe du patriotisme de ce pays.

L'infortuné a exhalé d'autres plaintes dans ses vers, une épigramme adressée à Cordoue, sa ville natale, et quelques-unes à ses amis. C'est bien certainement en Corse qu'il a écrit sa Médée, si toutefois il a jamais composé les tragédies qui portent son nom. Pour chanter les Argonautes, y avait-il un lieu plus propice que cette île au milieu de la mer mugissante ? C'est là que le poète pouvait mettre dans la bouche du chœur ces vers remarquables, qui sont comme une prophétie de l'arrivée de Christophe Colomb :

« Quelques siècles encore, et l'Océan ouvrira ses barrières; une vaste contrée sera découverte, un monde nouveau apparaîtra au-delà des mers, et Thulé ne sera plus la limite de l'univers. »

Le navigateur Christophe Colomb a vu le jour en pays génois, non loin de la Corse. Mais les habitants de cette île veulent qu'il soit né chez eux, à Calvi, et aujourd'hui même ils l'affirment encore.

CHAPITRE V

SENECA MORALE

> ...... e vidi Orfeo,
> Tullio e Livio e Seneca morale.
> DANTE.

Sénèque a tiré bien des fruits de son exil, et peut-être quelques-unes de ses observations élevées sur le monde, il les doit à la solitude corse plutôt qu'aux leçons d'un Attalus ou d'un Socio. Dans sa consolation à sa mère Helvia, il dit en terminant :

« Voici l'idée que tu dois te faire de moi : Je suis content et joyeux comme dans les meilleurs jours ; or, ce sont les meilleurs de nos jours, ceux où l'esprit, libre de tout souci, reprend à loisir ses travaux, et tantôt trouve plaisir à des études plus légères, tantôt, avide de vérité, s'élève pour contempler sa nature et celle de l'univers. D'abord il examine les terres et leur position, ensuite les lois de la mer répandue à l'entour, ses flux et ses reflux alternés ; et puis il considère cet intervalle entre le ciel et la terre, asile de l'épouvante, et cet espace où roulent avec fracas les tonnerres, les foudres, le souffle des autans, et les nuages qui lancent et la neige et la grêle : alors, après s'être promené aux régions inférieures, il s'élance au plus haut des cieux, jouit du magnifique spectacle des choses divines ; et, se rappelant son éternité, il marche au milieu de tout ce qui sera dans tous les siècles. »

Lorsque je pris en main la lettre de consolation de Sénèque à sa mère, je n'étais pas peu curieux de savoir de quelle manière il la consolerait. Comment ferait-il, en semblable occurrence, un de ces mille exilés instruits qui courent maintenant par le monde ?.... L'épitre de Sénèque est une dissertation classique divisée en dix-sept chapitres. C'est un document instructif pour la physiologie de ce stoïque. Le fils veut moins consoler sa mère que composer un excellent écrit, dont la logique et le style doivent exciter l'admiration des hommes. Il est tout fier d'avoir créé là un nouveau genre de littérature. Dans sa vanité il écrit à sa mère comme un auteur à un critique, pour discuter froidement un sujet. « En relisant, dit-il, les grandes leçons que nous ont léguées les plus illustres génies sur les moyens de maîtriser et de corriger la tristesse, je ne trouvais pas l'exemple d'un homme qui eût consolé les siens, lui-même étant pour eux une cause de larmes. Dans cette alternative nouvelle, j'hésitais, je craignais que ce ne fût moins consoler que déchirer ton âme. Quoi donc ? ne fallait-il pas des expressions neuves, et qui n'eussent rien de commun avec les propos journaliers du vulgaire, à celui qui, pour consoler les siens, soulevait sa tête de dessus le bûcher ? Or, il est bien naturel que la grandeur d'une peine qui dépasse la mesure interdise le choix des paroles, lorsque souvent même elle étouffe la voix. Je vais essayer de mon mieux de me faire ton consolateur, non pas que j'aie confiance dans mes talents, mais parce que je puis être pour toi la consolation la plus efficace. O toi, qui ne sais rien me refuser, tu ne me refuseras pas, je l'espère (bien que tout chagrin soit rebelle), d'imposer un terme à tes regrets ! »

Enumérant alors ses consolations d'un nouveau genre, il

dit à sa mère tout ce qu'elle a souffert dans la vie, et il en tire la conclusion qu'elle doit être endurcie contre la douleur. Cette dissertation montre partout d'une manière visible le plan du sujet : 1° Sa mère ne doit pas s'affliger pour lui ; 2° sa mère ne doit pas s'affliger pour elle. — Elle est pleine d'ailleurs d'un superbe mépris du monde et du plus beau stoïcisme.

« Mais, dit-on, être loin de sa patrie est chose insupportable. — Que faut-il répondre ? Vois donc cette multitude qui se presse à Rome ! Pour la plupart ils y sont venus de tous les points de la terre, poussés par l'amour de la vie publique, des ambassades, des plaisirs, des vices, de l'étude, des spectacles, de la spéculation, de l'éloquence ou de l'amitié. Maintenant, quitte cette ville, qui peut en quelque sorte être nommée la patrie commune : parcours toutes les autres cités, visite les îles, va en Corse, tu trouveras partout plus d'étrangers que d'indigènes. L'âme donnée a l'homme est toujours en mouvement parce qu'elle est agitée par un esprit céleste. Contemple les astres qui éclairent le monde ; il n'en est pas un qui s'arrête ; sans cesse ils marchent et passent d'un lieu dans un autre. » Cette belle pensée, Sénèque la doit à son talent de poète. Notre célèbre *Chant du voyageur* dit : « Le soleil ne reste pas immobile au ciel ; mais il est poussé sans cesse à travers les terres et les mers. »

« Pour endurer ces changements de lieu, continue Sénèque, Varron, le plus docte des Romains, pense qu'il nous suffit de jouir, partout où nous allons, de la même nature. Il suffit, suivant M. Brutus, à ceux qui partent pour l'exil, de pouvoir emporter avec eux leurs vertus.... En effet, combien ce que nous avons perdu est peu de chose ! Deux choses, les plus précieuses de toutes, nous suivront partout où nous porterons nos pas, la nature qui est commune à tous, et la vertu qui nous est propre. Parcourons tous les pays, nous n'en trouverons pas un seul dans l'univers qui soit étranger à l'homme. Partout notre regard s'élève à une égale distance vers le ciel, et le même intervalle sépare les choses divines des choses humaines. Pourvu que mes yeux ne soient pas arrachés à ce spectacle dont ils ne se peuvent rassasier, pourvu qu'il me soit permis de regarder la lune et le soleil, de plonger ma vue dans les autres astres, d'interroger leur lever, leur coucher, leur distance et les causes de leur marche, tantôt plus prompte, tantôt plus lente, d'admirer, durant les nuits, ces innombrables et brillantes étoiles, dont celles-ci sont immobiles, dont celles-là s'écartent par une déviation légère, mais se roulent toujours dans la voie qu'elles ont déjà tracée ; tandis que d'autres s'élancent soudainement, d'autres nous éblouissent avec un sillon de lumière, comme si elles allaient tomber, ou volent traînant après elles une longue chevelure de flamme ; pourvu que je vive en cette campagne, et que je me mêle, autant qu'il est permis à l'homme, aux choses du ciel; pourvu que mon âme, aspirant à contempler les mondes qui participent de son essence, se tienne toujours dans leurs régions sublimes, que m'importe à moi ce que je foule sous mes pieds ? Et pourtant la terre où je suis a peu d'arbres qui donnent des fruits ou de l'ombrage ; elle n'est pas arrosée par des fleuves larges et navigables ; elle ne produit rien que viennent lui demander les autres nations, suffisant à peine à faire vivre ses habitants : on n'y taille pas la pierre précieuse ; on n'y fouille pas des veines d'or et d'argent. C'est une âme rétrécie que celle que charment les objets de la terre : tournons-nous vers ceux qui partout se laissent voir également, qui brillent également partout. »

Si j'avais ici le *Kosmos* de Humboldt, je voudrais voir quel parti notre grand naturaliste a tiré de ces considérations élevées de Sénèque, quand il traite du sentiment des beautés naturelles chez les anciens.

J'ai trouvé aussi belles et ingénieuses les pensées suivantes :

« Plus nous aurons allongé nos portiques, plus nous aurons élevé nos tours, plus nous aurons étendu nos domaines, plus nous aurons creusé nos grottes d'été, plus audacieuse sera la masse qui couronnera le faîte de nos salles de festins ; — plus nous aurons fait pour nous cacher le ciel.... Brutus, dans le livre qu'il écrivit sur la *Vertu*, dit qu'il vit Marcellus en exil à Mitylène vivant avec autant de bonheur que le comporte la nature de l'homme, et alors plus ardent que jamais aux nobles études. Aussi il ajoute que, sur le point de le quitter, il lui semblait partir lui-même pour l'exil, plutôt que le laisser en exil. »

Puis vient l'éloge de la pauvreté et de la tempérance opposées à la vie crapuleuse des riches, qui fouillent toutes les profondeurs pour chatouiller leur palais, qui tirent le gibier du Phase et vont chercher des oiseaux jusque chez les Parthes, qui vomissent pour manger et mangent pour vomir.

« L'empereur Caligula, dit Sénèque, que la nature me semble avoir produit pour montrer ce que peuvent les grands vices dans la grande fortune, mangea, dans un seul souper, dix millions de sesterces ; et malgré le secours de tant de génies inventifs, à peine trouva-t-il le moyen de dépenser en un repas le revenu de trois provinces. »

Comme Rousseau, Sénèque prêche le retour de l'homme à l'état primitif. Les époques des deux moralistes étaient analogues ; et ils se ressemblaient eux-mêmes par la faiblesse du caractère, bien que, comparé à un Rousseau, Sénèque fût encore un Romain et un héros.

« Les filles de Scipion reçurent leur dot du trésor public, parce que leur père ne leur avait rien laissé.... Heureux les époux de ces filles, s'écrie Sénèque, auxquels le peuple romain tint lieu de beau-père ! Estimes-tu plus fortunés ces hommes qui marient leurs comédiennes avec un million de sesterces ? »

Après avoir consolé sa mère pour ce qu'il endure, Sénèque la console aussi pour ce qu'elle souffre elle-même.

« Ne va pas, lui dit-il, prendre exemple sur certaines femmes, dont la tristesse, une fois qu'elle a pris naissance, ne finit que par la mort ; tu en as connu quelques-unes, qui, après la perte de leur fils, n'ont jamais dépouillé leurs vêtements de deuil. Mais, une vie signalée dès le berceau par tant de courage exige plus de toi. Celle-là ne peut faire valoir des excuses comme femme, qui fut exempte de tous les défauts d'une femme. Ce n'est pas toi que l'impudicité, ce vice dominant du siècle, a confondu dans la foule des femmes ; ce n'est pas toi qu'ont séduite des perles et des diamants ; ce n'est pas à tes yeux que les richesses ont brillé comme le bien précieux de l'homme. Soigneusement élevée dans une maison antique et sévère, ce n'est pas toi qu'a pu déterminer l'exemple des méchants, funeste même à la vertu. Jamais tu n'as rougi de ta fécondité, comme si elle te reprochait ton âge. Jamais, ainsi que ces autres femmes qui ne cherchent d'autre mérite que celui de la beauté, jamais tu n'as dissimulé l'ampleur de ton ventre, comme un fardeau disgracieux, ni étouffé dans tes entrailles les espérances déjà conçues de ta postérité. Jamais tu n'as mouillé ton visage du fard des prostituées ; jamais tu n'aimas ces accoutrements qui ne sont ajustés que pour tout laisser voir. Ton unique parure fut la plus belle de toutes, celle à qui le temps ne fait pas outrage, ton plus glorieux ornement fut la chasteté. »

C'est ainsi que le fils écrit à sa mère, et il me semble que ses paroles révèlent un sang-froid bien philosophique.

Il rappelle Cornélie, la mère des Gracques. Mais il ne se

dissimule pas que la douleur n'est pas toujours docile. « De l'œil en apparence assuré on voit souvent poindre les larmes. Nous l'occupons de jeux et de combats de gladiateurs ; mais en ce moment même il se glisse en nous un secret désir qui nous avertit doucement. Aussi il vaut mieux vaincre qu'abuser ; car, lorsque l'esprit est abusé par le plaisir ou distrait par l'occupation, il se relève soudain en prenant dans le repos même la force d'une nouvelle agitation. Mais il se calme à la longue, s'il est soumis à la raison. » Le sage formule ici les règles simples et justes, mais rudes et amères de l'art de vivre. Sénèque conseille donc à sa mère de ne pas employer les moyens ordinaires pour se consoler (et ici on est encore obligé de sourire), « comme de faire, par exemple, un beau voyage ou de se distraire par les occupations du ménage, mais de se livrer aux spéculations de l'esprit. » Il regrette fort que « son père (excellent homme d'ailleurs, mais trop attaché aux habitudes des anciens) ne se soit pas décidé à lui donner une instruction philosophique. » C'est en peu de mots le portrait du père de Sénèque. On sait maintenant quel était son caractère. Lorsque les messieurs et les dames de Cordoue, chauds partisans des idées de la *République* de Platon sur l'émancipation de la femme et sur la nécessité de lui assigner dans la famille un rôle plus noble, auront conseillé au vieillard de faire suivre à sa jeune épouse les leçons de quelque philosophe, il aura sans doute éclaté en ces termes : « C'est bête ! Je ne veux pas que ma femme devienne une fausse princesse ou un stupide bas-bleu. Elle doit s'occuper de cuisine, faire des enfants, élever des enfants. » Et le fier Espagnol aura coupé court à toute discussion en ajoutant dans sa langue maternelle : « *Basta !* »

Sénèque s'étend beaucoup sur la grandeur d'âme. Il croit la femme capable de cette vertu ; et lorsqu'il écrivait ces lignes, il ne prévoyait pas qu'en mourant il l'éprouverait chez sa propre épouse Pauline. C'est un homme d'un noble caractère, un philosophe stoïcien aux sentiments les plus élevés qui a parlé dans cette lettre de consolation à Helvia. Est-il donc possible que la même personne ait pu penser et écrire aussi comme un hypocrite ordinaire, comme un des flatteurs les plus vils?....

CHAPITRE VI

SENECA BIRBONE

> Magni pectoris est inter secunda moderatio.
> SÉNÈQUE.

Je passe maintenant à une autre lettre de consolation. Sénèque l'adressa, la deuxième ou la troisième année de son exil, à un affranchi de Claude, à Polybe, courtisan vulgaire, qui aidait de ses doctes conseils la pénible érudition de l'empereur, et se mettait lui-même l'esprit à la torture pour traduire Homère en latin et Virgile en grec. Polybe venait de perdre son frère, homme de beaucoup de mérite, et Sénèque prit occasion de cette mort pour lui envoyer sa lettre de consolation; il était persuadé que le courtisan la montrerait à l'empereur, dont il parviendrait peut-être à calmer la colère. Cette œuvre est un modèle de basse flatterie envers les princes et leurs valets influents. Il ne faut pas oublier, en la lisant, quels hommes étaient Claude et Polybe.

« O Fortune, s'écrie le flatteur, après avoir rôdé longtemps, tu as compris qu'il n'y avait que cette brèche ouverte à tes assauts ! Que pouvais-tu ravir à un tel homme ? — Les richesses ? — Il les a toujours méprisées. — La vie ? — Son génie le rend immortel. Lui-même a gagné de se survivre dans la meilleure partie de son être, et les belles œuvres de son éloquence l'ont affranchi de la mort. Tant qu'il restera quelque honneur aux lettres, tant que dureront la majesté de la langue latine et le charme de la langue grecque; il brillera parmi ces grands hommes desquels il égala le génie, ou, si sa modestie refuse cet éloge, desquels il approcha.... Indigne sacrilège ! Polybe est dans les pleurs et gémit de quelque chose, quand il a les bonnes grâces de César ! Sans doute, Fortune insolente, tu épiais cette occasion de montrer que personne ne peut être protégé contre toi, pas même César..... Mais que pleure donc Polybe ? N'a-t-il pas son cher César qui lui est plus cher que la vie ?.... S'il est sain et sauf, tous les tiens sont heureux, tu n'as rien perdu ; tes yeux doivent donc sécher leurs larmes, briller de joie. Dans César tu as tout, il te tient lieu de tout. Fixe donc tes regards sur cette divinité, et la douleur ne se glissera plus dans ton âme.....

» O Fortune, détourne de César ta main cruelle, et ne signale sur lui ta puissance que par des bienfaits : permets qu'il guérisse les plaies du genre humain, depuis longtemps malade et souffrant, permets qu'il rétablisse, qu'il remette en place tout ce qu'ébranlèrent les fureurs du prince qui l'a précédé. Que cet astre, qui vient briller sur un monde plongé dans l'abîme, englouti dans les ténèbres, rayonne d'un éternel éclat ! Que César pacifie la Germanie, nous ouvre la Bretagne, qu'il obtienne les triomphes paternels et d'autres encore : et moi aussi j'en serai le témoin; j'en ai pour gage sa clémence qui tient le premier rang parmi ses vertus. Car il ne m'a pas tellement abattu qu'il ne voulût pas me relever. Que dis-je ? il ne m'a pas même abattu ; mais quand je tombais, précipité par la fortune, il m'a soutenu ; comme je roulais dans l'abîme, sa main divine, guidée par l'indulgence, me déposa doucement sur ces bords. En ma faveur il a supplié le Sénat, et ne m'a pas seulement accordé la vie, mais encore il l'a demandée pour moi. C'est à lui de voir comment il lui plaira de juger ma cause : ou sa justice la reconnaîtra bonne, ou sa clémence la fera telle ; dans les deux cas, il y aura pour moi un égal bienfait, soit qu'il me voie, soit qu'il veuille me voir innocent. Cependant ce m'est une grande consolation dans mes misères, de voir sa miséricorde faisant le tour du monde : elle qui dans ce coin où je suis enterré, est venue trouver tant de malheureux ensevelis sous les débris des ans amoncelés, pour les déterrer et les rendre à la lumière. Je ne crains pas que pour moi seul elle passe en m'oubliant. Mais le prince, mieux que tout autre, sait l'instant auquel il doit secourir chacun. Pour moi, je mettrai tous mes soins à ce qu'il ne rougisse pas de descendre jusqu'à moi. Heureuse ta clémence, ô César ! elle par qui les exilés vivent sous ton règne avec moins d'alarmes que naguère les princes ne vivaient sous Caius. Ils ne tremblent pas, ils n'attendent pas le glaive à toutes les heures, ils ne pâlissent pas à la vue de tout vaisseau. Grâce à toi, la fortune est limitée dans ses rigueurs, ils ont l'espérance d'un meilleur avenir et le repos du présent. Tu peux reconnaître que la foudre tombe avec justice, quand ceux même qu'elle a frappés l'adorent. »

Des orties ! encore des orties, ô nobles Corses ! *era un birbone.*

La lettre de consolation se termine par ces mots :

« Voilà, telles que j'ai pu les présenter, les réflexions d'un esprit affaibli et rouillé par une longue inertie. Si elles te semblent peu dignes de satisfaire ton génie, ou peu propres à guérir ta douleur, songe qu'il n'a guère de loisir pour consoler les autres, celui que ses maux personnels absorbent tout entier ; songe combien les mots latins arrivent difficilement à un homme dont les oreilles sont déchirées par le grossier jargon des barbares, choquant même pour les barbares plus civilisés. »

La flatterie ne profita nullement au malheureux Sénèque.

Mais les événements survenus à Rome l'arrachèrent bientôt à son exil : la tête de Polybe était tombée et Messaline avait subi le dernier supplice. Claude était tellement abruti qu'il oublia l'exécution de sa femme : quelques jours après, il demanda, au moment de se mettre à table, pourquoi Messaline ne venait pas. Pendant que ces horreurs tragi-comiques se passaient à Rome, on y vit reparaître notre *bandito* corse, cet excellent consolateur : Agrippine, nouvelle épouse de Claude, l'avait fait appeler pour lui confier l'éducation de son fils Néron, alors âgé de onze ans. Sénèque précepteur de Néron ! Peut-on rien imaginer de plus grotesque et de plus hideux ?.... Sénèque arriva donc à Rome, et remercia les dieux de ce qu'ils le destinaient à faire d'un enfant le maître du monde. Il espérait remplir la terre de son propre génie en le communiquant au jeune Néron. Que de peines il se donne, où le sérieux se mêle au comique, pour élever un jeune chat-tigre dans les principes du stoïcisme ! Sénèque trouva d'ailleurs chez son disciple un esprit plein de promesses, une matière encore vierge que l'école n'avait point gâtée ; car Néron avait grandi dans une sainte ignorance : jusqu'à l'âge de douze ans il avait eu pour amis intimes un barbier, un cocher et un danseur de corde. C'est de la main de ces derniers que Sénèque reçut l'enfant destiné à commander aux dieux et aux hommes. Comme le philosophe fut exilé en Corse la première année du règne de Claude et qu'il rentra à Rome huit ans après, il put, pendant plus de cinq ans encore, se récréer de la vue de « ce *Dieu sur la terre et de cet astre divin.* » Mais un jour Claude vint à mourir (Agrippine lui avait administré du poison préparé par la fameuse Locuste) ; et cette mort fournit à Sénèque l'occasion longtemps désirée de se venger de son ancien ennemi. Sa vengeance fut terrible : il écrivit l'*Apokolokyntose*, satire pétillant d'esprit, d'une audace incroyable et qui possède toute l'originalité des œuvres de Lucien. Le titre même est original. C'est un mot inventé par Sénèque, parodiant l'apothéose ou déification des empereurs : il signifie *cucurbification* ou métamorphose de Claude en citrouille. Il faut voir cette satire : elle caractérise une époque. Ainsi donc à Rome, sous le gouvernement absolu d'un despote, la bouche humaine pouvait proférer de telles ignominies, l'empereur qui venait à peine de mourir pouvait être publiquement bafoué, comme un polichinelle vulgaire, par son successeur, par sa famille, par le peuple, sans que l'empire lui-même fût atteint dans sa majesté ! Dans cette société romaine tout semble ironie ; c'est un monde bizarre, plein d'accidents terribles ou burlesques, une véritable Fête des fous.

Sénèque parle avec toute la liberté d'un masque, comme un *Pasquino* romain. Il débute ainsi :

« Ce qui se fit au ciel, avant le troisième jour des ides d'octobre, Asinius Marcellus, Acilius Aviola étant consuls, nouvel an, à l'aurore de ce bienheureux siècle, je veux l'apprendre à nos neveux. Je ne dirai rien par rancune ou par reconnaissance. Que si l'on s'enquiert d'où je tiens cette véridique histoire, premièrement, s'il ne me plaît, je ne répondrai pas. Qui pourrait m'y forcer ? Je n'ignore pas que j'ai gagné ma liberté le jour où mourut celui qui justifia ce proverbe : *Il faut naître ou roi ou fou.* — S'il me convient de répondre, je dirai ce qui me viendra à la bouche. » Puis il affirme plaisamment qu'il tient son histoire de ce sénateur qui vit Drusilla (sœur et amante de Caligula) monter au ciel sur la voie appienne (Lucius Géminus reçut de Caligula 250,000 deniers de récompense pour cette déposition effrontée). Le même Sénateur, dit-il, vit Claude monter au ciel d'un pas inégal.

« On me comprendra mieux, continue Sénèque, si je dis

qu'on était au troisième jour des ides d'octobre. Je ne saurais te dire précisément l'heure. On mettrait plus facilement d'accord les philosophes que les horloges. Toutefois, c'était entre six et sept. Claude commença à pousser son âme au dehors, mais il ne put lui trouver une issue. Alors Mercure, qui s'était toujours amusé de ce drôle de corps, appelle une des trois Parques et lui dit : « Pourquoi, femme cruelle, permets-tu qu'on tourmente ce pauvre homme ? Il ne fallait pas le torturer si longtemps ; voici soixante-quatre années qu'il lutte avec son âme. Pourquoi lui en veux-tu ? Laisse une fois dire vrai les astrologues, qui, depuis qu'il est devenu prince, l'enterrent tous les ans, tous les mois. Du reste ce n'est pas merveille s'ils se trompent ; personne n'a jamais su l'heure de sa naissance. En effet, personne n'a jamais cru qu'il fût né. Allons, fais ta besogne :

> Laisse, lui mort, régner un plus digne à sa place !

La Parque coupe le fil de Claude ; mais Lachésis en forme un autre resplendissant : c'est celui de la vie de Néron. Phébus prend alors sa lyre et

> Puisse un si doux travail, dit-il, être éternel !
> Les jours que vous filez ne sont pas d'un mortel :
> Il me sera semblable et d'air et de visage,
> De la voix et des chants il aura l'avantage ;
> Des siècles plus heureux renaîtront à sa voix ;
> Sa voix fera cesser le silence des lois.
> Comme on voit du matin l'étoile radieuse
> Annoncer le départ de la nuit ténébreuse,
> Ou tel que le soleil, dissipant les vapeurs,
> Rend la lumière au monde et l'allégresse aux cœurs :
> Tel César va paraître, et la terre éblouie
> A ses premiers rayons est déjà réjouie.

Tels sont les vers indignes par lesquels Sénèque flatte son élève.

« Cependant Claude vomit son âme et cessa de paraître en vie. Il expira, comme il écoutait des comédiens : tu le vois donc bien, ce n'est pas sans cause que je crains ces gens-là ! »

Voici les derniers mots qu'il fit entendre : *Væ ! me, puto, concacavi me.*

Claude est donc mort. On fait savoir à Jupiter qu'il vient d'arriver un quidam d'une taille honnête, à la tête blanche, qui murmure je ne sais quelle menace, branle continuellement son chef et traîne son pied droit. On ne sait quelle langue il parle : il n'est ni Grec, ni Romain et n'appartient à aucune race connue. Jupiter ordonne à Hercule, qui a longtemps vagabondé par tout le monde, de voir s'il peut déterminer l'espèce. En apercevant cet être singulier, morne et accroupi, ressemblant à un monstre marin, Hercule, qui ne craint pas les monstres, s'imagine qu'il y a là pour lui un treizième travail à accomplir. Mais, en l'examinant de plus près, il lui semble qu'il a comme un homme devant lui. Il l'interroge donc en grec et avec ce vers d'Homère :

Quel es-tu ? D'où viens-tu ? Quels remparts t'ont vu naître ?

Claude est ravi de ce qu'il y a au ciel même des philologues et espère y trouver à placer ses histoires (car il a écrit en grec 20 livres sur l'histoire tyrrhénienne et 8 livres sur l'histoire carthaginoise). Il répond aussitôt également et bêtement avec Homère :

Des bords troyens le vent me pousse en Ciconie.

La Fièvre, qui seule entre toutes les divinités de Rome a accompagné Claude jusqu'au ciel, lui donne un démenti et l'appelle franc Gaulois. « C'est pourquoi il a fait ce qu'en sa qualité de Gaulois il ne pouvait se dispenser de faire : il s'est emparé de Rome. » (En écrivant à Rome, au moment où les clairons français retentissent à mes oreilles, cette phrase du vieux Romain, j'en comprends toute la force). Claude donne aussitôt l'ordre de couper le cou à la Fièvre. Il gagne à sa cause Hercule qui l'introduit dans la salle des dieux. Mais le dieu Janus propose de ne diviniser à l'avenir aucun de ceux qui mangeront des fruits de la terre, et Auguste lit un rapport d'après lequel Claude aura à évacuer l'Olympe dans l'espace de trois jours. Les dieux approuvent la sentence et Mercure entraîne l'empereur aux enfers.

Sur la voie sacrée ils rencontrent justement le convoi funèbre de Claude, qui est ainsi décrit :

« Le cortège était des plus magnifiques, et comme on n'avait rien épargné pour la dépense, il était aisé de voir qu'on enterrait un dieu : des gens avec flûtes, cornets, trompettes de mille formes, il y en avait une telle foule, une telle cohue, que Claude lui-même eût pu les entendre. Tous étaient pleins de joie, pleins d'allégresse. Le peuple romain se promenait comme en liberté. Agathon et quelques avocats pleuraient, mais de tout cœur, les jurisconsultes sortaient de leurs tombes, pâles et maigres, ayant à peine un souffle, comme des malheureux qui revenaient à la vie. L'un d'eux, voyant les avocats qui se groupaient et déploraient leur fortune, s'approcha d'eux et leur dit : « Je vous disais bien que les saturnales ne dureraient pas toujours ! » Claude, voyant ses funérailles, comprit qu'il était mort ; car on chantait à tue-tête cette hymne de deuil, en vers anapestes :

> O cris ! ô perte ! ô douleurs !
> De nos funèbres clameurs
> Faisons retentir la place :
> Que chacun se contrefasse ;

Crions d'un commun accord :
Ciel ! ce grand homme est donc mort ?
Il est donc mort ce grand homme ?
Hélas ! vous savez tous comme
Sous la force de son bras
Il mit tout le monde à bas.
Faillait-il vaincre à la course,
Fallait-il jusque sous l'Ourse,
Des Bretons presque ignorés,
Du Cauce aux cheveux dorés
Mettre l'orgueil à la chaîne,
Et sous la hache romaine
Faire trembler l'Océan ?
Fallait-il en moins d'un an
Dompter le Parthe rebelle ?
Fallait-il d'un bras fidèle
Bander l'arc, lancer des traits
Sur des ennemis défaits,
Et d'une audace guerrière
Blesser le Mède au derrière ?
Notre homme était prêt à tout.
Pleurons ce nouvel oracle,
Ce grand prononceur d'arrêts,
Ce Minos que par miracle
Le ciel forma tout exprès.
Ce phénix des beaux génies
N'épuisait point les parties
En plaidoyers superflus ;
Pour juger sans se méprendre
Il lui suffisait d'entendre
Une des deux tout au plus.
Quel autre toute l'année
Voudra siéger désormais ;
Et n'avoir dans sa journée
De plaisir que les procès ?
Minos, cédez-lui la place,
Déjà son ombre vous chasse,
Et va juger aux enfers.
Pleurez, avocats à vendre,

CHAPITRE VI.

Vos cabinets sont déserts,
Rimeurs, qu'il daignait entendre,
A qui lirez-vous vos vers ?
Et vous qui comptiez d'avance
Des cornets et de la chance
Tirer immense trésor,
Pleurez, brelandier célèbre,
Bientôt un bûcher funèbre
Va consumer tout votre or. »

Claude arrive enfin aux enfers, où des chantres viennent lui crier en chœur : « Il est trouvé ! ô bonheur ! ô bonheur ! » (c'était le cri des Egyptiens rencontrant le bœuf Apis). On les vit accourir tous, ceux qu'il avait fait égorger, et parmi eux Polybe et ses autres affranchis. Eaque examine les actions de Claude et trouve qu'il a fait tuer trente sénateurs, trois cent quinze chevaliers et autant de citoyens qu'il y a de grains de sable dans la mer. Soudain paraît Caligula qui le réclame comme son esclave. Il produit des témoins qui prouvent que Claude, son oncle, a reçu de lui, pendant sa vie, bon nombre de coups de verge, de gifles et de coups de fouet, et comme personne ne peut le contester, Claude est adjugé à Caligula, qui le livre à son affranchi Ménandre, pour en faire un débrouilleur de procès. »

Telle est l'apokolokyntose de Claude. Sénèque, qui avait bassement flatté l'empereur vivant, le couvrit de boue à sa mort. Un cadavre, fût-il celui d'un monstre, ne doit jamais exciter la vengeance d'un noble cœur. Il n'y a que les lâches qui insultent les morts. L'apokolokyntose est un miroir fidèle de ce monde impérial romain, tombé dans la plus ignoble trivialité.

CHAPITRE VII

SENECA EROE

> Alto morir ogni misfatto amenda.
> ALFIERI.

Sénèque-Pasquin redevient un noble moraliste. Il écrit son traité « *De la clémence, à l'empereur Néron.* » — Néron et la clémence, quel contraste grotesque ! Il faut dire, toutefois, qu'à l'exemple de ses devanciers, le jeune empereur, pendant les premières années de son règne, s'est montré assez humain. Sénèque a composé là aussi une dissertation splendide, pleine de sagesse et de sentiments élevés.

Néron le combla de richesses, et l'auteur du Traité sur la pauvreté arriva ainsi à posséder une fortune princière, des jardins, des champs, des palais, des villas à la Porte Nomentane, à Baïes, sur les monts Albains, de la valeur de plus de six millions. Il prêtait à intérêts, à usure, en Italie et dans les provinces, entassait argent sur argent et se couchait à plat ventre devant Agrippine et son fils. Mais les choses devaient bientôt changer.

Quatre ans plus tard Néron, perdant toute retenue, immolait sa mère, sans que le timide Sénèque essayât de l'arrêter; c'est le reproche que le noble Tacite adresse à ce dernier. Le philosophe devint à la fin un embarras pour Néron. Ce monstre furieux avait déjà fait mourir Burrhus, préfet du prétoire, et pour l'apaiser, Sénèque lui avait abandonné toutes ses richesses, allant vivre lui-même dans une retraite absolue. Mais ses ennemis l'accusèrent de complicité dans la conspiration de Calpurnius Pison, où fut aussi impliqué, et non à tort, le célèbre poète Lucain, neveu de Sénèque. La conduite de Lucain fut incroyable : il fit de lâches aveux, s'abaissa aux plus honteuses prières, et s'autorisant de l'illustre exemple du parricide impérial, il dénonça sa propre mère, qui était innocente, comme faisant partie de la conjuration. Mais il ne put se sauver par cette ignominie. Condamné à se donner lui-même la mort, il rentra chez lui, écrivit à son père Annæus Mela Sénèque au sujet de certaines corrections à faire à son poème, dîna fort bien, puis avec la plus grande tranquillité du monde il s'ouvrit les veines.

En présence de la mort, le faible Sénèque se montre plein de grandeur, de noblesse et de dignité : il a presque la sérénité de Socrate et le calme de Caton. Il choisit la mort par hémorrhagie et permit à son héroïque épouse Pauline de mettre de la même manière fin à ses jours. Ils se trouvaient tous deux à quatre milles de Rome, dans leur maison de campagne, au milieu de serviteurs et d'amis. Néron inquiet dépêcha son tribun à la villa pour voir ce qui s'y passait. On revint en toute hâte lui annoncer la mort imminente de Pauline. Il donna aussitôt l'ordre de l'empêcher. Les esclaves serrèrent les veines de l'épouse de Sénèque, arrêtèrent l'hémorrhagie, et Pauline, sauvée malgré elle, survécut quelques années à son mari. Cependant, le vieux Sénèque voyait le sang ne s'échapper de ses veines qu'avec une douloureuse lenteur. Il prit du poison des mains de Statius Annæus, mais sans résultat. Il se fit mettre alors dans un bain chaud, et dit en aspergeant de cette eau les esclaves qui l'entouraient : « Je la consacre à Jupiter sauveur. » Comme il ne pouvait pas même mourir ainsi, il se fit transporter dans un bain de vapeur très chaud, et mourut suffoqué dans sa baignoire. Il était âgé de soixante-huit ans.

Après cela, qui pourrait encore en vouloir au philosophe ? Ce fut un homme d'une époque avilie, où le talent, et l'amour de la vérité et de la science s'unissaient aux faiblesses les plus vulgaires. Ses écrits ont exercé une grande influence sur tout le moyen-âge ; ils ont tourné plus d'un esprit vers un haut idéal et purifié plus d'un cœur de la souillure des passions. Ainsi donc, ô Sénèque, séparons-nous réconciliés.

ÉPIKOLOKYNTOSE A SÉNÈQUE

Et maintenant, mon ami de Carrare, toi qui n'as pas un cœur de marbre, — passe-moi la *zucca*, cette coupe corse — que nous avons remplie de vin doré et pétillant de Pino, — et faisons aux mânes de Sénèque des libations expiatoires. — Et toi, philosophe, qui fus jadis soumis à de si longues épreuves — relégué sur ce roc sauvage battu par les flots, dans cette île aux forêts épaisses — où je poursuis maintenant mon pénible voyage ; — Sénèque, toi qui m'as souvent fait honneur au milieu des Cicones de Kœnigsberg — (là toujours les paisibles couronnes de Minerve — brillent sur le front des penseurs stoïciens, — mais les branches odorantes d'Apollon se flétrissent dans ces frimas) ; — toi qui dans la ville des Barbares m'as souvent apporté les consolations de Rome ; — écoute-moi sur cette tour orageuse, où les nuages viennent se poser. — Accorde-moi l'hospitalité, ne la refuse point à un ami : — car le vivant est bien heureux lorsque dans l'infernal empire — une ombre familière le protège contre les noires puissances. — Éveille maintenant tes compagnons, — ceux-là surtout que leur héroïsme a rendus immortels, — et prie-les de se montrer favorables au voyageur — dans les plaines du Latium, lorsqu'il s'arrêtera à l'ombre sainte — de l'auguste Rome, pour méditer sur les époques disparues. — J'ai déjà fait au génie de Rome plus d'un sacrifice, et je l'ai accompli — pour que ma tête se couronne un jour des pampres odorants de Tuscium, — et que la Muse méridionale, versant dans mon âme enchantée ses flots harmonieux, — y fasse naître la force créatrice, douce récompense de mes courageux efforts. — Précédez-moi donc, ô vous ombres fugitives, soyez mes Pénates par delà la mer — dans cette Rome de marbre, dans ce monde peuplé de dieux ! — Ah ! la *zucca* n'a plus rien à donner ! Mais je me sens rempli d'une aimable ardeur ; — c'est le souffle de Bacchus qui m'anime. — Je brise cette branche de lierre pour en tresser une fraîche couronne, — que je pose doucement sur mon front ; et tout joyeux, je descends vers la plaine, — le cœur rempli d'un heureux pressentiment : j'espère qu'un jour — dans la ville éternelle, les Parques fileront pour moi des années d'or.

CHAPITRE VIII

RÊVERIES D'UNE FIANCÉE

> Le jour de votre mariage approche, où il faudra que vous revêtiez un habit splendide et que vous en offriez un à l'homme qui sera votre époux. Voilà ce qui donne aux personnes comme vous une bonne renommée dans le monde, et ce qui fait la joie de leurs parents.
>
> <div align="right">Homère (<i>Odyssée</i>).</div>

Chaque vallée ou plutôt chaque piève du Cap-Corse a sa *marine*, et il est difficile de rien imaginer de plus silencieux que ces petits ports sur la plage déserte. J'arrivai à la marine de Luri par une chaleur étouffante : il était midi, l'heure où le dieu Pan se livre ordinairement au sommeil. Tous les habitants de la maison où je me proposais d'attendre la barque étaient comme assoupis. Mais une gracieuse jeune fille, assise près d'une fenêtre ouverte, travaillait à un *fazzoletto* (mouchoir) d'un air rêveur, et mille pensées fleuries, que trahissait un mystérieux sourire, voltigeaient doucement devant ses yeux. Elle brodait ; et son travail me semblait le poème d'un cœur heureux pour le jour prochain du mariage désiré. Elle tournait le dos à la fenêtre par laquelle on apercevait la mer bleue et souriante, qui avait sans doute plus d'une fois reçu les confidences amoureuses de la jeune fille du batelier. Elle portait une robe d'un vert glauque avec un corsage à fleurs et le *mandile* élégamment noué autour des cheveux, un *mandile* blanc comme la neige et strié de fines bandes rouges qui se croisaient par trois. Maria Benvenuta me confia son secret, qui n'était d'ailleurs ignoré de personne, et babilla de tout, du vent et des vagues, et de la jolie musique que l'on entendrait au bal donné là-haut dans la vallée de Luri pour fêter son mariage. « Quelques mois encore et la noce aura lieu, la plus belle que la Corse ait jamais vue ! »

Voici le jour où Benvenuta doit quitter la maison maternelle ! Dès le matin on voit surgir à l'entrée de la plage une charmante *travata*, arc de triomphe verdoyant, orné de rubans bariolés. Les amis, les voisins, les parents sont tous là réunis sur la *piazzetta* pour former le *corteo*, ou cortège nuptial. Benvenuta est revêtue de ses plus beaux atours ; un jeune gars se présente à elle et lui reproche de vouloir quitter le lieu où enfant elle a grandi sous bonne garde, où elle n'a jamais manqué de corail, de fleurs et d'amis. « Mais puisque, dit-il, vous êtes décidée à partir, je viens au nom de ceux qui vous aiment former les vœux les plus sincères pour votre bonheur et vous dire adieu. » Benvenuta éclate en sanglots et offre au jeune homme un présent ; c'est un petit souvenir pour la commune. On mène alors devant la maison de Benvenuta un cheval richement caparaçonné ; elle y prend place, à côté d'elle se rangent de jeunes cavaliers en armes et couronnés de fleurs et de rubans, et le *corteo* passe sous l'arc de triomphe. Un jeune homme porte le *freno*, symbole de fécondité : c'est une quenouille dont l'extrémité supérieure est entourée d'un grand nombre de fuseaux ; elle est ornée de rubans de diverses couleurs et surmontée d'une écharpe flottante en guise de bannière. Ce *freno* à la main, le *frinero*, joyeux et fier, précède le cortège.

On approche de Campo, où habite le fiancé ; c'est chez lui qu'on va conduire Benvenuta. A l'entrée du village s'élève aussi une magnifique *travata*. Un jeune homme se présente ; il tient haut dans sa main une branche d'olivier enrubannée qu'il offre à Benvenuta en lui adressant un discours plein de belles maximes. Cependant de l'escorte de la jeune fille se détachent deux fringants cavaliers ; ils s'élancent au galop vers la demeure du fiancé pour se disputer l'un à l'autre le *vanto*, c'est-à-dire l'honneur d'être le premier à apporter à la future la clef de cette maison. La clef, symbolisée par une fleur, a été conquise par le cavalier le plus agile, qui revient au galop avec la fleur symbolique, et la remet à l'épousée. Le cortège poursuit sa marche. Les femmes et les jeunes filles se penchent à tous les balcons pour répandre sur la fiancée du riz, du blé et des fleurs ; elles jettent aussi des fruits de la saison parmi les passants, et tous ces dons gracieux elles les accompagnent de cris d'allégresse et de souhaits (c'est ce qu'on appelle les *grazie*). Et les mousquets tonnent de toutes parts et les cythares et les cornemuses ne cessent de se faire entendre. Campo est en fête : partout les accords des violons au milieu des détonations, des cris et des carillons joyeux ; partout des fleurs, des grains de blé et de poussière brillante qui volent, et comme un bruit assourdissant d'hirondelles printanières et de gaies alouettes qui traversent les airs en chantant ; et cela pour la petite Maria Benvenuta qui, assise là à la fenêtre, brode sur son *fazzoletto* toute cette poétique histoire.

Le vieux beau-père sort aussi de sa demeure, et dit d'un air grave au *corteo* étranger : « Étrangers, pourquoi ces armes ? Êtes-vous des amis ou des ennemis ? Accompagnez-vous cette gentille dame, ou bien l'avez-vous enlevée ? Mais vous avez l'air de nobles et vaillants chevaliers. » Et le garçon d'honneur lui répond : « Nous sommes des hôtes amis et vous amenons cette charmante vierge, comme gage de notre amitié. Sur le rivage de Luri nous avons cueilli la plus belle fleur pour l'offrir à Campo en présent. — Soyez donc les bienvenus, mes chers hôtes, entrez dans ma maison, et prenez part à la fête. »

Ainsi parle le vieillard, et faisant descendre de cheval la jeune fille, il l'embrasse et la conduit dans sa demeure ; et l'heureux fiancé la serre aussi dans ses bras, pendant que la *cetera* à seize cordes et la cornemuse font entendre leurs accords joyeux.

Puis on se dirige vers l'église étincelante de cierges et parsemée de myrte odorant ; et lorsque le couple, solennellement uni, revient enfin à la maison nuptiale, il trouve dans la salle de fête deux sièges merveilleux. Les époux fortunés vont y prendre place, et une femme, souriant d'un air malin, s'avance vers eux en tenant dans ses bras une poupée en maillots et toute couverte de rubans. Elle dépose le poupon entre les bras de la mariée ; Benvenuta ne rougit nullement, mais elle prend l'enfant, l'embrasse de tout cœur, et lui met sur la tête un charmant petit bonnet phrygien orné de rubans bariolés. Après quoi, les parents embrassent le jenne couple et chacun d'eux lui répète le vieux dicton :

> Dio vi dia buona fortuna,
> Tre di maschi e femmin' una !

c'est-à-dire : que Dieu vous accorde la bonne chance d'avoir trois garçons et une fille ! Alors la mariée distribue de petits cadeaux à la famille de son époux, et le plus proche parent reçoit d'elle une petite pièce de monnaie. Puis viennent le banquet et le bal, où l'on danse la *Cerca*, la *Marsiliana,* et la *Tarantella*.

Suivront-ils des usages plus anciens, que l'on trouve cités dans les vieilles chroniques ? C'est ce que j'ignore. Autrefois un jeune parent de l'épousée la précédait dans la chambre nuptiale. Il sautait sur le lit et s'y roulait à diverses reprises ; puis, il y faisait asseoir la jeune femme, lui dénouant avec la plus grande décence les rubans de sa chaussure. C'est ainsi qu'Anchise dénoua jadis les sandales de Vénus assise sur sa couche, comme nous le montrent d'antiques images. La fiancée secouait alors gracieusement son pied mignon, et faisait rouler à terre ses petits souliers, puis elle offrait un petit cadeau en argent au jeune homme qui en avait délié les cordons. Bref, on s'amusera joliment à la noce de Benvenuta et l'on en parlera longtemps dans la vallée de Campo.

Telles sont les choses dont nous devisâmes gravement dans la petite chambre du batelier de Luri, et je connais même la berceuse avec laquelle Maria Benvenuta endormira son joli poupon.

NANNA

BERCEUSE CORSE

(Dialecte du delà des monts) (1)

Ninninà, la mia diletta ;
Ninninà, la mia speranza.
Sieti voi la mia barchetta
Che cammina cun baldanza,
Quilla chi non temi venti,
Ni tempesti di lu mari.
  Addurmentati par pena ;
  Fate voi la ninninani.

Carica d'oru e di perli,
Carica di merci e panni ;

---

(1) Dododò, ma chérie, — dododò, mon espérance, — vous êtes ma nacelle, — qui vogue à pleines voiles, — sans craindre ni les vents, — ni les tempêtes de la mer. — Endors-toi un tantinet, — faites, faites dodo.

Chargée d'or et de perles, — chargée d'étoffes et d'objets précieux, —

Li veli sò di bruccatu
Venuti da mari indani,
Li timoni d'oru fini
Con li lauri più rari.
   Addurmentati ecc.

Quandu poi nascisti vui,
Vi purtonu a battizzani;
La cumari fu la luna,
E lu soli lu cumpari :
I stelli, ch'eranu in cielu,
D'oru avianu li cullani.
   Addurmentati ecc.

L'aria riturnò serena,
Tutta piena di splendori :
Anche li setti pianeti
V' hanu infusu li so doni.
Ottu dì fecinu festa
Tutti quanti li pastori.
   Addurmentati ecc.

Nun s'intesi altru che soni,
Nun si vidi altru che danzi
Per la valle di Cuscioni
E in tutti li vicinanzi ;
Boccanera cun Falconi

---

elle a des voiles de brocart, — venues des mers lointaines, — et un gouvernail en or fin, avec les ornements les plus rares. — Endors-toi etc.

Lors donc que vous vîntes au monde, — on vous porta à l'église pour vous baptiser ; — votre marraine fut la lune, et votre parrain le soleil ; — les étoiles du firmament avaient toutes leurs colliers d'or. — Endors-toi etc.

Le ciel redevint pur, — et rempli de splendeur ; et même les sept planètes — vous versèrent leurs présents ; — ce n'étaient que réjouissances — parmi les bergers de la montagne. — Endors-toi etc.

On n'entendait que sons, on ne voyait que danses — par toute la vallée du Coscione, — et dans les lieux d'alentour. — Boccanera et Falcone (1)

---

(1) Les chiens de la maison.

Feci festa a li so usanzi.
Addurmentati ecc.

Quandu saretti majori,
Passeretti pe li piani;
L'erbi turnerannu fiori;
D'oliu saran li funtani;
Turnerà balsamu fini
Tutta l'acqua di lu mari.
Addurmentati ecc.

E tutti questi muntagni
Carcheran di picurini;
E sarannu tondi e mansi
Tutti i cervi e li mufrini,
E li volpi cun l'astori
Fuggiran da sti cunfini.
Addurmentati ecc.

Siete voi l'erba cannella
Sieti voi l'erba baroni,
Quilla chi nasci in Bavella,
Quilla chi nasci in Cuscioni;
Sieti voi l'erba mufrella,
Quilla chi pasci i muntoni.
Addurmentati ecc.

— firent fête à leur manière. — Endors-toi etc.

Lorsqu'enfin vous serez grande — et que vous passerez par les plaines, — chaque brin d'herbe portera des fleurs, — partout l'huile jaillira des fontaines; — et l'on verra se changer en baume exquis — toute l'eau de la mer. — Endors-toi etc.

Et toutes ces montagnes se couvriront de brebis; — et tous les cerfs et les mouflons — deviendront doux et familiers; — et les renards et les vautours — s'éloigneront de ces contrées. — Endors-toi etc.

Vous êtes l'herbe *cannella*; — vous êtes l'herbe *barona*, — celle qui croît à Bavella, — celle qui croît à Coscione; — vous êtes l'herbe *mufrella* que les moutons aiment à brouter. — Endors-toi etc.

Que si l'enfant est trop excité par cette capricieuse chanson, sa mère lui chantera encore cette petite berceuse, qui l'endormira aussitôt :

>Ninni ninni, ninni nanna,
>Ninni ninni, ninni nolu,
>Allegrezza di la mamma,
>Addurmentati, o figliolu.

(Dododò, dododò, dododò, dododò, ô joie de ta mère, endors-toi, ô mon enfant).

CHAPITRE IX

UNE TRAVERSÉE FANTASTIQUE

Cependant le rivage commençait à s'animer. Les bateliers étaient déjà à leur poste ; je dis adieu à la charmante Benvenuta, et après lui avoir souhaité toutes sortes de prospérités, je sautai dans la barque, qui fit voile pour Bastia. Nous longions les côtes, fort près de la terre. L'embarcation entra à Porticciolo, petit port avec une douane, pour y faire enregistrer ses quatre passagers. Il y avait quelques navires à l'ancre. A la vue des figues mûres sur les arbres et des raisins des vergers, notre appétit se réveilla. Pour quelques sous on nous apporta quantité de figues parfumées et de raisin muscat délicieux : c'était la moitié d'une vendange.

Le soir nous poursuivîmes notre navigation, et je jouis du beau spectacle de la mer éclairée par la lune et de ces côtes aux formes bizarres. On voyait un grand nombre de tours sur les rochers, et çà et là une ruine, une chapelle ou un couvent. Nous passâmes près de la vieille église de Sainte-Catherine de Sisco, qui se dresse fièrement sur une haute falaise. Le temps commençait à se gâter : nous étions menacés d'une tempête. Arrivé devant Sainte-Catherine, le vieux patron ôta son bonnet, et fit à haute voix cette prière : « Sainte-Marie, mère de Dieu, nous allons à Bastia ; accordez-nous d'arriver heureusement dans le port ! » Tous les autres marins se découvrirent avec respect en faisant le signe de la croix. La lumière de la lune qui, traversant de noirs nuages, se projetait sur la mer, la crainte d'une tempête, cette côte éclairée de sinistres lueurs, enfin la vue de Sainte-Catherine firent naître parmi l'équipage et les passagers une de ces émotions irrésistibles qui se traduisent toujours par un conte de revenants. Les matelots se mirent à raconter toutes sortes de sorcelleries. L'un des passagers, un esprit fort, ne voulant pas donner lieu de croire à un étranger que tous les Corses étaient superstitieux, haussait constamment les épaules aux récits de ses compatriotes et montrait même quelque mauvaise humeur de ce que je daignais y prêter l'oreille. Mais un autre confirmait le dire des bateliers en ajoutant toujours : « Des sorcières, je n'en ai jamais vu de mes propres yeux ; mais la magie existe certainement. » Moi-même j'affirmai que je croyais aux sorcières, que j'avais eu l'honneur d'en connaître et des meilleures. Le partisan de la magie (c'était un habitant de Luri) me permit de pénétrer le fond de ses mystérieuses études : comme on vint à parler de Londres, il me demanda naïvement si cette ville appartenait à la France. Aussi, me parut-il bien fait pour attiser le feu de la cuisine des sorcières.

En Corse, la sorcière s'appelle *strega*. C'est un vampire qui aime surtout à sucer le sang des enfants. L'un de nos marins, qui en avait surpris une dans la maison de son père, se donna la peine de me la décrire : elle a la poitrine noire comme la poix et peut prendre à son gré la forme d'une chatte ou d'une jeune fille. Les *streghe* font beaucoup de mal aux enfants : elles leur jettent le mauvais œil et toute espèce de maléfices (*fatture*). Elles peuvent enchanter les armes, qui refusent alors tout service. Pour s'en prémunir, on marque la crosse du fusil avec une croix, la meilleure arme contre la magie. Il est toujours bon d'avoir sur soi des reliques et des amulettes, dont quelques-unes préservent des balles et de la vénéneuse morsure de l'araignée *malmignatto*. Les Corses portaient jadis, en guise d'amulette, une de ces *pierres de voyage*, que l'on mentionne souvent dans les légendes du Nord. On ne trouvait cette pierre qu'à la tour de Sénèque ; elle était quadrangulaire et ferrugineuse. En se l'attachant au-dessus du genou, on était sûr de faire un heureux voyage.

Beaucoup de coutumes païennes se sont perdues en Corse ; mais quelques-unes persistent encore, surtout au milieu des bergers du Niolo. Ainsi il est curieux de remarquer que dans ce pays on conserve l'habitude de tirer de l'examen des os d'un animal des prévisions pour l'avenir. Le devin prend l'omoplate (*scapula*) d'une chèvre ou d'une brebis ; il la rend polie comme une glace et y lit le sort des personnes intéressées. Mais il faut que ce soit l'omoplate gauche, car, d'après le vieux dicton, la *destra spalla falla*, c'est-à-dire l'épaule droite trompe. Plusieurs Corses célèbres ont vu, dit-on, prédire ainsi leur destinée. On raconte que, la veille de sa mort, Sampiero étant à table avec son escorte, un hibou vint se poser sur la maison, et pendant toute la nuit fit entendre son cri lugubre. Un devin prit alors une *scapula* et, au grand effroi de tous les assistants, il y vit la mort de Sampiero.

Ce fut aussi sur une *scapula* qu'on lut la future destinée de Napoléon. Il y avait à Ghidazzo un vieux berger, fort connu pour cette science divinatoire. Il vit un jour sur une *scapula* (Napoléon n'était alors qu'un enfant) la figure bien nette d'un grand arbre dont les branches semblaient toucher au ciel, mais dont les racines étaient faibles et peu nombreuses. Le berger jugea par là qu'un Corse deviendrait le maître du monde, mais que son empire serait de courte durée. Cette prophétie est populaire en Corse : elle a une singulière parenté avec la prédiction sur Cyrus, tirée de l'arbre vu en rêve par Mandane.

CHAPITRE IX.

Il existe en Corse un grand nombre de superstitions fort poétiques sur la mort : la mort est ici le véritable génie de la poésie populaire, et c'est bien dans cette île des sanglantes vengeances qu'elle doit résider. J'appellerais volontiers la Corse l'Ile de la Mort, comme on a donné à d'autres îles le nom d'Apollon, de Vénus ou de Jupiter.

Lorsque quelqu'un doit mourir, on voit paraître sur sa maison une pâle lueur qui annonce sa fin prochaine. Pendant la nuit entière l'orfraie crie, le chien hurle, parfois même un fantôme frappe sur un petit tambour et fait entendre un sourd roulement. Souvent les trépassés viennent la nuit dans une maison pour y apporter le funèbre message. Comme les Frères de la Miséricorde, ils s'avancent gravement, affublés de longues cagoules blanches, au capuchon pointu percé de deux trous, par lesquels on voit briller des yeux de spectre ; ils se rangent autour d'une bière, les uns la soulèvent et la portent, pendant que d'autres la précèdent ; et ils continuent leur lugubre cérémonie jusqu'au *chant du coq*. Alors ils disparaissent et fuient au cimetière ou à l'église, au fond de leurs tombeaux.

Les morts aiment à se réunir. Si tu passes la nuit dans un cimetière, tu les verras surgir de tous côtés. Fais alors une croix sur la crosse de ton fusil et que le *coup des spectres* retentisse. Une forte détonation produira son effet : si tu tires au milieu des revenants, ils se disperseront aussitôt, et ne pourront plus se rejoindre qu'au bout de dix années.

Parfois les morts s'approchent du lit du survivant ; ils se placent à son chevet et lui disent : « Cesse tes plaintes, sèche tes larmes, car j'ai la certitude d'être un jour heureux. »

Lorsque, par une nuit tranquille, tu t'assieds sur ta couche et que l'affliction de ton âme ne te permet pas de reposer, tu entends parfois les morts t'appeler par ton nom et crier : *O Mari !... o Jisè !...* De grâce, garde-toi de répondre, quelque lamentable que soit leur appel et bien que tu sentes ton cœur se déchirer à cette voix! Tais-toi! sinon, tu mourras.......

« *Andate, andate !* la tempête arrive. Voyez là-bas cette trombe qui rase l'Ile d'Elbe ». Et la noire colonne s'avançait sur les flots, comme un gigantesque fantôme, plein d'une horrible majesté ; la lune avait disparu, et le rivage et la mer n'étaient éclairés que par les lueurs blafardes de l'orage. « Dieu soit loué ! Nous voici près de la tour de Bastia. La Sainte-Mère de Dieu nous est venue en aide. » Dès que nous fûmes descendus à terre, la tempête éclata ; mais nous étions dans le port.

LIVRE III

CHAPITRE PREMIER

VESCOVATO ET LES HISTORIENS CORSES

A quelques milles au Sud de Bastia, sur l'une des collines qui bordent la côte orientale, s'élève Vescovato, village célèbre dans l'histoire de la Corse. Pour y arriver on quitte la grand'route et la plaine à la tour de Buttafuoco, et l'on traverse de magnifiques bois de châtaigniers qui couronnent les hauteurs. Cette belle contrée s'appelle la *Casinca,* et la région qui avoisine Vescovato est particulièrement connue sous le nom de *Castagniccia* ou pays des châtaigniers.

J'étais impatient de voir la cité corse où Matteo Buttafuoco avait autrefois offert à Rousseau un asile. Je m'attendais à trouver un village tel que j'en avais beaucoup rencontré dans les montagnes. Aussi, grande fut ma surprise lorsque, à un tournant de la route, Vescovato surgit tout d'un coup devant moi avec sa belle couronne d'orangers, de vignes et d'arbres fruitiers de toute espèce au milieu d'un magnifique bois de châtaigniers traversé par un torrent, et ses vastes maisons qui avaient une certaine élégance d'architecture tout en conservant le caractère des constructions du pays. Je me dis alors que parmi toutes les retraites qu'un philosophe misanthrope pourrait choisir, Vescovato ne serait certainement pas la moins agréable. C'est un charmant ermitage dans les montagnes, entouré de bois ombreux, avec des promenades superbes, où l'on peut rêver à son aise, tantôt au milieu des rocs qui bordent le torrent sauvage, tantôt sous des buissons *d'erica* auprès d'un cloître couvert de lierre verdoyant, tantôt sur le penchant des montagnes d'où la vue s'étend vers la plaine du Golo et vers la mer.

Le village a été fondé par un évêque, et les évêques de l'antique Mariana, qui s'élevait dans la plaine à ses pieds, y établirent plus tard leur résidence.

Vescovato est une oasis pleine de souvenirs et de noms historiques : il a été surtout illustré par les historiens corses Monteggiani, Ceccaldi et Filippini, qui tous les trois appartiennent au seizième siècle. Leurs maisons sont bien conservées, ainsi que leur souvenir. Le curé me conduisit à la maison de Filippini, qui n'est autre qu'une pauvre habitation de paysans. Je ne pus m'empêcher de sourire lorsque sur le mur on me montra une pierre ébréchée où le plus célèbre historien de la Corse a fait graver cette inscription : *Has ædes ad suum et amicorum usum in commodiorem formam redegit anno MDLXXV cal. Decemb. A. Petrus Philippinus Archid. Marian.* — Les prétentions de ces hommes de valeur étaient vraiment bien modestes ! Une autre pierre porte les armoiries de Filippini : sa maison et un cheval attaché à un arbre. L'archidiacre avait l'habitude d'écrire son histoire dans sa vigne, que l'on montre encore à Vescovato. Lorsqu'il revenait de Mariana à cheval, il attachait sous un pin sa monture, et s'asseyait pour méditer ou pour écrire, protégé par le mur élevé de son jardin ; car jamais il n'a été sans crainte des balles ennemies. C'est ainsi qu'au milieu des émotions les plus dramatiques il a composé son histoire.

L'ouvrage de Filippini est le plus important qui existe sur l'histoire de la Corse ; c'est une œuvre vraiment nationale, sortie des entrailles mêmes du peuple. L'île a bien le droit d'en être fière. Les chants populaires, les chroniques locales et enfin la saine critique ont contribué à la former. Le premier qui y travailla, ce fut Giovanni della Grossa, lieutenant du brave Vincentello d'Istria. Il réunit les anciennes légendes, en procédant comme Paul Diacre dans son histoire. Il conduisit ainsi les annales corses jusqu'à l'année 1464. Son élève Monteggiani les continua jusqu'à 1525 d'une manière assez mesquine ; Ceccaldi les porta ensuite jusqu'à l'année 1559, et Filippini jusqu'à 1594. Des treize livres dont se compose l'ouvrage, Filippini n'a écrit que les quatre derniers ; mais il a ordonné le tout, qui porte maintenant son nom. Il parut pour la première fois en italien, à Tournon, en 1594, sous le titre suivant :

« Histoire de la Corse, dans laquelle on raconte toutes les choses qui se sont passées dans cette île depuis l'époque où, pour la première fois, elle a été habitée, jusqu'à l'année 1594 ; avec une description générale de l'île entière ; divisée en 13 livres, dont les neuf premiers, commencés par Giovanni della Grossa, continués par Pier Antonio Monteggiani, puis par Marc'Antonio Ceccaldi, ont été réunis et augmentés de quatre autres par le vénérable Anton Pietro Filippini, archidiacre de Mariana. Revue avec soin et publiée par le dit archidiacre. Tournon. Imprimerie de Claude Michel, Imprimeur de l'Université, 1594. »

Quoique Filippini fût hostile à Sampiero et que, par crainte ou par mauvaise foi, il ait tu ou dénaturé bien des faits, il a dit aux Génois des vérités assez dures pour que son livre devint de la part de la République l'objet d'une ardente persécution. Il était déjà très rare lorsque Pozzo-di-Borgo eut l'heureuse idée d'en publier une édition nouvelle, qu'il confia aux soins de Gregori, érudit corse. Cette édition, enrichie par son auteur d'une préface excellente, parut à Pise, en cinq volumes, en 1827. Les Corses méritent bien qu'on s'occupe de leurs anciens monnments historiques.

Les historiens modernes de l'île blâment Filippini d'avoir inséré dans ses annales toutes les légendes et les fables de Giovanni della Grossa. Pour ma part, je l'en loue hautement. On ne doit pas, en effet, juger son histoire d'après les principes sévères de la science historique actuelle : il faut la tenir pour ce qu'elle est, pour une œuvre à laquelle son cachet populaire donne précisément une grande importance. Je n'approuve pas non plus les critiques qui cherchent à rabaisser le talent de l'écrivain. S'il est prolixe, il est abondant et plein d'une saine philosophie puisée dans l'étude de la vie morale. On doit lui savoir gré de ce que lui, l'homme lige de Gênes, ait tant fait pour ses compatriotes. Sans Filippini une grande partie de l'histoire de la Corse serait maintenant enveloppée des voiles impénétrables de l'oubli. Il a dédié son livre à Alphonse Ornano, fils de Sampiero, dans la joie qu'il ressentait en voyant ce jeune héros se réconcilier avec la République et aller même à Gênes en ami.

« Lorsque, dit-il, j'entrepris d'écrire l'histoire, je me fiais plutôt aux dons que la nature m'a départis qu'à mon savoir pour mener à bonne fin une pareille entreprise. Je me crus excusé auprès de mes lecteurs, qui voient combien dans cette île, où il a plu à Dieu de me faire vivre, on manque de tous les moyens, de sorte qu'on ne peut s'y appliquer à aucune science quelconque et encore moins y acquérir un style pur et sans défauts. » Dans d'autres passages Filippini se plaint amèrement de la complète ignorance des Corses. Il n'en excepte pas même les prêtres : « On en compte, dit-il, à peine douze qui aient appris la grammaire ; parmi les Franciscains, qui possèdent 25 couvents, il y a tout au plus huit lettrés, et c'est ainsi que notre peuple grandit dans l'ignorance. »

Il ne dissimule jamais les défauts de ses compatriotes. « Outre l'ignorance, dit-il, il n'y a point d'expressions pour dépeindre la paresse des insulaires quand il s'agit de cultiver les champs. La plus belle plaine du monde, celle d'Aleria et de Mariana, est un désert. Ils ne chassent même pas. Lorsque par hasard ils arrivent à posséder un misérable carlin, il leur semble que leur avenir est assuré, et ils se plongent dans la fainéantise et l'indolence ». (Cela peint encore parfaitement le caractère des Corses de nos jours). « Pourquoi ne greffe-t-on pas l'olivier sauvage ? demande Filippini : pourquoi pas le châtaignier ? Ils ne font rien. Aussi vivent-ils tous dans la misère. La pauvreté amène les vices, et chaque jour il se commet des brigandages et l'on fait de faux serments. Leurs inimitiés et leurs haines, leur manque d'amour envers les autres et leur déloyauté se manifestent en toute circonstance, et il est certain, comme on le dit, que le Corse ne pardonne jamais. De là les calomnies et les fourberies que l'ont voit ici chaque jour. Le peuple corse est, comme l'a écrit Braccellio, plus que tout autre, avide de nouveautés et de désordres ; il se livre à certaines superstitions, appelées *magonie*, que les hommes et les femmes pratiquent indistinctement, et suit aussi l'usage de prédire l'avenir en examinant l'omoplate des animaux morts. »

Tel est, en peu de mots, le portrait que l'historien corse nous fait de ses compatriotes ; il les ménage si peu qu'il ne fait que rééditer sur leur compte les accusations de Sénèque contenues dans les vers suivants :

> Prima est ulcisci lex, altera vivere raptu,
> Tertia mentiri, quarta negare deos.

Par contre, sa dédicace à Alphonse contient une chaleureuse défense des vertus du peuple corse, que Tommaso

Porcacchi Aretino da Castiglione, dans sa description des îles les plus célèbres du monde, avait violemment attaquées. « Cet homme, dit Filippini, traite les Corses comme des assassins. Cela m'étonne profondément de sa part : il n'existe pas, on peut le dire, de nation au monde, où les étrangers soient plus choyés qu'ici et où ils puissent plus sûrement voyager. Ils trouvent partout en Corse la plus exquise courtoisie, et ils n'ont pas besoin de dépenser un liard pour leur entretien. »

Cela est vrai : après trois siècles, un étranger confirme ici les paroles de l'historien corse.

Puisque je me trouve comme dans une oasis d'historiens, je jetterai un coup d'œil sur les autres historiographes de l'île. Un peuple insulaire aussi riche de combats héroïques et de grands hommes, et pénétré comme celui-ci d'un patriotisme presque sans exemple, doit forcément posséder beaucoup d'historiens ; et certes leur nombre, eu égard à la faiblesse de la population, est bien extraordinaire. Je ne nommerai que les plus importants.

Après Filippini, le meilleur historiographe de la Corse est Pietro Cirneo, archidiacre d'Aleria, la seconde colonie des Romains. Il vivait au quinzième siècle. Outre son *Commentarium de bello Ferrariensi*, il a écrit en latin une histoire de la Corse sous le titre de *Petri Cirnei de rebus Corsicis libri quatuor*, laquelle va jusqu'à l'année 1482. Sa latinité appartient à la meilleure de l'époque : c'est le style vigoureux de Salluste, peignant à grands traits. Sa composition est simple et sans art : il s'étend surtout sur le siège de Bonifacio par Alphonse d'Aragon et sur les vicissitudes de sa propre destinée. On peut dire qu'en général Filippini ne l'a pas connu, ou tout au moins qu'il n'en a tiré aucun parti. L'ouvrage existait manuscrit à la bibliothèque de Louis XV, et c'est de là qu'il a été tiré tout d'abord par Muratori, qui l'a inséré dans son grand travail. En 1834 Gregori en a publié à Paris une excellente édition aux frais de Pozzo-di-Borgo, en accompagnant le texte latin d'une traduction italienne.

Pietro Cirneo a, plus encore que Filippini, pénétré le caractère de son peuple. Nous citerons aussi ses paroles, pour voir si les Corses d'aujourd'hui tiennent plus ou moins de la nature de leurs ancêtres.

« Ils sont, dit-il, avides de venger une offense, et ils regardent comme un déshonneur de ne pas se venger. S'ils ne peuvent atteindre celui qui leur a tué quelqu'un, ils châtient l'un des parents du meurtrier. Aussi, dès qu'un homicide est commis, tous les parents de l'assassin prennent les armes pour se défendre. On n'épargne que les femmes et les enfants. » Il décrit ainsi les armes des Corses à cette époque : « Ils portent des casques pointus, appelés *Cerbellere*, ou des casques ronds ; des poignards, des lances de quatre aunes (chacun en a deux), à gauche l'épée, à droite le poignard. »

« Divisés chez eux, ils sont étroitement unis à l'étranger. Ils sont toujours prêts à affronter la mort (*animi ad mortem parati*). Ils sont tous pauvres et méprisent le commerce. Ils sont avides de gloire ; ils ne font presque aucun usage de l'or et de l'argent. Ils regardent l'ivresse comme une honte. Ils apprennent à peine à lire et à écrire ; il n'y en a qu'un petit nombre qui entendent les orateurs et les poètes ; mais ils s'exercent tellement dans les disputes, que lorsqu'il se présente quelque contestation, on les prendrait tous pour d'excellents avocats. Je n'ai jamais vu un Corse chauve. Les Corses sont les plus hospitaliers des hommes. Les femmes même des chefs insulaires préparent à manger à leurs maris. Les Corses sont taciturnes de leur nature, ils sont plus faits pour l'action que pour la parole. Ce sont aussi les plus religieux des hommes. »

« A table les hommes ont l'habitude de se séparer des femmes. Les femmes et les filles de la maison vont elles-mêmes puiser de l'eau, car les Corses n'ont presque pas de personnes de service. Il faut voir les femmes aller à la fontaine ! Elles portent un seau sur la tête ; si elles ont un cheval à conduire, elles l'attachent à un bras, et s'avancent ainsi en tournant leur fuseau. Elles sont très chastes et ne dorment pas longtemps. »

« Ils ensevelissent les morts avec respect ; jamais il n'y a d'obsèques sans *lamento*, sans éloges du défunt, sans chants funèbres. Leurs funérailles ressemblent un peu à celles des anciens Romains. L'un des voisins élève la voix et dit au prochain village : « Crie là-bas, car il vient de mourir. » Alors ils se réunissent par bourgs, par villes, par pièves, chaque groupe formant un long cortège, d'abord les hommes, puis les femmes. Lorsqu'ils sont tous arrivés, ils pleurent et se lamentent, et l'épouse et le frère du mort se déchirent les vêtements sur la poitrine. Les femmes, défigurées par les larmes, se frappent le sein, se meurtrissent le visage, s'arrachent les cheveux. — Tous les Corses sont libres. »

On doit avouer que ce portrait a beaucoup de rapports avec celui que Tacite trace des anciens Germains.

Ce fut au quinzième et au seizième siècles, que l'histoire nationale trouva en Corse les interprètes les plus brillants. Elle se tut au dix-septième, parce que le peuple était alors dans un épuisement qui ressemblait à la mort. Mais avec le dix-huitième siècle l'historiographie des Corses commença à se ranimer. C'est alors que parurent le *Disinganno sulla guerra di Corsica* de Natali et la *Giustificazione dell'insurrezione corsa* par Salvini, deux ouvrages utiles, mais imparfaits.

Il existe une histoire de la Corse jusqu'à la fin du dix-septième siècle par le Dr Limperani ; c'est un livre riche de faits, mais prolixe. Une œuvre très utile, je dirais même indispensable à cause des nombreux documents qu'elle renferme, c'est l'histoire des Corses par Cambiaggi en quatre volumes in-4o. L'auteur l'a dédiée à Frédéric le Grand, admirateur de l'héroïsme du peuple corse et de Pascal Paoli.

Maintenant que l'île a perdu son indépendance, de savants patriotes (Filippini ne pourrait plus se plaindre de nos jours que la Corse manque d'érudits) se sont occupés de leur histoire avec une louable ardeur. Ce sont pour la plupart des avocats. Pompei a écrit l'*Etat actuel de la Corse* ; Gregori a réuni les *Statuts de la Corse :* émanés des anciens règlements juridiques, que la démocratie de Sampiero avait déjà recueillis, confirmés et complétés, ces statuts furent peu à peu accrus et ordonnés par les Génois qui, au seizième siècle, en firent un code. Ils étaient devenus très rares. Cette nouvelle édition est un précieux document sur l'histoire de la Corse, et les lois elles-mêmes font grand honneur aux Génois. Un autre Corse de talent, Renucci, a écrit sa *Storia di Corsica* (2 vol. Bastia 1833). Il ne fait qu'effleurer les temps anciens et ne traite avec détail que le dix-huitième et le dix-neuvième siècles jusqu'à 1830. Son livre est plein de faits, mais sa valeur historique est bien faible. Arrighi a écrit les biographies de Sampiero et de Paoli.

L'histoire de la Corse, en deux volumes, par Giacobbi est la plus répandue ; elle va jusqu'à la fin de la guerre d'indépendance sous Pascal Paoli, et sera suivie d'un troisième et dernier volume. L'auteur a le mérite d'avoir, le premier, fait servir tous les documents à des vues d'ensemble sur l'histoire des Corses. Son livre manque un peu de saine critique, mais il est indispensable pour étudier le pays.

L'archiviste d'Ajaccio Camille Friess, vient de composer

un excellent précis de l'histoire de la Corse. Il m'a dit qu'il a l'intention d'écrire une histoire plus détaillée. Je lui souhaite du succès, car il a du talent. Puisse-t-il, par devoir envers ses compatriotes, écrire son ouvrage en italien et non en français comme l'a fait Giacobbi.

CHAPITRE II

ROUSSEAU ET LES CORSES

Je visitai la maison du comte Matteo Buttafuoco, qui faillit devenir un jour l'habitation de Rousseau. C'est la plus belle de Vescovato : on dirait un manoir ; le maréchal Sebastiani (originaire de la Porta, village situé non loin de là) en possède maintenant une partie.

C'est le même Buttafuoco contre lequel un jeune démocrate d'Ajaccio, Napoléon, lança autrefois un pamphlet fort violent. Buttafuoco était officier au service de la France quand il invita Jean-Jacques à venir à Vescovato. Dans son *Contrat social*, le philosophe de Genève s'était exprimé au sujet de la Corse en ces termes prophétiques :

« Il est encore en Europe un pays capable de législation : c'est l'île de Corse. La valeur et la constance avec laquelle ce brave peuple a su recouvrer et défendre sa liberté mériterait bien que quelque homme sage lui apprît à la conserver. J'ai quelque pressentiment qu'un jour cette petite île étonnera l'Europe. »

Voici ce que Rousseau a écrit à propos de l'expédition française qui avait pour but de subjuguer la Corse : « Il faut avouer que vos Français sont un peuple bien servile, bien vendu à la tyrannie, bien cruel et bien acharné sur les malheureux. S'ils savaient un homme libre à l'autre bout du monde, je crois qu'ils y iraient pour le seul plaisir de l'exterminer. »

Je ne veux pas soutenir que ces paroles de Rousseau contiennent une prédiction ; mais les premières étaient certainement prophétiques, car il est venu un jour où les Corses ont étonné le monde.

Les jugements favorables que Rousseau avait portés sur la Corse engagèrent Paoli à lui faire écrire, en 1764, pour l'inviter à venir chercher dans cette île un refuge contre les persécutions. Mais Voltaire, qui poursuivait Rousseau de sa haine envieuse et de ses implacables railleries, ayant répandu le bruit qu'on n'offrait à Rousseau cet asile que pour le tourner en ridicule, Paoli lui adressa lui-même une invitation. Buttafuoco alla plus loin : il pressa Rousseau d'écrire une constitution pour les Corses, comme les Polonais l'avaient prié de le faire pour eux. Paoli ne semble pas avoir combattu cette idée. Peut-être jugeait-il un pareil travail sinon d'une utilité pratique, du moins toujours propre à augmenter le renom de son pays. En se voyant ainsi transformé en Pythagore, notre philosophe misanthrope a dû se sentir bien flatté dans sa vanité ! Aussi, il répondit avec joie : « Cette seule idée m'élève l'âme et me transporte. Je croirais le reste de mes jours bien noblement, bien vertueusement, bien heureusement employé.... si je pouvais rendre ce triste reste bon en quelque chose à vos braves compatriotes. »

Tout d'abord il demandait des matériaux. Mais les tribulations de sa vie l'empêchèrent de mener son œuvre à bonne fin. Que serait-elle devenue ? et qu'aurait fait au peuple corse une étude théorique, lorsqu'il pouvait se donner lui-même une constitution basée sur ses propres mœurs ?

Les circonstances firent renoncer Rousseau à son projet d'aller en Corse. C'est bien dommage. Il aurait pu fournir là une preuve de la valeur de ses théories. L'île semblait, en effet, réaliser l'utopie de l'état normal de la société préconisé par Jean-Jacques, notamment dans la dissertation où il se demande « si le rétablissement des sciences et des arts a contribué à épurer les mœurs. » Il aurait trouvé en Corse tout ce qu'il souhaitait : des hommes primitifs en veste de laine, vivant d'un peu de lait de chèvre et de quelques châtaignes, partout l'ignorance des arts et des sciences, partout l'égalité, le courage, l'hospitalité, mais partout aussi la *vendetta*. Je crois que les Corses auraient ri de bon cœur en voyant le philosophe se promener sous les châtaigniers avec son chat dans les bras, et faisant de la natte. Ah, non ! le rugissement du mot *vendetta, vendetta !* et quelques coups de fusil auraient bientôt mis en fuite le pauvre Jean-Jacques. Quoi qu'il en soit, les rapports de Rousseau avec la Corse doivent toujours être notés pour l'histoire intime de cette nature bizarre.

Dans la lettre qu'il adressa au comte Buttafuoco pour refuser l'invitation, il s'exprime ainsi : « Ce n'est pas que j'aie perdu le plus vrai désir de vivre dans votre pays ; mais l'épuisement total de mes forces, les soins qu'il faudrait prendre, les fatigues qu'il faudrait essuyer, d'autres obstacles encore qui naissent de ma situation, me font, du moins pour le moment, abandonner mon entreprise, à laquelle, malgré ces difficultés, mon cœur ne peut se résoudre à renoncer tout-à-fait encore. Mais, mon cher Monsieur, je vieillis, je dépéris, les forces me quittent, le désir s'irrite et l'espoir s'éteint. Quoi qu'il en soit, recevez et faites recevoir à M. Paoli mes plus vifs, mes plus tendres remercîments de l'asile qu'il a bien voulu m'accorder. Peuple brave et hospitalier ! Non, je n'oublierai jamais un moment de ma vie que vos cœurs, vos bras, vos foyers m'ont été ouverts à l'instant qu'il ne me restait presque aucun autre asile en Europe. Si je n'ai point le bonheur de laisser mes cendres dans votre île, je tâcherai d'y laisser du moins quelque monument de ma reconnaissance ; et je m'honorerai aux yeux de toute la terre de vous appeler mes hôtes et mes amis...... Ce que je vous promets, et sur quoi vous pouvez compter dès à présent, c'est que, pour le reste de ma vie, je ne serai plus occupé que de moi ou de la Corse : toute autre affaire est entièrement bannie de mon esprit. »

Les derniers mots veulent beaucoup dire,... mais c'est la rhétorique ordinaire de Rousseau. Qu'elle est étrange, exotique la figure de Jean-Jacques auprès des Corses, taciturnes et sombres, mais pleins d'une force virile et courant à l'action avec une sauvage impétuosité ! Et pourtant, comme le corps et l'esprit, ces deux natures se touchent, réunies par le temps et par la pensée. Chose curieuse ! Pendant que Rousseau s'abandonne à ses rêves prophétiques sur une future démocratie humanitaire, les Corses de Paoli, pareils aux corybantes, font entendre les mâles accents de leur danse guerrière qui annonce l'ère nouvelle de leurs héroïques combats ! C'est au bruit de l'airain qu'ils veulent assourdir l'oreille des vieilles divinités du despotisme, au moment où leur île enfante le nouveau Jupiter, Napoléon Bonaparte, le dieu révolutionnaire d'un siècle de fer.

CHAPITRE III

LA MORESCA, danse guerrière corse

Ainsi que d'autres braves peuples à l'âme ardente et poétique, les Corses possèdent leur danse guerrière : elle s'appelle *la Moresca*. On n'est pas d'accord sur son origine : les uns la font remonter aux Maures, d'autres aux Grecs.

Les Grecs nommaient memphitique ou pyrrhique les danses que leur belliqueuse jeunesse exécutait avec le glaive et le bouclier, et ils en attribuaient l'invention à Minerve et à Pyrrhus, fils d'Achille. On ne sait comment elles se répandirent en Occident : ce qu'il y a de certain, c'est qu'après les guerres des chrétiens contre les Maures on leur donna le nom de *Moresca* ; et il semble qu'elles soient encore en usage chez les peuples qui, comme les Grecs, les Albanais, les Serbes, les Monténégrins, les Espagnols et quelques autres, conservent un vif souvenir des luttes gigantesques que le monde vit autrefois s'engager entre chrétiens et infidèles, entre l'Europe et l'Asie.

J'ignore d'ailleurs quelle est la signification exacte de la *Moresca* : cette danse splendide je ne l'ai vu exécuter qu'une seule fois à Gênes. En Corse, la *Moresca* porte l'empreinte chevaleresque des croisades, car toujours elle représente un combat contre les Sarrasins, la délivrance de Jérusalem, par exemple, la conquête de Grenade ou la prise des villes d'Aleria et de Mariana par Ugo Colonna. Aussi, comme beaucoup de danses solennelles chez les anciens, la Moresca a chez les Corses un cachet à la fois religieux et profane, et sa signification historique lui donne un caractère national.

Les Corses ont de tout temps aimé le spectacle de cette danse, surtout aux époques très agitées de leurs guerres nationales. Ces jeux guerriers étaient bien propres à les enflammer au combat en leur rappelant les exploits de leurs pères. Pour un peuple libre et viril je ne connais pas de plus noble distraction que la *Moresca*, qui est comme la fleur poétique du courage militaire. C'est le seul drame national des Corses, qui, n'ayant pas d'autres plaisirs, représentaient par la danse les hauts faits de leurs ancêtres sur le sol même autrefois baigné de leur sang. Il a pu arriver souvent que de la *Moresca* ils se soient jetés dans la mêlée des batailles.

Vescovato était le principal théâtre de ces divertissements, comme Filippini le dit dans son histoire. La *Moresca* y fut dansée en l'honneur de Sampiero et, plus tard, au temps de Paoli. La tradition populaire en garde encore le souvenir. Le dernier spectacle de ce genre eut lieu en 1817.

La représentation la plus intéressante était celle de la prise de Mariana par Ugo Colonna. La ville était simulée par un village. La scène était une place publique ayant pour amphithéâtre les vertes montagnes, où se tenaient des milliers de spectateurs accourus de l'île entière. Qu'on s'imagine ce public, ces hommes farouches en armes, campés sous les châtaigniers et accompagnant du regard, de la parole, du geste cette danse héroïque. Les acteurs, parfois au nombre de deux cents, sont partagés en deux groupes ; tous portent la toge romaine. Chaque danseur tient un glaive dans sa main droite, et dans la gauche un poignard ; la couleur du cimier ou de la cuirasse distingue les Maures des chrétiens. Un seul violon, avec son archet, dirige la danse.

La fête commence. Un astrologue maure, à cheval, vient

de Mariana ; il porte une longue barbe blanche et est revêtu d'un cafetan. Il regarde le ciel, interroge les astres, et d'un air consterné il présage un malheur. Il retourne à la porte de la ville avec tous les signes de l'épouvante. Voyez ! Un messager maure arrive à Mariana en courant ; ses gestes, son regard trahissent une frayeur soudaine : il annonce que les chrétiens se sont emparés d'Aleria et de Corte et marchent sur Mariana. A peine le messager a-t-il franchi la porte de la ville qu'on entend le son du cor, et le comte Ugo Colonna paraît avec l'armée chrétienne. Il est accueilli par d'immenses cris de joie qui partent des montagnes environnantes. J'ai tâché de rendre ce spectacle dramatique, dans la ballade suivante :

Ugo, Ugo, comte Colonna ! — qu'il est beau entre tous — quand il danse pareil au tigre royal — bondissant sur le roc !

Le comte Colonna lève son épée ; — il porte à ses lèvres la croix du pommeau, — et c'est ainsi qu'à ses troupes guerrières — parle le noble comte :

Allons, par Dieu ! à l'assaut ! — Par dessus les murs de Mariana commencez la danse ! — Faites sauter aujourd'hui les Maures ! — Qu'ils sautent sur la pointe de vos glaives !

Sachez-le ! Celui qui à l'assaut tombera, — aujourd'hui même dans le ciel — ira danser avec le chœur des anges — la danse bienheureuse des sphères étoilées.

(*Les chrétiens s'avancent. Sons de cors ; on voit sortir de Mariana le roi maure Nugalon à la tête de son armée*).

Nugalon, oh, qu'il est beau ! — quand il assouplit à la danse ses membres agiles, — semblable à la panthère tachetée — bondissant du fond des broussailles.

Nugalon retrousse sa moustache — avec sa main gauche ornée de cercles d'or ; — et c'est ainsi qu'à ses troupes guerrières — parle le Maure orgueilleux :

Allons, par Allah ! — Au milieu de l'armée chrétienne commencez la danse ! — Prouvons par la victoire — qu'Allah est le seul Dieu !

Sachez-le ! celui qui en combattant tombera, — aujourd'hui même dans l'Eden — ira danser avec les plus belles houris — la danse enivrante de la volupté suprême.

(*En ce moment les deux armées défilent. Le roi maure donne le signal de la bataille, et l'on commence les figures de la danse, au nombre de douze*).

Un coup d'archet vif et sonore ! — Nugalon et Colonna — dansent l'un vers l'autre, — et l'une vers l'autre — dansent les deux armées.

Gracieusement au son de la musique — se balancent les jeunes héros, — comme de sveltes tiges fleuries — à la mélodieuse brise du soir.

Elles se touchent à peine, leurs épées flamboyantes, — qu'ils brandissent d'une main légère ! — Sont-ce des glaives, sont-ce des rayons, — des rayons de soleil que portent les combattants ?

Et toujours plus fort retentit le violon, — et les épées s'entrechoquent en cadence, — les corps agiles se penchent en avant, en arrière, — et tournent aux sons du violon.

Et maintenant ils dansent en cercle — les chrétiens et les Maures entrelacés. — Leur chaîne d'armes retentit — du son argentin des glaives.

Les épées s'entrechoquent en cadence : — c'est un air nouveau, ce sont d'autres mouvements. — Maintenant la chaîne est rompue, — et deux demi-cercles se trouvent en présence.

Et la *Moresca* devient toujours plus sauvage, — et l'un contre l'autre les deux corps de danse roulent impétueux, — semblables aux vagues mugissantes — poussées par la tempête contre les rochers.

Brave Colonna, point de faiblesse ! — Que ce soit pour eux une danse funèbre ! — Aujourd'hui notre liberté — doit sortir triomphante de la danse des glaives.

Nous voulons que les montagnes mêmes — de Vescovato s'ébranlent en cadence — et roulent sur tes armées, — ô Gênes, pays maudit de Dieu !

(*Les figures changent encore, et l'on danse enfin la dernière appelée la* RESA : *c'est alors que le Sarrasin met bas les armes*).

Lorsque, le 9 mai 1852, je vis la *Moresca* à Gênes, on la dansait en l'honneur de la constitution sarde, dont on célébrait l'anniversaire. Cette belle danse a une signification révolutionnaire en Italie : aussi est-elle défendue dans les États de la péninsule qui ne sont pas libres. Le spectacle était magnifique : le peuple, avec ses costumes pittoresques, les femmes surtout, dans leurs longs voiles blancs, couvraient la place qui donne sur le port. Trente jeunes gars environ, portant des vestes blanches serrées à la taille, avec des écharpes vertes et rouges en sautoir, dansaient la *Moresca* au son des cors et des trompettes. Ils tenaient un drapeau dans chaque main, et sur des airs variés ils entrechoquaient leurs glaives en cadence. Cette *Moresca* semblait ne rappeler aucun fait historique.

Comme les Espagnols, les Bavarois et les Tyroliens, les Corses ont conservé les drames de la Passion, qui cependant sont devenus très rares. En 1808 un pareil spectacle fut donné entre autres à Orezza devant plus de dix mille personnes. Des tentes représentaient les maisons de Pilate, d'Hérode et de Caïphe. Il y avait des anges et des diables qui sortaient par une trappe. La femme de Pilate était un jeune homme de 23 ans avec une barbe noire comme le jais. Le premier chef des gardes portait l'uniforme français à épaulettes d'or et d'argent, le second avait une tunique d'infanterie, et tous deux étaient décorés de la légion d'honneur. Le curé de Carcheto représentait Judas. Au commencement du spectacle, les assistants en vinrent aux mains, on ne sait trop pourquoi : ils se lancèrent des fragments de roches qu'ils détachèrent de leur amphithéâtre naturel. Alors Jésus, qui venait de faire son entrée, ne voulut plus jouer du tout et, plein de dépit, il se disposait à fuir cette terrestre vallée de larmes. Mais, empoigné par deux gendarmes, il fut reconduit de force sur la scène, et dut jouer malgré lui. C'est Robiquet qui, dans ses recherches historiques et statistiques sur la Corse, nous raconte cette plaisante histoire.

CHAPITRE IV

JOACHIM MURAT

> Espada nunca vencida !
> Esfuerzo de esfuerzo estava.
> (*Romance Durandarte*).

Il existe à Vescovato une troisième maison fort remarquable : c'est celle de la famille Ceccaldi. Elle a vu naître deux hommes distingués, l'historien dont il a déjà été question et le général Andrea Ceccaldi, qui fut triumvir avec Giafferri et Hyacinthe Paoli. Mais elle a un charme bien plus puissant que tous ces souvenirs : appartenant au général Franceschetti, ou plutôt à Catherine Ceccaldi, son épouse, elle a donné l'hospitalité à Murat, lorsque cet infortuné monarque s'enfuit de Provence en Corse, et forma le projet de reconquérir son beau royaume de Naples par un chevaleresque coup de main.

C'est ainsi que nous voyons encore passer devant nous la vivante image d'un preux *caballero* dans cette île merveilleuse où les couronnes royales poussent naturellement aux arbres des forêts, comme les pommes d'or au jardin des Hespérides.

La fin de Murat fut bien émouvante : ainsi qu'un brillant météore, il traversa quelque temps le monde, et disparut avec fracas dans une chute lamentable.

Après la dernière guerre, qu'il avait imprudemment entreprise en Italie, il se réfugia en France. Errant au péril de ses jours à travers les vignes et les bois, il put se tenir quelque temps caché sur la côte de Toulon, où il dut son salut à un vieux grenadier qui l'empêcha de mourir de faim. Mais le marquis de Rivière, à qui Murat avait généreusement sauvé la vie après la conspiration de Georges Cadoudal et de Pichegru, mit ses troupes sur la piste du malheureux fugitif avec ordre de le lui ramener mort ou vif, et Murat songea alors à chercher dans l'île voisine un toit hospitalier.

Quittant sa cachette, il courut vers le rivage ; il y trouva une barque de pêcheurs, qui, malgré vents et tempêtes, le transporta en Corse. Le 25 août 1815 il débarqua près de Bastia. Apprenant que Franceschetti, qui avait autrefois servi à Naples dans sa garde, se trouvait à Vescovato, il se rendit à ce village. Il alla frapper à la porte du maire Colonna Ceccaldi, beau-père du général, et demanda à parler à ce dernier. Dans les mémoires qu'il a publiés sur le séjour en Corse et sur la fin tragique de Murat, Franceschetti s'exprime ainsi : « Il se présente à moi un homme enveloppé dans un manteau à capuchon, la tête comme enfouie sous un bonnet de soie noire, avec une barbe épaisse, le pantalon, les guêtres et la chaussure d'un simple soldat, amaigri par la misère. Quel ne fut pas mon étonnement lorsque sous cette enveloppe grossière je reconnus le roi Joachim, ce prince naguère si brillant. Un cri s'échappe de ma bouche et je tombe à ses genoux. »

Aussitôt Bastia s'agita, et un grand nombre d'officiers corses coururent à Vescovato offrir au roi leurs services. Le colonel Verrière, commandant de Bastia, envoya des gendarmes à Vescovato pour arrêter Murat. Mais le peuple prit les armes pour défendre son hôte et la troupe s'en retourna sans avoir rien fait.

Dès que la nouvelle se répandit chez les Corses que le roi

Murat, qui leur avait demandé l'hospitalité, était menacé dans sa vie, des troupes d'hommes en armes, accourus de tous les villages d'alentour, vinrent camper à Vescovato, de sorte que le lendemain Murat pouvait déjà disposer d'une petite armée. L'infortuné Joachim fut vivement touché de ces démonstrations. Il ne tenait qu'à lui de se faire nommer roi de l'île ; mais toutes ses pensées étaient pour son beau royaume de Naples. Le spectacle de cette foule qui l'acclamait (il devait en jouir pour la dernière fois) lui rappela vivement sa royauté perdue : « Si, dit-il, les Corses qui ne me doivent rien, se montrent si dévoués, combien plus doivent l'être mes Napolitains, à qui j'ai prodigué tant de bienfaits ! »

Il résolut ainsi de reconquérir son royaume, sans se laisser intimider par l'exemple de Napoléon qui, parti de l'île d'Elbe voisine, avait naguère surpris la France par son audacieuse aventure. Il voulait, lui le fils de la fortune, jouer son dernier coup de dés, regagner sa couronne, ou mourir.

Cependant la maison Ceccaldi était devenue un lieu de rendez-vous : on y accourait de tous côtés pour voir le roi et prendre du service sous ses ordres. Murat arrêta son plan. Il appela de l'île d'Elbe, afin de se concerter avec lui, le Maltais Barbarà, réfugié à Portolongone, un de ses vieux capitaines de marine, qui connaissait parfaitement les côtes de la Calabre, et envoya un Corse à Naples pour nouer des relations et ramasser de l'argent. Il acheta ensuite à Bastia trois navires, qui devaient le prendre sur la côte de Mariana ; mais les Français en furent informés et y mirent l'embargo. C'est en vain que des hommes sensés cherchèrent à détourner Murat de sa folle entreprise. Il resta inébranlable dans sa conviction que les Napolitains l'aimaient toujours et qu'il n'avait qu'à mettre le pied sur les côtes de Calabre pour être porté en triomphe jusqu'à sa capitale. Des personnes venues de Naples assuraient que Ferdinand y était détesté et qu'on y désirait ardemment le retour de Murat.

Deux officiers anglais arrivés de Gênes allèrent à Vescovato dire à Murat qu'ils se chargeaient de l'emmener sain et sauf dans leur pays. Joachim repoussa cette offre avec une noble indignation en songeant aux procédés de l'Angleterre envers l'empereur. Mais la situation devenait tous les jours plus critique à Vescovato, surtout pour ses amis, Ceccaldi et Franceschetti, qui lui avaient donné l'hospitalité : le colonel bourbonnien venait, en effet, de publier un manifeste qui déclarait coupables de haute trahison tous ceux qui suivraient Murat, on lui donneraient asile.

C'est pourquoi Joachim résolut de quitter Vescovato le plus tôt possible. Il négocia encore pour la restitution de ses navires ; il s'adressa au commandant de la Balagne, Antonio Galloni, dont le frère avait autrefois été comblé par lui de bienfaits. Galloni lui fit dire que loin de pouvoir lui rendre service en cette circonstance, il avait reçu de Verrière l'ordre de marcher sur Vescovato à la tête de six cents hommes et de s'emparer de sa personne ; que par égard pour son malheur il attendrait encore huit jours, pourvu qu'il consentît à s'éloigner de Vescovato dans cet intervalle.

Lorsque le capitaine Moretti revint à Vescovato avec ce message, et sans apporter l'espérance de la restitution des navires, Murat fondit en larmes. « Est-il possible, s'écria-t-il, que je sois si malheureux ! J'achète des vaisseaux pour quitter la Corse et on les saisit ; je brûle d'impatience de m'éloigner de l'île et on me barre tous les chemins. Eh bien ! je renverrai les braves qui ont veillé sur moi avec tant de générosité, je resterai seul, j'offrirai mon sein aux coups de Galloni,........ ou bien je trouverai moi-même le moyen de me soustraire à la cruelle destinée qui me poursuit ; » et en prononçant ces derniers mots, il jeta les yeux sur les pistolets qui étaient sur la table. Franceschetti entra alors dans la chambre, et tout ému de cette scène il dit au roi que les

Corses ne permettraient jamais qu'on lui fît injure. « Non, reprit Joachim, je ne veux pas que la Corse souffre pour moi ; il faut que je parte. »

Lorsque le délai fut expiré, Galloni arriva avec ses troupes devant Vescovato. Mais le peuple était prêt à lui livrer bataille. On ouvrit le feu : Galloni se retira, car Murat venait de quitter la place. Il était parti le 17 Septembre avec Franceschetti, un certain nombre d'officiers et de vétérans, et plus de cinq cents hommes armés, décidé à se rendre à Ajaccio pour s'y embarquer. Partout où il paraissait, en Casinca, en Tavagna, à Moriani, à Campoloro, ainsi qu'audelà des monts, le peuple accourait à sa rencontre en le saluant de mille acclamations joyeuses. Chaque commune l'escortait jusqu'à la commune limitrophe. A Santo Pietro de Venaco, l'abbé Muraccioli vint au devant de lui avec un nombreux cortège, et lui fit don d'un beau cheval. Aussitôt Murat monta en selle, et se mit à galoper sur le chemin : il était aussi fier et aussi ardent que lorsqu'aux jours de sa plus grande fortune il courait à bride abattue par les rues de Milan et de Vienne, de Berlin, de Paris et de Naples et sur d'innombrables champs de bataille.

A Vivario il descendit chez le vieux curé Pantalacci, qui à cette époque tourmentée avait, pendant quarante ans, donné l'hospitalité à tant de malheureux fugitifs, Anglais, Français, ou Corses ; c'est là que le jeune Napoléon, menacé par les Paolistes, avait trouvé autrefois un asile. Au déjeuner, le roi demanda au vieillard ce qu'il pensait de son entreprise. « Je suis un pauvre prêtre, répondit l'abbé, et n'entends rien à la guerre et à la diplomatie ; mais je doute fort que votre Majesté puisse reconquérir un trône qu'elle n'a pu défendre à la tête de son armée. » Murat répliqua vivement : « Je suis aussi certain de reconquérir mon royaume que je le suis de tenir cette serviette dans mes mains. »

Murat envoya d'abord Franceschetti à Ajaccio pour savoir à quelle réception il fallait s'y attendre. Depuis son arrivée en Corse, les parents de Napoléon ne lui avaient point donné signe de vie : c'est pourquoi il résolut de rester à Bocognano et de ne se rendre à Ajaccio que le jour où tout serait prêt pour son embarquement. Franceschetti lui écrivit que la bourgeoisie d'Ajaccio serait heureuse de le posséder dans ses murs et qu'elle l'engageait vivement à venir.

Le 23 Septembre, à 4 heures du soir, Murat entra à Ajaccio, pour la deuxième fois dans sa vie : la première fois il y avait débarqué couvert de gloire, fêté par le monde comme un héros, en compagnie de Napoléon, qui revenait d'Egypte. A son arrivée, on sonna toutes les cloches, on poussa des cris d'allégresse, on alluma des feux de joie dans les rues, on illumina les maisons. Mais les autorités s'éloignèrent de la ville, et les Ramolini, parents de Napoléon, en firent autant. La Signora Paravisini eut seule le courage de rester pour embrasser son parent et lui offrir l'hospitalité dans sa maison. Le roi aima mieux aller loger à l'hôtel.

La garnison de la citadelle était corse, et par conséquent dévouée à Murat. Le commandant s'enferma dans la forteresse et mit la ville en état de siège. Le roi fit ses préparatifs de départ. Il rédigea une proclamation au peuple de Naples, composée de 36 articles, et la fit imprimer à Ajaccio.

Le 28 Septembre Maceroni, officier anglais, arriva à Ajaccio et demanda à être introduit auprès de Murat. M. de Metternich l'avait chargé de remettre des passeports à l'ancien roi de Naples, sous le nom de comte Lipona, anagramme de *Napoli*. Ils assuraient à Murat un asile en Autriche, et portaient les signatures de Metternich, de Charles Stuart et de Schwarzenberg. Le roi reçut l'officier à sa table. Comme on vint à parler de la bataille de Waterloo, Maceroni vanta l'impassible bravoure de l'infanterie anglaise dont les carrés n'avaient pu être entamés par la cavalerie des Français. « Si j'y avais été, dit Murat, je les aurais certainement rompus! — Votre Majesté, reprit l'autre, aurait pu rompre les carrés des Prussiens et des Autrichiens, et non ceux des Anglais. — J'aurais rompu aussi ceux des Anglais, s'écria Murat avec feu ; toute l'Europe sait bien que jamais je ne rencontrais un carré, que je ne le rompisse aussitôt. »

Il prit les passeports de Metternich, et parut disposé tout d'abord à accepter son offre ; mais ensuite il déclara qu'il voulait aller à Naples reconquérir son royaume. Maceroni le supplia en pleurant de renoncer à son projet, lorsqu'il en était temps encore. Murat le congédia.

L'infortuné s'embarqua le même jour, à minuit, et quand sa flotille s'éloignait d'Ajaccio, le fort tira sur elle quelques coups de canon, chargés à poudre, à ce que l'on prétend. La petite escadre, composée de cinq navires et d'une *scorridora*, felouque rapide, était commandée par le capitaine Barbarà, et transportait environ deux cents hommes avec vingt-deux officiers, sans compter un certain nombre de marins.

Dans sa traversée Murat ne fut pas favorisé par la fortune, comme Napoléon l'avait été une dernière fois dans sa vie lorsque, sept mois auparavant, il quittait l'île d'Elbe avec six vaisseaux et huit cents hommes pour aller reprendre sa couronne. La situation de Murat en cette circonstance est réellement bien pénible : le cœur en proie au doute et à l'incertitude il est là, tout près des côtes de la Calabre, ballotté par les flots, abandonné par ses navires, repoussé en quelque sorte du rivage ennemi par une main bienfaisante. Il eut un instant l'idée de faire voile pour Trieste; puis, revenant à son rêve favori, il débarqua à Pizzo.

« Joachim (me dit entre autres choses un témoin oculaire du séjour du roi à Ajaccio) était un preux chevalier, mais une pauvre cervelle ! » Et c'est exact. Murat était un héros de roman, un vrai paladin. Il se tenait mieux à cheval que sur le trône. Il n'apprit jamais à régner. Mais il possédait ce qui manque souvent aux souverains de naissance, la dignité et le courage d'un roi, et il le fit surtout paraître au moment où il fut précipité du trône. Lui qui avait été garçon de cabaret chez son père, puis abbé, et qui, plus tard, devenu sous-officier, s'était fait chasser de son régiment, il montra devant ses bourreaux plus de royale noblesse que Louis XVI, de la race des Capets, et mourut non moins fièrement que Charles d'Angleterre, de la maison des Stuarts.

Une domestique m'ouvrit la chambre de Franceschetti, autrefois occupée par Murat. On y voyait aux murs les tableaux des batailles où ce dernier s'était distingué, Marengo, Eylau, Aboukir, Borodino. Il y avait aussi son portrait. C'était bien Murat avec son œil ardent, ses cheveux bruns et bouclés retombant sur le front, ses traits délicats, son capricieux costume blanc et son écharpe rouge. Au-dessous on lisait ces mots : « *1815. Tradito !!! abbandonato !!! li 13 ottobre, assassinato !!!* » 1815. Trahi !!! abandonné !!! le 13 octobre, assassiné !!! douloureux soupirs de Franceschetti qui l'avait accompagné à Pizzo. Le portrait du général est suspendu à côté de celui de Murat. C'est un homme de haute taille, à l'air martial, aux traits de bronze, qui forme un contraste frappant avec la figure de troubadour du roi Joachim. Franceschetti se sacrifia pour Murat : il abandonna pour lui femme et enfants, et bien qu'il désapprouvât l'entreprise de son ancien souverain, il le suivit partout, et jusqu'au dernier moment il resta à ses côtés. On m'a raconté un beau trait de générosité qui l'honore (je l'ai lu aussi dans ses mémoires) : lorsqu'à Pizzo des bandes de furieux s'avançaient vers le roi pour le maltraiter honteusement, Franceschetti s'élança au devant d'elles en criant : « C'est moi qui suis Murat ! » Un coup de sabre l'étendit aussitôt à terre. Au même instant Murat accourait aussi et se faisait reconnaître.

Tous les soldats faits prisonniers à Pizzo furent jetés en prison, blessés comme ils étaient. Après l'exécution de Joachim, on les emmena ainsi que Franceschetti à la citadelle de l'île de Capri, où ils restèrent longtemps en attendant la mort. Mais un jour ils furent surpris par la nouvelle de leur grâce que leur envoya le roi Ferdinand. Franceschetti rentra en Corse. A peine y fut-il débarqué, que les Français l'arrêtèrent comme coupable de haute trahison et le transportèrent à Marseille. L'infortuné général passa plusieurs années dans les cachots de la Provence, puis il put enfin revenir à Vescovato auprès de sa famille. Complètement ruiné par la malheureuse entreprise de son roi, il se vit contraint d'envoyer sa femme à Vienne, où se trouvait la veuve de Murat, pour tâcher d'obtenir le remboursement d'une partie des sommes qu'il avait avancées ; mais comme sa demande ne fut pas accueillie, il intenta à Caroline un procès qu'il perdit après de longs débats. Franceschetti mourut en 1836. Ses deux fils, officiers démissionnaires, appartiennent à l'élite des Corses de nos jours : par les améliorations qu'ils ont introduites dans l'agriculture, ils ont bien mérité de leur pays.

Sa vieille épouse, Catherine Ceccaldi, vit toujours, et occupe encore la maison qui donna l'hospitalité à Murat. Je rencontrai la noble dame dans une chambre des mansardes : elle était tout entière à ses occupations champêtres, entourée de pigeons, qui s'envolèrent avec bruit par la fenêtre en me voyant entrer. Cette scène me montra que la simplicité native des Corses se maintient encore non seulement chez les paysans, mais aussi dans les hautes classes. Je me représentai la brillante jeunesse que cette dame avait dû passer à la cour de Naples, au sein d'une grande et belle cité ; et, pendant notre conversation, elle rappela, en effet, le temps où le général Franceschetti était au service du roi avec Colletta, qui a également publié des mémoires sur les derniers jours de Murat. On aime à voir une forte nature qui a triomphé des orages de la vie et qui, au milieu des vicissitudes du sort, est restée impassible et toujours égale à elle-même. Je regardais avec respect cette vénérable matrone qui, tout en me parlant des grandeurs passées, continuait à éplucher avec soin les haricots qui devaient servir au dîner de ses enfants et de ses petits-fils. « Franceschetti, me dit-elle, fit à Murat les représentations les plus vives : il ne craignit pas de lui déclarer qu'il jugeait son entreprise impossible ; et le roi s'écria alors avec douleur : Vous aussi, vous m'abandonnez ! Hélas ! mes Corses aussi m'abandonnent ! — On ne pouvait pas lui résister. »

Lorsque je partis de Vescovato pour continuer mon voyage dans la Casinca, je ne pus m'empêcher, en songeant à Murat, de le comparer à l'aventureux Théodore de Neuhoff. C'était également sur ces côtes que le baron westphalien avait débarqué, 79 ans auparavant, avec un costume étrange et bizarre, tel que Murat aimait aussi à en porter. Théodore a été comme le précurseur de tous ces hommes hardis qui s'en allèrent ensuite par le monde conquérir les plus belles couronnes : Napoléon prit la couronne impériale, Joseph la couronne d'Espagne, Louis celle de Hollande, Jérôme la couronne de cette Westphalie qui avait donné le jour à Théodore, roi des Corses ; et dans leurs courses aventureuses, Murat et Bernadotte ramassèrent aussi leur couronne, le premier la couronne normande des Deux-Siciles, le second celle des Scandinaves, des plus anciens chevaliers de l'Europe. Un siècle avant Théodore, Cervantès raillait, dans Sancho Panza, le royaume des chevaliers errants ; et voilà que, cent ans plus tard, le conte chevaleresque du roi Arthur et de la Table-Ronde renaît tout près de l'Espagne, sur l'île de Corse, et se développe en plein jour, à travers le dix-neuvième siècle, jusqu'à notre époque d'éclatante lumière.

En Corse, je me rappelai souvent Don Quichotte et les romances espagnoles ; et il me semble vraiment, quand j'y pense, que le noble chevalier de la Manche trotte encore par l'histoire du monde. On voit maintenant redevenir historiques ces vieux noms espagnols, ensevelis depuis si longtemps dans un romantique mystère, pareil à celui qui entoure Thésée, duc d'Athènes, dans le *Songe d'une nuit d'été*.

CHAPITRE V

RUINES CHRÉTIENNES

> Que todo se pasa en flores
> Mis amores,
> Que todo se pasa en flores.
> (*Chanson espagnole*).

Près de Vescovato est le petit village de Venzolasca. On y arrive par un chemin superbe passant sur des collines, à travers des bois de châtaigniers. Je longeai le couvent de Vescovato, jadis occupé par des capucins et maintenant abandonné. Placé sur une hauteur, avec son toit couvert de sombres ardoises et ses murailles en pierre brune, il produit au milieu de la verdure un effet des plus pittoresques.

Dans les vallées ombreuses de ce *Pays des châtaigniers* le voyageur oublie toute fatigue. La richesse de la nature, l'aspect riant des collines et des montagnes, la vue de la belle plaine du Golo et de la mer qui se déroulent à nos pieds, viennent sans cesse réjouir notre cœur ; et grâce à la proximité de nombreux villages, mille scènes variées de la vie populaire occupent agréablement notre esprit. J'ai vu là plusieurs fontaines en pierres maçonnées : des femmes et des jeunes filles y puisaient de l'eau. Elles avaient des cruches rondes, et quelques-unes portaient leur quenouille, comme l'a décrit Pietro Cirneo.

Avant d'arriver à Venzolasca, on trouve sur la route le tombeau des Casabianca, famille originaire de Vescovato et l'une des plus considérables de l'île. Ils se sont presque tous illustrés dans la guerre. Raphaël (grand-père du sénateur actuel), général commandant les troupes de Calvi en 1793, sénateur sous le premier empire, comte et pair de France sous la Restauration, mourut à Bastia en 1826, à un âge très avancé. Luce, député de la Corse à la Convention, était capitaine sur le vaisseau amiral *L'Orient* à la bataille d'Aboukir. Lorsque l'amiral Brueys fut emporté par un boulet, Casabianca prit le commandement du navire. Le feu était à bord. Le commandant chercha par tous les moyens possibles à sauver l'équipage ; mais lui-même ne voulut point quitter son poste d'honneur. Son fils Giocante, un enfant de treize ans, resta auprès de lui : on n'avait pu le décider à s'éloigner de son père. A chaque instant le navire pouvait sauter ; le père et le fils se tenaient embrassés étroitement ; enfin avec les débris du vaisseau, ils volèrent au ciel et à l'immortalité. En quelque lieu que l'on aille en Corse, on sent partout comme un souffle d'héroïsme.

Le petit village de Venzolasca possède une église surchargée d'ornements, du moins à l'intérieur. Lorsque j'y entrai on peignait le chœur. Ces braves gens me firent leurs doléances : « Le *maestro* qui devait dorer les sculptures, me dirent-ils, a indignement trompé le village. On lui a fourni de l'or (*oro di zecchino*) et au lieu de l'employer à son travail, il l'a empoché. » — Le seul luxe que les Corses se permettent, c'est celui de leurs églises : il n'y a pas de petit hameau dans l'île qui ne mette son orgueil à couvrir sa petite église de dorures et de couleurs éclatantes et bariolées.

De l'endroit où s'élève l'église de Venzolasca la vue est ravissante. D'un côté on aperçoit au loin la mer, et de l'autre, au sein d'une vallée profonde, la *Castagniccia* apparaît dans toute sa splendeur. Les parties de ces montagnes qui par la plage se relient à la mer sont les plus intéressantes : il y a peu de contrées en Corse qui m'aient causé un plaisir aussi vif. La *Castagniccia* est comme une arène gigantesque entourée de vertes montagnes aux formes les plus gracieuses. Jusque vers la crête toutes ces hauteurs sont couvertes de châtaigniers, et à leur pied s'étendent des bois d'oliviers dont le gris d'argent alterne avec la profonde verdure des châtaigniers. Au milieu du feuillage surgissent çà et là des villages et des hameaux, Sorbo, Penta, Castellare et le sombre Loreto qui s'élève vers les nues avec ses sveltes clochers.

Lorsque je gravis ces montagnes, le soleil était à son déclin : j'eus des heures de plaisir. Je passai encore auprès d'un couvent désert ; il avait appartenu aux Franciscains. Il était comme enseveli sous les pampres et le feuillage, entouré d'arbres verdoyants qui pouvaient à peine cacher leurs fruits. En entrant dans la cour et dans l'église du cloître, je fus frappé par cette cruelle image de la destruction, que la nature avait couverte de son joyeux manteau de végétation luxuriante. Les tombeaux étaient là béants, comme si les morts en eussent soulevé le couvercle pour s'envoler au ciel ; des crânes gisaient dans la verdure, et le symbole chrétien de la douleur disparaissait sous une mer fleurie.

AU COUVENT DE VENZOLASCA

(TRANSFIGURATION)

J'arrivai à un bois aux épais ombrages : — je m'étais égaré dans mon chemin. — Le soleil allait disparaître ; — soudain je vis surgir un couvent.

CHAPITRE V.

Le lierre formait autour de la porte grise — un arc de triomphe ravissant ; — un vieil olivier se tenait à l'entrée : — c'était le gardien du couvent.

Avec son rameau de paix, — il me fit signe de pénétrer à l'intérieur, — comme un aimable custode, — qui invite l'étranger à boire ou à prier.

La vigne avait tracé d'une main légère — des inscriptions agréables à lire ; — ces lettres vertes qui tapissaient les murs — me dirent à quel ordre appartenait le couvent.

Le crucifié (chose étrange ! on aurait dit un Christ dans la céleste joie de la Pentecôte), — le crucifié était tombé de sa croix de douleur, — tombé au milieu des pampres verts.

Et je vis une vigne flexible — enlacer les pieds du Seigneur ; — c'était la blonde Madeleine — avec son doux baiser de pécheresse.

Et Jean (c'était une rose), — à genoux près de la tête du Seigneur, — levait au ciel ses yeux en extase et disait — à une plante pleureuse, à Marie :

« Ah ! ne tords pas tes mains de désespoir ! — Qu'y a-t-il de mieux sur la terre — qu'une mort chaudement pleurée, — après une courte vie d'amour ? »

Et la blonde vigne murmurait : — « J'ai épanché toutes mes douleurs, — et le plaisir qui dormait dans mon sein, — mon cœur l'a versé à pleins bords. »

Et je méditais en silence sur le saint mystère, — sur le christianisme, aujourd'hui tristement voilé. — Et la Rose me regarda en disant : — « Homme ! au commencement était l'amour. »

LE CRANE COURONNÉ

Dans la paisible cour du couvent je m'assis : — un crâne était à mes pieds. — Il écoutait en riant, caché dans le gazon. — Il me salua avec amitié.

Il ne s'inquiétait point de la vulgaire poussière, — car autour de son front chauve, — serpentaient avec leur feuillage protecteur — les branches fleuries de la tendre clématite.

Il me sembla que le crâne me disait : — « J'étais jadis un prêtre corse ; — j'expliquais tout doucement à mes frères — le texte de l'Evangile.

Je prenais pour thème cette parabole : — Je suis la vigne et vous êtes les raisins. — Cette comparaison je l'avais toujours à la bouche : — le sens en est simple et précis.

Et simple aussi était mon sacrement, — la profonde doctrine de la cène : — Rien ne vaut sur la terre — les raisins et les épis.

Je les distribuai à plus d'un hôte ; — je donnai au pauvre la bénédiction de Dieu ; — j'étais heureux ; et après la courte étape d'ici-bas, — je me couchai gaiement au tombeau.

Vois, mon fils, ce jeune feuillage ! — J'ai dû quitter la vie ; — mais en récompense de mes bonnes actions, mon crâne est ici paré — de la verte couronne que j'aimais autrefois à porter.

Sois maintenant mon hôte ! Goûte le vin, — savoure les raisins du couvent ! — Qu'après la mort ton front soit un jour, comme le mien, — couronné d'un rameau verdoyant ! »

CHAPITRE VI

HOSPITALITÉ ET VIE DE FAMILLE A LORETO

> C'est à Jupiter qu'appartiennent les étrangers et les indigents ; et un faible don est aussi le bienvenu.
>
> HOMÈRE (*Odyssée*).

Je continuai mon ascension. Après avoir marché pendant deux heures entre des vergers, dont les murs étaient couronnés de belle clématite, et au milieu de magnifiques bois de châtaigniers, j'arrivai à Loreto, le village le plus élevé de la Casinca.

Loreto tire son nom du grec *Oros* : il se trouve au sommet d'une verte montagne. Un puissant bloc de granit élève sa tête grise au milieu du village ; c'est comme un piédestal naturel qui attend la statue d'un Hercule colossal. Pour atteindre Loreto, il me fallut suivre un sentier étroit et pénible, souvent traversé par des eaux vives qui roulaient avec bruit dans la vallée.

Parvenu au sommet, j'allai sur la place (la plus grande que j'aie rencontrée dans un village) ; c'est la crête même de la montagne. Ce plateau est dominé par d'autres hauteurs et bordé de maisons de l'aspect le plus paisible. Le curé s'y promenait avec le sacristain ; et les habitants, appuyés aux murs des jardins, jouissaient du repos du samedi soir. Je me dirigeai vers un groupe, et demandai s'il n'y avait pas une auberge. « Non, me répondit quelqu'un ; mais venez chez moi ! Ce que j'ai est à votre disposition. » J'acceptai avec plaisir, et je suivis mon hôte. Avant d'entrer dans sa maison, Marcantonio voulut me montrer la fontaine, l'orgueil du village, et me faire goûter de son eau, qui est en effet la meilleure de tout le pays de Casinca. Malgré ma fatigue, je suivis le Corse. Je vis une espèce de temple en pierre, qui par cinq tuyaux versait des torrents d'eau glaciale.

Arrivé dans la maison de Marcantonio, sa femme me salua sans phrases : elle me souhaita simplement le bon soir, et alla aussitôt à la cuisine préparer le repas. Mon hôte me conduisit dans sa meilleure chambre, où je fus tout surpris de trouver une petite collection de livres : c'étaient des ouvrages pieux dont Marcantonio avait hérité. « Je suis malheureux, me dit le Corse, car je suis pauvre et ignorant. Aussi, il me faut rester ici dans la montagne, au lieu d'aller sur le continent occuper un emploi. » Je considérai de plus près cet homme avec sa veste brune et son bonnet phrygien. Il avait l'air taciturne ; sa figure, où la passion avait imprimé des rides profondes, était rigide comme de l'acier, sa parole brève, résolue, amère. Je ne l'ai pas vu sourire une seule fois. C'était, au milieu de ces montagnes solitaires, une âme avide de changement, dévorée par l'ambition. De pareils phénomènes ne sont pas rares en Corse. L'exemple de tant de familles, arrivées à la fortune hors de leur pays, exerce sur ces insulaires une puissante fascination, et les pousse en grand nombre à quitter leurs villages ; on voit souvent ici, dans les plus humbles chaumières, des portraits de famille représentant des sénateurs, des généraux et des préfets. Cette île est le pays des parvenus : tous les hommes y sont naturellement égaux.

La fille de Marcantonio entra dans la chambre : c'était

une jeune femme aux formes robustes, à l'air florissant. Sans s'inquiéter de ma présence, elle demanda naïvement à haute voix : « Père, quel est cet étranger ? Est-il Français ? Que vient-il faire à Loreto ? » Je lui dis que j'étais Allemand, ce qu'elle ne comprit pas. Giulia alla aider sa mère à la cuisine.

On servit à dîner. C'était le festin d'un pauvre : une soupe aux choux et, pour faire honneur à l'étranger, un morceau de viande, du pain blanc et des pêches. La fille apportait les mets ; mais d'après l'usage corse, ni elle ni sa mère ne prenaient part au repas ; l'homme seul me présentait les plats et mangeait avec moi.

Marcantonio me mena ensuite à la petite église de Loreto, et de là sur le bord du rocher pour me faire jouir du vaste panorama ; le jeune curé et une nombreuse suite de villageois nous accompagnèrent. Le spectacle était vraiment incomparable : la campagne était dorée des feux du soleil couchant, et on respirait une délicieuse fraîcheur. Cette splendide nature me remplit d'admiration : je voyais à mes pieds des montagnes couvertes de bois de châtaigniers s'incliner doucement vers la plaine, celle-ci, pareille à un immense jardin, s'étendre jusqu'au rivage, traversée par les eaux sinueuses du Golo et du Fiumalto et bordée par la mer, et, à l'horizon Capraia, l'Ile d'Elbe et Montecristo surgir des flots lumineux. La vue embrasse toute la côte au Nord jusqu'à Bastia et au Sud jusqu'à San Nicolao, et dans l'intérieur une rangée de montagnes qui semblent se toucher et dont le faîte est couronné de villages.

Une petite commune était là groupée autour de nous, et je me fis un véritable plaisir de louer devant elle une île si remarquable par la beauté de sa nature et par l'héroïsme de son histoire. Le jeune curé continua l'éloge avec beaucoup de feu, les villageois approuvèrent, et chacun d'eux sut par quelque parole honorer dignement son pays. Je remarquai qu'ils étaient tous fort au courant de leur histoire nationale. Le curé m'étonna par son esprit : il avait de la culture et du trait dans l'expression. Il me dit en parlant de Paoli : « Voyez ! Son époque était à l'action ; les hommes d'Orezza parlaient peu et agissaient beaucoup alors ! Si notre temps possédait un seul homme avec l'âme grande et généreuse de Pascal Paoli, le monde marcherait autrement. Mais c'est l'époque des chimères et de la plume que la nôtre ; et pourtant l'homme n'est pas fait pour voler. » Je suivis volontiers le curé au presbytère, une pauvre maison en pierres noires. Sa petite chambre était élégante et ornée d'une petite bibliothèque d'environ deux cents volumes. On nous servit une bouteille d'excellent vin, et je passai là une heure dans une conversation agréable avec un homme éclairé et poli, pendant que Marcantonio était assis à côté de nous taciturne et muet. Comme nous vinmes à parler d'Aleria, je m'informai des ruines romaines de la Corse. Marcantonio prit soudain la parole et dit d'une voix brève et pleine de gravité : « Nous n'avons pas besoin de la gloire de Rome, celle de nos pères nous suffit. »

Revenu à la maison de Marcantonio, je retrouvai la mère et la fille, et nous nous assîmes familièrement autour de la même table. Les femmes raccomodaient leurs nippes : elles parlaient sans timidité, comme le font tous les Corses. On connaît l'activité infatigable de la femme de ce pays : soumise à l'homme, elle choisit dans la société une modeste place de service, et c'est sur elle que repose à peu près tout le travail. Tel est le sort de la femme chez tous les peuples guerriers, les Albanais et les Serbes, par exemple.

Je leur décrivis les grandes villes du continent, leurs mœurs ainsi que certains usages de mon pays. Ils ne manifestaient pas le moindre étonnement, bien que tout fût nouveau pour eux : Giulia n'avait jamais vu de villes, pas même Bastia. Je demandai à la jeune fille quel était son âge.

« J'ai vingt ans, me répondit-elle.

— C'est impossible. Vous en avez à peine dix-sept.

— Elle a seize ans, dit la mère.

— Comment, Giulia ! Vous ne savez pas le jour de votre naissance.

— Non, mais il est consigné sur le registre, et le maire le saura bien. »

Ainsi donc M. le Maire est le seul heureux mortel qui puisse fêter l'anniversaire de la belle enfant, si toutefois il pose sur son nez ses grandes lunettes avec monture en corne pour feuilleter le grand registre.

« Giulia, quelles sont vos distractions ? La jeunesse aime à s'amuser.

— J'ai assez à faire ici : mes frères manquent toujours de quelque chose. Le dimanche je vais à la messe.

— Quelle sera donc votre toilette demain ?

— Je mettrai la *faldetta*. »

Elle tira la *faldetta* de l'armoire et la mit devant moi : elle lui allait à ravir. La *faldetta* est une longue jupe, presque toujours noire, dont la partie postérieure est ramenée sur la tête, ce qui la fait ressembler à une robe de nonne munie d'un capuchon. Elle donne de la dignité aux femmes d'un certain âge et entoure les jeunes filles d'un charmant mystère.

Les femmes me demandèrent ce que j'étais. La réponse était difficile. Je tirai mon album, et leur montrant mes faibles esquisses, je leur dis que j'étais peintre.

« Etes-vous venu dans le village, me dit Giulia, pour peindre les appartements ? »

J'éclatai de rire : cette demande était une critique spirituelle de mes esquisses corses.

Marcantonio dit alors d'un air grave : « Laissez donc ! elle ne comprend pas. »

Ces femmes corses ignorent les lettres et les arts. Elles ne lisent point de romans ; mais au crépuscule elles aiment à s'accompagner de la *cetera* en chantant un *vocero* mélancolique. Dans le cercle étroit de leurs idées et de leurs sentiments, leur âme reste forte et saine, ainsi que la divine nature, chaste, pieuse et toujours assurée. Elle est capable de tous les sacrifices et de ces héroïques résolutions, que la poésie des nations civilisées donne pour les sublimes modèles de la magnanimité humaine, comme Antigone et Iphigénie.

Il n'y a point dans l'antiquité un seul trait d'héroïsme auquel ce peuple sans culture ne puisse opposer un acte pareil.

Le fait suivant, je le raconte en l'honneur de la jeune Giulia. Il est historique, comme le sont d'ailleurs toutes les nouvelles de ce livre.

CHAPITRE VI.

L'ANTIGONE CORSE

> Abandonné, sans honneur, sans tombeau, son corps doit servir de pâture aux oiseaux dévorants.... Pour moi, je l'ensevelirai. Il sera glorieux de mourir après l'avoir fait. Je reposerai avec un frère chéri, et j'aurai rempli mon devoir.
>
> SOPHOCLE (*Antigone*).

C'était vers la fin de l'année 1768. Les Français avaient occupé Oletta, village considérable du Nebbio. A cause de l'importance stratégique de cette position, Pascal Paoli s'était ménagé des intelligences avec les habitants : son but était de surprendre et de faire prisonnière la garnison du village, forte de 1500 hommes et commandée par le marquis d'Arcambal. Mais les ennemis étaient sur leurs gardes : ils proclamèrent la loi martiale, de sorte que les habitants ne pouvaient plus rien tenter.

Il régnait à Oletta un silence de mort.

Giulio Saliceti quitta un jour le village sans la permission de la garde française, et s'en alla à sa campagne. Au retour il fut arrêté et jeté dans un cachot ; mais peu de temps après, on le relâcha.

Le jeune homme rentra chez ses parents, le cœur plein de colère pour l'affront qu'il venait de recevoir de l'ennemi. Il grommela entre ses dents, sans doute une malédiction contre les Français abhorrés. Un sergent l'entendit, et le frappa au visage. Cela se passait devant la maison de Giulio, au moment même où l'abbé Saliceti, vulgairement appelé Peverino, poivre d'Espagne, à cause de sa nature ardente, se trouvait à la fenêtre. En voyant le coup tomber sur la figure de son parent, Peverino se sentit le feu au cœur.

Lors donc que Giulio, hors de lui, se précipita dans la maison, Peverino le conduisit dans sa chambre. Après quelque temps ils en sortirent tous deux, l'air calme mais plein d'une inquiétante gravité.

La nuit, d'autres personnes se réunirent chez Saliceti pour délibérer sur le parti à prendre. Voici quelle fut leur résolution : on voulait faire sauter l'église, qui était devenue la caserne des Français, se venger en délivrant le pays.

Ils creusèrent une mine, qui partant de la maison de Saliceti aboutissait au-dessous de l'église, et après avoir pratiqué cette galerie, ils y placèrent toute la poudre qu'ils tenaient cachée.

C'était le 13 Février, à la nuit tombante, que l'église devait sauter.

Le cœur de Giulio était tellement serré par la haine qu'il n'était pas plus gros qu'une balle de mousquet. « Demain, disait-il en frémissant de rage, demain ! Laissez-moi allumer la mèche ! Ils m'ont frappé à la figure ! Je veux d'un coup les lancer aux nuages, les jeter bruyamment hors d'Oletta, comme les projectiles d'un tromblon.

— Mais les femmes et les enfants qui l'ignorent ? Les maisons et les gens du voisinage sauteront aussi.

— Il faut les avertir, leur ordonner, sous un prétexte quelconque, de se rendre en silence, à l'heure fixée, à l'autre bout du village. »

C'est ce que firent les conjurés.

Lorsque le soir l'heure terrible approcha, on vit les vieillards, les femmes et les enfants se porter en toute hâte à l'autre extrémité du village et s'y réunir avec mystère : leurs regards incertains trahissaient la crainte d'un danger inconnu.

Les Français conçurent des soupçons ; un courrier du

général Grand'Maison vint alors à bride abattue leur dire ce qui se tramait. Un traître avait dévoilé le complot. Les Français coururent aussitôt à la maison de Saliceti et à la mine, et l'infernale entreprise avorta.

Saliceti et un petit nombre de conjurés, se frayant, les armes à la main, un passage à travers les ennemis, parvinrent à s'échapper. D'autres furent pris et enchaînés. Le conseil de guerre en condamna quatorze au supplice de la roue, et sept de ces malheureux le subirent en effet.

On vit un jour sept cadavres publiquement exposés sur la place du couvent d'Oletta. Ils devaient rester là sans sépulture : le colonel français avait défendu, sous peine de mort, de les enlever de l'échafaud et de les ensevelir.

La terreur régnait à Oletta. Le frisson de la mort s'était emparé de tous les cœurs. Pas une âme vivante dans les rues, le feu éteint aux foyers, les bouches muettes, on n'entendait que des sanglots. Ils se tenaient tous dans leurs maisons, et leurs pensées, se portant sans cesse vers la place du couvent, s'attachaient à l'échafaud où gisaient les sept cadavres.

La première nuit arriva.

Maria Gentili Montalti était dans sa chambre. Elle ne pleurait pas : assise sur sa couche, la tête penchée sur la poitrine, les mains sur les genoux, les yeux fermés, parfois un sanglot s'échappait de son cœur.

Dans le silence de la nuit il lui semblait entendre une voix lui crier : « *O Mari !* »

Au milieu de la nuit tranquille parfois les morts prononcent le nom d'une personne aimée.

Leur répondre, c'est mourir.

« O Bernardo ! » s'écria Marie.

Mais là-bas, près du couvent, Bernardo gisait sur l'échafaud. De tous ces morts c'était le septième et le plus jeune. Bernardo était le bien-aimé de Marie : dans un mois il devait l'épouser. Et maintenant, il gisait sur l'échafaud.

Dans sa chambre ténébreuse Maria Gentili, muette, prêtait l'oreille du côté du couvent. Son cœur luttait avec sa raison. Il lui semblait entendre Bernardo lui demander une sépulture chrétienne.

Mais enlever un cadavre de l'échafaud et l'ensevelir, c'était s'exposer à la mort. Maria voulait ensevelir son bien-aimé, et puis mourir.

Elle ouvrit doucement la porte de sa chambre pour sortir. Elle traversa la pièce où reposaient ses vieux parents. Elle s'approcha de leur lit, et écouta leur respiration. Ils dormaient. Son cœur commença à trembler, car elle était leur fille unique, le bâton de leur vieillesse, et en songeant que sa mort par la main du bourreau courberait son père et sa mère vers la tombe, elle sentit son âme se remplir de douleur ; chancelant dans sa résolution, elle fit un pas en arrière pour regagner sa chambre.

Mais elle entendit de nouveau la voix plaintive de Bernardo lui crier : « O Mari !.... O Mari !.... Je t'adorai, et tu m'abandonnes ! Ce corps mutilé contient le cœur qui s'éteignit en t'aimant. Donne-moi la sépulture dans l'église de Saint-François, dans le tombeau de mes pères ! »

Maria ouvrit la porte de la maison et sortit au milieu des ténèbres. Elle s'avança en chancelant vers la place du couvent.

La nuit était noire. Parfois la tempête chassait les nuages, et la lune brillait sur la terre, sur la place du couvent. Mais la céleste lumière, comme saisie d'horreur, s'enveloppait aussitôt dans son voile ; car là-bas, près du couvent, sept cadavres gisaient, l'un à côté de l'autre, sur l'échafaud, et le septième était le corps d'un jeune homme.

Du haut du beffroi le hibou et le corbeau jetaient leur cri sinistre : c'était le *vocero*, le chant funèbre des pauvres suppliciés. Et près de la place un grenadier se promenait, le fusil sur l'épaule. Plein d'épouvante, il se couvrait la figure avec son manteau, et marchait à pas lents.

Maria s'était enveloppée de la noire *faldetta*, pour mieux disparaître dans la nuit. Implorant le secours de la Sainte Mère des douleurs, elle s'avança d'un pas rapide vers l'échafaud. Bernardo était le septième mort.... ; elle le détacha. Son propre cœur et un éclair de ces traits inanimés lui dirent au milieu des ténèbres que c'était lui. Maria prit le cadavre dans ses bras, et le chargea sur ses épaules. Elle était devenue forte. Elle le porta à l'église de Saint-François.

Là elle s'assit épuisée sur les marches d'un autel, où brûlait une faible lampe devant l'image de la Sainte Mère des douleurs. Le corps de Bernardo gisait inanimé sur les genoux de la jeune fille, comme celui du Christ sur les genoux de sa divine Mère (le midi appelle cette image *Pietà*).

Dans l'église aucun bruit, aucune lumière si ce n'est la lueur de la lampe qui brûlait devant l'image de la Sainte Vierge ; au dehors, parfois un coup de vent, puis le silence.

Maria se leva. Elle déposa avec précaution le cadavre sur les marches de l'autel, et se dirigea vers le tombeau de la famille de Bernardo. Elle l'ouvrit ; puis, reprenant le mort chéri dans ses bras, elle imprima un baiser sur sa pâle figure, et le fit descendre doucement dans la tombe, qu'elle referma.

Maria resta longtemps à genoux devant l'image de la Sainte-Mère de Dieu : elle priait avec ferveur, implorant la paix céleste pour l'âme de Bernardo. Puis elle s'éloigna en silence, et rentra dans sa maison et dans sa chambre.

A l'aube, on vit qu'un cadavre manquait sur la place du couvent : c'était le corps de Bernardo. La nouvelle de sa disparition se répandit rapidement dans le village, et les soldats sonnèrent l'alarme. On crut que les parents de Bernardo avaient pendant la nuit enlevé son corps, et on pénétra aussitôt dans leur maison. Ils furent tous chargés de chaînes et enfermés dans la *Tour*. Condamnés à mort, ils protestèrent vainement de leur innocence : ils allaient subir le dernier supplice.

Enfermée dans sa chambre, Maria Gentili apprit ce qui se passait. Sans prononcer une parole, elle courut chez le comte de Vaux, qui était arrivé à Oletta. Elle se jeta à ses genoux, lui demanda la grâce des prisonniers et avoua sa faute. « J'ai, dit-elle, donné la sépulture à mon bien-aimé, je mérite la mort, prenez ma tête ; mais rendez à la liberté ces innocents ! »

Le comte ne crut pas tout d'abord aux paroles de la jeune fille : il lui semblait impossible qu'une faible femme fût capable d'un pareil héroïsme, ni qu'elle eût la force d'accomplir ce qu'avait fait Maria. Mais lorsqu'il connut la vérité, il fut profondément ému et touché jusqu'aux larmes. « Va, noble jeune fille, s'écria-t-il, va délivrer toi-même les parents de ton fiancé, et puisse le Seigneur récompenser ton héroïsme. »

Le même jour on enleva de l'échafaud les six autres cadavres, et on leur donna une sépulture chrétienne.

CHAPITRE VII

A CHEVAL D'OREZZA A MOROSAGLIA

Je voulais partir de Loreto pour aller à Morosaglia en passant par Orezza. Marcantonio m'avait promis de m'accompagner et de me procurer de bonnes montures. Il me réveilla donc le matin de bonne heure et fit ses préparatifs. Il avait mis son meilleur costume, une veste en velours, et s'était rasé. Lorsque les femmes nous eurent donné des provisions pour bien déjeuner en route, nous nous élançâmes sur nos petits chevaux corses, et nous partîmes fièrement,

Je suis encore tout heureux en songeant à cette matinée de dimanche, où nous chevauchions dans le beau pays d'Orezza, à travers de vertes montagnes, de frais vallons, des torrents sonores et des forêts de chênes touffus. Partout, à perte de vue, s'étendent des bois odorants de châtaigniers, aux profonds ombrages, aux arbres vigoureux et gigantesques, tels que je n'en ai rencontré nulle part ailleurs. La nature a tant fait ici et l'homme si peu de chose !

Le Corse n'a souvent d'autre bien que ses châtaigniers ; six chèvres, et six châtaigniers pour fournir la *polenta*, telle est parfois toute sa fortune. Le gouvernement a eu un instant l'idée de couper les châtaigniers pour forcer les habitants à travailler la terre : ce serait les affamer. Plusieurs de ces arbres ont des troncs de vingt pieds d'épaisseur ; ils forment de magnifiques berceaux avec leurs larges et longues feuilles d'un vert foncé et leurs pommes hérissées d'épines d'une teinte plus claire.

Au-delà de Casalta nous rencontrâmes un ravin des plus pittoresques : il est traversé par le bruyant Fiumalto et couvert partout de serpentine et d'un marbre précieux appelé *Verde antico*. Les naturalistes nomment cette petite province d'Orezza le paradis des géologues ; les eaux du torrent entraînent avec elles les pierres les plus rares.

Chevauchant par monts et par vaux à travers des bois embaumés, nous arrivâmes à Piedicroce, chef-lieu du canton d'Orezza, célèbre par ses sources ferrugineuses; car ce pays est aussi riche en eaux minérales qu'en minéraux.

Marmocchi dit dans sa géographie de la Corse : « Les eaux minérales sont surtout les signes caractéristiques des pays soulevés et bouleversés par les forces intérieures du globe. La Corse qui, dans un petit espace, offre le spectacle surprenant et si varié des mille effets de cette lutte antique entre les entrailles incandescentes de la terre et sa croûte refroidie, ne pouvait faire exception à la règle générale.

La Corse a donc ses eaux minérales froides et chaudes ; et bien que les sources de ce genre enregistrées jusqu'ici soient nombreuses, néanmoins il est presque certain que la science ne les connaît pas toutes.

Sous le rapport de l'histoire naturelle et en particulier sous le rapport de la minéralogie, cette belle et grande île est bien loin d'avoir été complètement explorée.

Jusqu'à ce jour on ne connaît positivement, sinon complètement, que quatorze sources d'eaux minérales, les unes froides, les autres chaudes. La distribution de ces sources bienfaisantes sur la surface de l'île, spécialement sous le rapport de leurs qualités thermales, est très inégale : en effet, la région des terrains primordiaux granitoïdes en compte *huit*, toutes chaudes et plus ou moins sulfureuses, moins une ; tandis que la région des terrains primordiaux ophiolitiques et calcaires n'en possède que *six*, dont une seule est chaude. »

Les eaux d'Orezza se trouvent, en grand nombre, sur la rive droite du Fiumalto. La source principale, la seule qui soit fréquentée, est située au-dessous de Piedicroce. Cette eau, froide, acidule et ferrugineuse, jaillit en abondance d'un bassin de pierre au flanc d'une montagne. On n'a rien fait pour diminuer la fatigue des voyageurs qui, à pied ou à cheval, descendent à la source par de mauvais chemins et sous le seul abri de leurs ombrelles et des bois de châtaigniers. Après avoir chevauché plusieurs heures sans ombrelle et par un soleil ardent au milieu des montagnes, je me désaltérai à cette eau fraîche et fortement gazeuse avec une véritable volupté.

Piedicroce est sur une hauteur. Son clocher aux formes sveltes s'élève librement dans les airs et domine la verte montagne. En Corse, l'emplacement des églises est souvent d'une beauté et d'une hardiesse surprenantes : elles sont, pour ainsi dire, déjà dans le ciel, et quand elles ouvrent leurs portes, les nuages et les anges y entrent avec les fidèles.

Un majestueux orage flamboyait en grondant autour de Piedicroce, et les roulements du tonnerre se répercutaient avec fracas dans les montagnes. Pressant le pas de nos montures pour échapper à l'averse imminente, nous arrivâmes dans le village. Un jeune homme, en beau costume de citadin, sortit aussitôt de la maison, et nous invita à descendre à son auberge. Il y avait là deux autres messieurs aux barbes élégantes, qui d'un air dégagé me demandèrent aussitôt *mes ordres*. Et ils se mirent lestement en besogne : l'un brouilla des œufs, l'autre apporta du bois à brûler, le troisième hacha de la viande. Le plus âgé d'entre eux avait une figure distinguée, mais pâlie par la fièvre, et une longue moustache de Slave. Je n'avais jamais vu tant de cuisiniers et de si élégants pour un repas des plus simples. J'étais tout étonné. J'eus enfin le mot de l'énigme : c'étaient deux émigrés de Modène et un Hongrois. Tout en faisant rôtir la viande, le Magyare me raconta que pendant sept ans il avait rempli les fonctions de lieutenant en premier : « et maintenant je suis cuisinier, ajouta-t-il. Ainsi va le monde ! Quand on est devenu un pauvre diable à l'étranger, il ne faut pas être fier. Nous avons monté un hôtel ici pour la saison des eaux, mais nous n'avons presque rien gagné. »

En considérant ce pâle jeune homme (il avait pris les fièvres à Aleria), j'eus un mouvement de compassion.

Nous nous assîmes ensemble, Hongrois, Lombards, Allemand et Corse, faisant maintes réflexions sur des choses déjà anciennes et nommant aussi plus d'un personnage d'un passé fort récent. Mais presque tous ces noms sont bien humbles devant celui du grand Paoli ! Je n'ose les écrire à côté du sien : le noble citoyen, le vaillant homme d'action a besoin d'être seul.

L'orage s'est dissipé, mais les montagnes sont toujours couvertes d'épais brouillards. Nous sautons à cheval pour nous rendre, par le col de Santo-Pietro, à la piève d'Ampugnani. Les gorges grondent encore sourdement, et autour de nous courent de sinistres nuées. Au-dessus des hauteurs plane comme un génie morne et farouche, et de temps en temps jaillit un éclair. Quelques montagnes sont plongées dans une mer de nuages, d'autres élèvent fièrement au-dessus d'elle leur tête colossale, et lorsque le voile de vapeurs se déchire, on voit soudain apparaître des paysages plantureux, des bosquets verdoyants ou des villages noirs ;.... et tout cela passe d'un vol rapide à côté du cavalier ; puis sommets et profondeurs, couvents et tours, montagnes et montagnes, comme des images fantastiques, flottent dans les nues. Les féroces instincts de la nature primitive, qui sommeillent au fond de l'âme humaine, enchaînés par une force bienfaisante, briseraient ici volontiers leurs entraves pour se donner libre carrière au dehors. Quel est donc le voyageur qui, sur une mer en furie ou pendant un orage, n'a pas eu de ces mouvements impétueux? Nous subissons alors la loi même de la nature, que l'homme appelle passion quand elle affecte une forme déterminée.

« En avant, Marcantonio ! Longeons cette montagne de brouillards, et que nos rouges coursiers bondissent vivement ! Il le faut : nous sommes jeunes. Tout ce qui a des ailes doit voler haut : les nuages volent, les montagnes volent, les couvents volent, les tours volent, le cheval et le cavalier volent aussi. Ah ! c'est un bonheur que de voler !.... Là-bas un clocher noir dans les nues ! les cloches sonnent.... *Ave Maria !*.... elles implorent la paix pour notre âme. »

Il n'y a ici que de petits villages, disséminés partout, les uns haut perchés sur la montagne, d'autres au fond des vertes vallées. En un point j'en ai compté dix-sept autour de moi, tous avec leur noir et svelte clocher.

Un grand nombre d'hommes venaient de notre côté. C'étaient des habitants de l'historique province d'Orezza et de Rostino, de vrais types d'anciens héros, aux formes vigoureuses et à l'air florissant. Leurs ancêtres composaient la garde de Paoli.

Près de Polveroso nous vîmes un spectacle magnifique : au sein d'une vallée profonde, La Porta avec une brillante couronne de châtaigniers où perlaient encore des gouttes de pluie. Ce village est le chef-lieu du canton d'Ampugnani ; c'est là que se trouvait l'ancienne ville d'Accia, autrefois siège d'un évêché et aujourd'hui complètement disparue. La

Porta a un air très coquet : un grand nombre de ses maisons ressemblent à des villas. Sa petite église, peinte en jaune, a une façade élégante, et près d'elle s'élève un gracieux clocher dans le genre des *campanili* toscans. Vues de la montagne de San-Pietro, les maisons, rangées autour de l'église, apparaissent comme un décor de théâtre. La Porta est la patrie des Sebastiani.

Maintenant les montagnes deviennent plus nues et rappellent davantage la Laconie : elles ont perdu leur belle parure de châtaigniers. Je trouvai sur la route des chardons vigoureux aux feuilles larges et finement frangées : c'étaient de vrais arbustes dont les troncs avaient l'épaisseur et la dureté du bois.

Marcantonio ne soufflait mot. Les Corses parlent aussi peu que les anciens Spartiates : mon hôte était presque toujours silencieux comme Harpokrate. J'avais couru avec lui toute la journée à cheval, sans réussir à nouer un bout de conversation. Seulement, de loin en loin il m'adressait une question naïve, me demandant, par exemple : « Avez-vous des canons ? Avez-vous des cloches dans votre pays ? Est-ce qu'il y a des fruits chez vous ? Êtes-vous riche ? »

Après l'*Angelus* nous arrivâmes au canton de Rostino ou de Morosaglia, lieu de naissance des Paoli. C'est la contrée la plus glorieuse dans l'histoire de la Corse, le centre de l'ancienne et démocratique *Terre de commune*. Avant d'arriver au village, Marcantonio prit congé de moi : il voulait passer la nuit dans une maison de campagne pour rentrer chez lui avec les chevaux le lendemain matin. Il me donna un baiser fraternel, puis s'en retourna grave et taciturne ; et moi, tout heureux de me trouver dans cette héroïque terre d'hommes libres, je continuai seul mon voyage pour arriver au couvent de Morosaglia.

J'ai encore une heure à passer dans cette campagne presque déserte. Avant d'entrer dans la maison de Paoli, je vais continuer son histoire et celle de son peuple au point où je l'ai interrompue.

CHAPITRE VIII

PASCAL PAOLI

> Il cittadin non la città son io.
> ALFIERI (*Timoléon*),

Lorsque Pascal Paoli eut quitté la Corse avec son frère Clément et d'autres compagnons d'infortune, il fut aisé aux Français de se rendre maîtres de l'île. Il ne restait plus que des bandes de guerillas isolées, qui continuèrent la lutte dans les montagnes. Un noble champion de la liberté se distingua surtout parmi elles, et mérite que l'on conserve sa mémoire. Ce fut le pauvre curé de Guagno, Domenico Leca, de l'ancienne famille de Giampolo. Il avait juré sur les Saints Evangiles de rester fidèle à la liberté, et de mourir plutôt que de renoncer à la lutte. Lors donc que le pays tout entier eut fait sa soumission, l'ennemi le somma de déposer les armes : Leca déclara qu'il ne pouvait violer son serment. Il congédia tous ceux de ses paroissiens qui étaient fatigués de le suivre, et accompagné de quelques amis fidèles, il se jeta dans les montagnes. Pendant des mois il lutta encore, mais seulement pour sa défense ; et toutes les fois que des ennemis blessés tombaient dans ses mains, il les traitait avec une humanité toute chrétienne. Jamais il ne fit de mal à personne que dans une guerre honorable. Les Français l'invitèrent à descendre, lui promettant de le laisser vivre tranquille dans son village. Le curé de Guagno continua à mener dans les montagnes son existence vagabonde, car il voulait rester libre ; et lorsque tous ses compagnons l'eurent abandonné, de pauvres chevriers prirent soin de lui. Un jour on le trouva mort dans une grotte : fatigué, triste, mais libre, il avait rendu son âme au Seigneur. Giuseppe Ottaviano Savelli, proche parent de Paoli et ami d'Alfieri, a célébré la mémoire du curé de Guagno dans une poésie latine qui a pour titre *Vir nemoris*, l'homme des bois.

A cette époque les Corses émigrés en Italie tentèrent plusieurs fois de débarquer dans leur île, à l'exemple de Vincentello, Renuccio, Giampolo et Sampiero, pour la délivrer du joug de l'étranger. Jamais ils ne réussirent. Un grand nombre furent jetés dans les cachots, d'autres traînés sur les galères de Toulon, comme des Ilotes révoltés. Abbatucci, l'un des derniers défenseurs de l'indépendance de son pays, faussement accusé de haute trahison, fut condamné à être marqué à Bastia par la main du bourreau. Lorsqu'il fut sur l'échafaud, l'exécuteur n'osant lui appliquer le fer rouge, « Fais ton devoir ! » lui cria un juge français. Le bourreau se tourna vers le juge en lui présentant le fer comme s'il voulait le marquer lui-même. Plus tard Abbatucci fut réhabilité.

Marbeuf succéda dans le commandement de la Corse au comte de Vaux. Son administration fut bienfaisante : les anciens *Statuts* furent conservés, les Douze rétablis, et les abus de la justice réprimés. Le pays était dans un complet dénûment : on tâcha de relever son industrie et son agriculture. Après avoir gouverné la Corse pendant seize ans, Marbeuf mourut à Bastia en 1786.

Lorsque la Révolution française éclata, on perdit de vue les intérêts de l'île, emportés par la grande tourmente, et les Corses, ardents amis de la liberté, se jetèrent avec enthousiasme dans le nouveau courant. Le député Saliceti proposa d'incorporer la Corse à la France, pour que son pays pût jouir de la libre constitution que cette dernière venait de se donner. Cela se fit, en effet, par décret de l'assemblée constituante du 30 novembre 1789, et c'est avec le plus grand enthousiasme que l'île entière salua la nouvelle de cet heureux événement. Le changement, le contraste étaient bien singuliers : la même France qui, vingt ans auparavant, avait envoyé ses troupes pour anéantir la liberté des Corses, venait d'élever leur constitution sur le trône de ses rois.

La Révolution trouva Paoli en exil. Il était d'abord allé en Toscane, puis à Londres où on l'avait accueilli avec honneur. Paoli s'était rendu en Angleterre sans bruit : le noble citoyen, qui avait devancé l'Europe dans la nouvelle carrière, disparut paisiblement dans sa modeste maison d'Oxford-street. Il ne fit point de pompeuses déclamations. Il ne savait qu'agir virilement, et quand il fut condamné à l'inaction, il garda un silence plein d'une noble fierté. Un élève de l'école de Corte ne lui avait-il pas dit un jour : « Si l'on pouvait conquérir la liberté par des paroles, tout le monde serait libre ? » Lorsque Napoléon, à bord du *Bellérophon*, demandait un asile à l'Angleterre, et cherchait ainsi, en véritable Corse, son dernier refuge dans les droits de l'hospitalité, il se comparait à Thémistocle se mettant sous la protection de l'étranger. Napoléon n'avait pas le droit de se comparer au grand citoyen de la Grèce : ce Thémistocle errant, c'était Paoli.

Voici deux lettres de cette époque :

PAOLI A SON FRÈRE CLÉMENT

(QUI ÉTAIT RESTÉ EN TOSCANE)

Londres, 3 octobre 1769. — Je n'ai pas encore reçu de vos lettres. Je crains qu'elles ne soient interceptées, car cela importe beaucoup à nos ennemis.... Le roi et la reine m'ont bien accueilli. Les ministres sont venus me voir. Cette réception a déplu à quelques ministres étrangers : j'apprends qu'ils ont adressé ici des réclamations à la Cour. J'ai promis d'aller dimanche visiter à la campagne le duc de Glocester, qui est très bien disposé pour nous. J'espère être bientôt à même de secourir ceux des nôtres qui se trouvent avec vous, pourvu que Vienne me seconde un peu. Les Anglais vont entrer en scène ; ils connaissent maintenant l'importance de la Corse. Le roi m'en a parlé beaucoup ; il s'est exprimé sur mon compte avec une bonté dont j'ai été confus. L'accueil qu'on m'a fait à la Cour m'a presque attiré la colère des hommes de l'opposition ; quelques-uns d'entre eux ont commencé à lancer des satires contre moi. Pour les exciter davantage, mes ennemis disaient d'un air mystérieux que j'avais vendu ma patrie ; qu'avec l'argent des Français j'avais acheté un domaine en Suisse ; que les Français respectaient nos biens ; que je machinais avec ces ministres parce qu'ils étaient eux aussi vendus à la France. Mais je crois que maintenant tout le monde est détrompé ; et chacun approuve la résolution que j'ai prise de n'entrer dans aucun parti, et de favoriser au contraire tout ce qui me semble propre à amener une entente générale, sans que personne ait à faire le sacrifice de ses intérêts particuliers.

Adressez-moi une liste exacte de tous ceux de nos amis qui se sont expatriés, et dites-moi quelle est la dépense nécessaire ; envoyez-moi aussi des nouvelles de la Corse. Il faut que les lettres me soient adressées sous le couvert d'un ami ; autrement, elles ne m'arriveront pas. Je suis en parfaite santé. Jusqu'à présent ce climat me semble bien doux.

La campagne est ici toujours verte. Il faut la voir pour se faire une idée des charmes du printemps ; le sol de l'Angleterre a les douces ondulations de la mer agitée par une faible brise. Bien que les hommes soient ici livrés aux passions des partis politiques, ils travaillent ensemble comme s'ils vivaient en parfaite harmonie : ils sont humains, raisonnables, généreux en tout, et heureux sous une constitution on ne peut meilleure. Cette ville est un monde : elle est certainement la plus belle qui existe. On dirait qu'à chaque instant son fleuve lui amène une flotte ; je crois que Rome n'a été ni plus grande, ni plus riche. Mais ce qui se compte par *pauls* chez nous, se paie ici par *guinées*, c'est-à-dire par louis. J'ai écrit pour une remise d'argent ; je n'ai pas voulu en entendre parler pour moi avant d'être fixé sur ce qu'on réserve aux autres ; je sais que ce gouvernement est dans de bonnes dispositions à notre égard. S'il ne peut rien faire pour le moment et qu'il soit forcé de temporiser, il sera prêt à la première guerre. Je vous salue tous ; vivez contents, et ne vous préoccupez pas de moi.

CATHERINE DE RUSSIE A PASCAL PAOLI (1)

Monsieur le Général de Paoli,

A Saint-Pétersbourg, 27 avril 1770. — J'ai reçu votre lettre de Londres du 15 février. Tout ce que le comte Alexis Orloff vous a fait savoir de mes bonnes intentions envers vous, Monsieur, est une suite des sentiments que m'ont inspirés votre grandeur d'âme, et la façon généreuse dont vous avez défendu votre patrie. Le détail de votre séjour à Pise m'est connu. Il contient, entre autres, l'estime de tous ceux qui

---

(1) Nous donnons le texte même de la lettre.

ont eu l'occasion de vous connaître. Telle est la récompense de la vertu, dans quelque situation qu'elle se trouve. Soyez assuré que je prendrai toujours une part sincère à la vôtre.

Le motif de votre voyage en Angleterre était une conséquence naturelle de vos principes envers votre Patrie. Il ne manque à la bonté de votre cause que des circonstances heureuses. Les intérêts naturels de notre empire étant aussi liés qu'ils le sont avec ceux de la Grande-Bretagne, l'amitié réciproque des deux Nations qui en résulte, l'accueil que mes flottes en ont reçu, celui que mes vaisseaux dans la Méditerranée et le commerce de la Russie auraient à attendre d'un peuple libre et ami des miens, sont des motifs qui ne sauraient que vous être favorables. Aussi pouvez-vous être assuré, Monsieur, que je ne négligerai point les occasions qui pourront se présenter de vous rendre tous les bons offices que les conjonctures pourront permettre.

Les Turcs m'ont déclaré la guerre la plus injuste qui fût peut-être jamais. Je ne puis dans ce moment que me défendre. La bénédiction du ciel qui a accompagné jusqu'ici la bonté de ma cause, et que je prie Dieu de me vouloir bien continuer, démontre assez que la justice n'est pas longtemps oppressée ; et que la patience, l'espérance et le courage viennent à bout, dans le monde, des choses les plus difficiles. Je reçois avec plaisir, Monsieur, les assurances d'attachement que vous voulez bien me donner, et je vous prie d'être sûr de l'estime avec laquelle je suis

CATHERINE.

Après vingt ans d'exil, passés à Londres, Paoli fut enfin rappelé. Les Corses lui envoyèrent une députation, et l'Assemblée Nationale française lui écrivit elle-même pour l'inviter à revenir.

Le 3 avril 1790, il arriva pour la première fois à Paris. Il y fut acclamé comme le Washington de l'Europe. Lafayette était toujours à ses côtés. Il se rendit à l'Assemblée Nationale où de chaleureux applaudissements et de magnifique discours saluèrent sa présence. Il parla lui-même en ces termes (1) :

« Messieurs, ce jour est le plus heureux, le plus beau de ma vie : je l'ai passée à rechercher la liberté, et j'en vois ici le plus noble spectacle. J'avais quitté ma patrie asservie, je l'ai retrouvée libre, je n'ai plus rien à souhaiter. Je ne sais, depuis une absence de vingt ans, quel changement l'oppression aura fait sur mes compatriotes. Il ne peut être que funeste, car le joug avilit toujours. Mais vous venez d'ôter aux Corses leurs fers : vous leur avez rendu leurs vertus premières. En retournant dans ma patrie, mes sentiments ne peuvent vous être douteux. Vous avez été généreux pour moi, et jamais je n'ai été esclave. Ma conduite passée, que vous avez honorée de votre suffrage, vous répond de ma conduite future. J'ose dire que ma vie entière a été un serment à la liberté ; c'est déjà l'avoir fait à la constitution que vous établissez. Mais il me reste à le faire à la nation qui m'a adopté, et au souverain que je reconnais ; c'est la faveur que je demande à l'auguste assemblée nationale. »

Au club des *Amis de la Constitution,* Robespierre dit à Paoli :

« Il y eut un temps où nous cherchions à opprimer la liberté dans son dernier asile... Mais non ! ce fut là le crime du despotisme ;... le peuple français l'a réparé. Quelle magnifique expiation pour la Corse conquise et pour l'huma-

---

(1) Nous reproduisons son discours d'après le *Moniteur* du 24 avril 1790.

nité outragée ! Généreux citoyens ! Vous avez défendu la liberté à une époque où nous n'osions pas même l'espérer. Vous avez souffert pour elle ; vous triomphez avec elle, et votre triomphe est le nôtre. Unissons-nous pour la conserver toujours, et que ses lâches ennemis pâlissent d'épouvante à la vue de cette sainte confédération ! »

Paoli ne prévoyait point alors dans quelle situation les événements le placeraient bientôt vis-à-vis de la France, qu'il aurait encore une fois à combattre les armes à la main. Il partit pour la Corse. Arrivé à Marseille, il trouva une autre députation de ses compatriotes, parmi lesquels étaient deux jeunes chefs du club d'Ajaccio, les frères Joseph et Napoléon Bonaparte. C'est au Cap-Corse qu'il toucha de nouveau le sol de la patrie ; il le baisa en pleurant. On le conduisit en triomphe de canton en canton, et partout le *Te Deum* fut chanté en son honneur.

Nommé président de l'assemblée départementale et général commandant la garde civique de la Corse, Paoli se consacra tout entier aux affaires de son administration. En 1791, on l'investit du commandement en chef de la division et de l'île.

L'intérêt particulier de la Corse s'était tu un instant devant la Révolution française. Mais il ne tarda pas à faire entendre sa voix, surtout dans le cœur de Paoli, dont la vertu maîtresse fut toujours le patriotisme. Il ne pouvait devenir Français, oublier que son peuple était naguère indépendant et régi par ses propres lois. Aussi eut-il bientôt des rapports assez tendus avec quelques chefs de parti, dont les uns, comme Gaffori, Rossi, Peretti et Buttafuoco étaient aristocrates et penchaient pour la monarchie française, d'autres, tels que les Bonaparte, Saliceti et Arena, étaient de fougueux démocrates et ne voyaient le bonheur du monde que dans le tourbillon révolutionnaire où la France se laissait alors entraîner.

Par l'exécution du roi et les sauvages folies des démagogues, Paoli se sentit atteint dans ses principes humanitaires. Il se détacha peu à peu de la Révolution ; la rupture devint publique lorsque la France lui attribua l'insuccès de la malheureuse expédition de Sardaigne.

Accusé, ainsi que le procureur syndic Pozzo-di-Borgo, d'avoir voulu séparer la Corse de la France, il fut mandé à la barre de la Convention. Il refusa d'obéir. Dans un manifeste plein de dignité, il repoussa l'accusation, et se plaignit en même temps de se voir traiter en criminel à la fin de sa carrière, qui n'était qu'un long sacrifice à la liberté.

Un Paoli devait-il, en effet, se soumettre à des braillards, à des comédiens? Fallait-il que le noble héros allât poser sous le couteau de l'infamie sa tête vénérable ? Telle aurait donc été la fin d'une existence si largement, si noblement remplie ?

Ce refus amena Paoli et les Paolistes à se séparer effectivement de la France. La Convention envoya des commissaires en Corse et, sur leur rapport, elle déclara le général coupable de haute trahison et hors la loi. L'île entière se divisa en deux camps ennemis, les Républicains et les Patriotes, et les deux partis en vinrent bientôt aux mains.

Paoli résolut de mettre son pays sous la protection de l'Angleterre ; rien, en effet, ne devait lui tenir plus à cœur. Il se concerta avec l'amiral Hood qui se trouvait devant Toulon ; et cet officier partit pour la Corse avec ses vaisseaux. Le 2 février 1794, il débarqua près de Saint-Florent. Après une violente canonnade, cette place se rendit aux Anglais. Bastia tomba aussi en leur pouvoir à la suite d'une capitulation signée par le général Antonio Gentili. Mais Calvi, qui dans les siècles passés avait bravement soutenu tant d'assauts, résista plus longtemps. Les bombes anglaises y causèrent d'effrayants ravages et firent de la petite ville un monceau de ruines. Le 20 juillet 1794 elle se rendit enfin, et le général Casabianca qui la commandait s'embarqua pour la France avec la garnison. Comme Bonifacio et Ajaccio étaient déjà entre les mains des Paolistes, les Républicains n'avaient plus dans l'île aucun point d'appui. Ils émigrèrent en masse, et Paoli et les Anglais restèrent les maîtres partout.

Une Consulte générale, ouverte à Corte le 10 juin 1794, avait prononcé la séparation de la Corse d'avec la France et demandé le protectorat de l'Angleterre. Mais cette puissance exigeait la souveraineté. Il s'ensuivit une rupture entre Paoli et Pozzo-di-Borgo, que Sir Gilbert Elliot avait gagné à ses vues. Le 19 juillet 1794, les Corses assemblés déclarèrent vouloir se réunir à la Grande-Bretagne, à condition de conserver leur indépendance sous un vice-roi qui gouvernerait d'après la constitution de leur pays.

Paoli comptait être nommé vice-roi. Il se trompa; ce fut Elliot que l'on choisit. On commit là une grande maladresse : Elliot ne connaissait point la Corse, et Paoli était blessé au cœur.

Le vieux patriote rentra dans la vie privée, et Elliot écrivit à Georges III qu'il était nécessaire de l'éloigner. C'est ce qui eut lieu. Le roi l'invita à se rendre à Londres pour y passer le reste de sa vie au milieu des honneurs de la Cour. Paoli était chez lui à Morosaglia quand il reçut cette invitation. Plein de tristesse, il prit la route de Saint-Florent, où il s'embarqua pour l'Angleterre. C'est au mois d'octobre de l'année 1795, que pour la troisième et dernière fois il dit adieu à sa patrie. Ce grand citoyen eut le sort de presque tous les législateurs de l'antiquité : payé d'ingratitude pour les services rendus à son pays, il termina à l'étranger une douloureuse existence. Les plus grands hommes de la Corse,

Paoli et Napoléon, ennemis l'un de l'autre, devaient ainsi tous les deux mourir sur la terre anglaise et y avoir un tombeau.

Les Anglais ne connaissaient point la Corse. Aussi, l'administrèrent-ils fort mal, en dépit du bon sens. Leur domination fut de courte durée. Après ses premiers triomphes en Italie, Napoléon envoya dans l'île les généraux Gentili et Casalta avec un corps de troupes et, à leur apparition, les Corses, irrités par l'exil de Paoli, se révoltèrent aussitôt contre les Anglais, qui évacuèrent avec une précipitation inexplicable un pays dont les séparait un immense abîme de contradictions nationales. En novembre 1796, il n'y avait déjà plus un seul Anglais en Corse. L'île retourna ainsi à la France.

Paoli put encore assister à l'empire de Napoléon, et voir un de ses compatriotes à la tête de l'Europe. C'est une satisfaction que le sort voulut du moins lui accorder. Après avoir passé douze autres années à Londres dans l'exil, il mourut le 5 février 1807, à l'âge de 82 ans : il s'endormit doucement du dernier sommeil, en songeant à son peuple qu'il avait tant aimé.

Paoli est le plus ancien législateur et comme le patriarche de la liberté de l'Europe. Dans sa dernière lettre à son ami Padovani, le noble vieillard, jetant un coup d'œil sur sa longue carrière, dit avec humilité : « J'ai déjà assez vécu ; et si l'on m'offrait de me faire recommencer l'existence, je refuserais ce don, à moins qu'il ne fût accompagné du sentiment et de la connaissance de ma vie passée ; ce qui me permettrait d'en corriger les erreurs et les folies ».

Voici la lettre par laquelle un exilé corse fit connaître à son pays la mort du général :

GIACOMORSI A M. PADOVANI

Londres, 2 juin 1807. — Il n'est que trop vrai ! Les feuilles publiques ne vous ont pas cette fois trompés en vous annonçant la mort du pauvre général. Il et tombé malade lundi, 2 février, vers huit heures est demie du soir, et le jeudi soir à onze heures et demie il a expiré dans mes bras. Il laisse de quoi entretenir quatre professeurs à l'école ou université de Corte, avec un traitement annuel de cinquante livres sterling chacun, et un autre maître à l'école de Rostino, qui doit être établie à Morosaglia.

Le 13 février il a été inhumé à Saint-Pancrace, cimetière habituel des catholiques. Ses funérailles ont coûté environ cinquante livres. Vers le milieu du mois d'avril dernier, je me suis rendu à Westminster-Abbey avec le docteur Barnabi, afin de choisir une place pour un monument avec buste que nous voulons élever au général.

Paoli a dit en mourant : « Mes neveux n'ont pas grand' chose à espérer de moi ; mais, pour les consoler, je leur laisse en souvenir ce verset de la Bible : Jamais je n'ai vu un homme juste délaissé, ni ses enfants demander du pain. »

CHAPITRE IX

AU LIEU NATAL DES PAOLI

Il était déjà tard quand j'arrivai à Rostino ou Morosaglia. Ce nom désigne plusieurs hameaux disséminés sur l'âpre montagne. Dans ce labyrinthe de petits villages, rapprochés les uns des autres, et de rudes sentiers, perdus au milieu de châtaigniers gigantesques, où il me fallait sans cesse monter et descendre, j'eus beaucoup de peine à démêler le chemin du couvent de Morosaglia. En face du couvent se trouve une auberge, chose rare dans les villages du pays. J'y trouvai un jeune homme fort éveillé, qui me dit être le directeur de l'école Paoli ; il me promit son assistance pour le jour suivant.

Le lendemain matin, je me rendis à la Stretta, lieu natal des trois Paoli. Il faut voir la *casa Paoli* pour bien compren- l'histoire des Corses. Ces hommes extraordinaires nous inspirent alors encore plus d'admiration. C'est une noire et pauvre habitation de paysans, posée sur un bloc de granit. Une fraîche source de montagne coule devant la porte. La maison est bâtie en pierres mal jointes, ébréchée ainsi qu'une vieille tour, trouée partout, avec un petit nombre de fenêtres sans symétrie et sans vitres, munies de simples volets en bois comme au temps de Paoli. Lorsque Pascal Paoli, nommé général des Corses, était attendu de Naples, son frère Clément fit mettre des carreaux aux fenêtres pour lui rendre plus confortable le foyer paternel. Mais à peine le jeune homme fut-il entré dans sa chambre et eut-il remarqué ce changement, qu'il brisa toutes les vitres avec sa canne, disant qu'il ne venait pas en grand seigneur dans la maison de son père, mais en simple enfant du pays. Comme alors, les fenêtres sont encore aujourd'hui sans carreaux. On y jouit du sublime panorama des montagnes du Niolo, et la vue s'étend jusqu'au Monte Rotondo qui se perd dans les nues.

Une jeune et modeste paysanne de la famille Tommasi, parente de Paoli, m'introduisit dans la maison. Tout y porte un cachet rustique : un escalier en planches, fort roide, conduit à un logement de mesquine apparence ; on y voit encore la table et les chaises en bois ordinaire qui ont appartenu à Paoli : j'étais heureux dans la petite chambre de *Pasquale*, plus heureux que dans celle où naquit Napoléon.

Je m'y représentai cette grave et noble figure humaine, à côté des mâles physionomies de son père et de son frère. C'est ici qu'au mois d'avril 1724, le grand Pasquale a vu le jour. Sa mère Dionisia Valentini, une vaillante femme, était née près de ce Pontenovo qui devait être si funeste à son fils. Son père Hyacinthe, nous le connaissons déjà. Il était médecin lorsqu'avec Ceccaldi et Giafferri il fut nommé général des Corses. Par les grandes vertus qu'il possédait lui-même, il était bien digne de donner de tels enfants à sa patrie. Orateur distingué, il était aussi connu comme poète. Au milieu du bruit des armes, ces génies vigoureux avaient encore le loisir et la force de dégager leur âme de l'étreinte de la réalité, de dominer les événements avec leur poésie aux éclats métalliques, qui rappelle les vers de Tyrtée. Voici un sonnet, armé de toutes pièces, que Hyacinthe Paoli adressa en 1735 au brave Giafferri, sur la bataille de Borgo :

A DON-LUIGI GIAFFERRI

A coronar l'eroe di Cirno invitto
Marte discenda, e se gl'inchini il Fato;
E i sospiri del Ligure sconfitto
Diano alla tromba della Fama il fiato.

Fatto appena di Golo il bel tragitto,
Del nemico espugnò forte steccato;
Sprezzò i perigli, e al disugual conflitto
Virtù prevalse ov'ei comparve armato.

Cirno lo scelse, e il suo destin gli arrise;
E il gran litigio a cui l'Europa è attenta
Al suo valore, al brando suo commise.

Il brando ch'anche il fier destin paventa
All'ingrata Liguria il crin recise;
E'l scettro a Cirno la sua man presenta (1).

---

(1) Pour couronner l'indomptable héros de Cyrnos, — que Mars descende du Ciel; que le Destin s'incline devant lui; — et que les soupirs arrachés à Gênes par sa défaite — fassent résonner la trompette de la Renommée.

Il franchit hardiment le Golo, — et conquit aussitôt les forts retranchements de l'ennemi; — malgré les dangers, il affronta une lutte inégale, — et la Vertu triompha partout où il parut en armes.

Cyrnos l'a choisi pour champion, et le Destin lui a souri; — le grand combat auquel l'Europe assiste attentive, — c'est à son glaive, c'est à sa valeur qu'il a été confié.

Son épée, que redoute le Destin lui-même, — a abattu la force de l'ingrate Ligurie; — et sa main victorieuse remet enfin le sceptre à Cyrnos.

Tous ces hommes sont coulés dans le bronze grec. C'était des héros de Plutarque, semblables à Aristide, à Epaminondas et à Timoléon. Ils pouvaient bien s'imposer des sacrifices, se sacrifier eux-mêmes pour la patrie, ces citoyens vaillants et modestes ! Ils avaient grandi dans l'action et non dans les théories ; la haute noblesse de leurs principes avait pour fondement l'expérience et les faits. Si l'on veut les caractériser d'un mot, ce mot s'appellera *vertu*, dont la fleur la plus pure est la *liberté*.

Je remarque un portrait de Paoli. Je ne pouvais me le représenter autrement. La tête est puissante et lumineuse, le front haut, la chevelure longue et flottante. Les sourcils épais retombent un peu sur les yeux, et semblent prêts à se froncer de colère ; mais de grands yeux bleus et limpides, brillant de la lumière même de la raison, éclairent une figure imberbe, pleine de douceur, de noblesse et d'humanité.

L'un de mes plaisirs les plus vifs, c'est de considérer les portraits et les bustes des grands hommes. Il y a quatre périodes qui m'attirent spécialement : la grecque, la romaine, la grande époque du quinzième et du seizième siècles, et celle du dix-huitième. On ne finirait pas si on voulait mettre en ligne les bustes de tous les grands hommes marquants du dix-huitième siècle ; un pareil musée aurait certainement son prix. Lorsque j'en examine seulement un petit groupe, il me semble qu'ils ont tous un certain air de famille, résultant d'une conformité de principes : Pascal Paoli, Washington, Franklin, Vico, Genovesi, Filangeri, Herder, Pestalozzi, Lessing.

La tête de Paoli a une ressemblance frappante avec celle d'Alfieri. Bien que ce dernier fût, comme Byron, un aristocrate orgueilleux et égoïste, et qu'on doive le placer fort au-dessous de son contemporain Paoli, du grand citoyen dont l'âme sereine débordait d'amour pour l'humanité, il possédait cependant une admirable énergie, et son cœur brûlait de haine contre les tyrans. Aussi, mieux que le Grand Frédéric, était-il à même de comprendre le caractère de Paoli.

Frédéric envoya un jour à Paoli, dans cette même maison où je me trouve, une épée d'honneur portant ces mots : « *Libertas, Patria* ». Qui sait ? Au fond de son royaume de Prusse, il voyait peut-être en lui un grand homme de guerre. *Pasquale* n'était point soldat ; son épée, ce fut toujours son frère Clément. Quant à lui, c'était la tête pensante, le citoyen au cœur noble et fort.

Après avoir composé sa tragédie de Timoléon, Alfieri l'adressa à Paoli, avec la lettre suivante :

« Au noble citoyen Pascal Paoli, magnanime défenseur des Corses.

» Écrire des tragédies sur la liberté dans la langue d'un peuple qui n'est point libre, peut passer avec raison pour une vraie folie aux yeux de celui dont le regard ne s'étend pas au-delà des choses présentes. Mais quiconque par les continuelles vicissitudes du passé a appris à juger de l'avenir, raisonnera peut-être autrement. Aussi, est-ce à vous que je veux dédier cette tragédie, à vous qui, possédant, chose bien rare, une saine connaissance d'autres temps, d'autres peuples et d'autres idées, auriez dû naître et agir dans un siècle moins amolli que le nôtre. Mais, comme il n'a certes pas dépendu de vous que votre patrie ne fût libre et que, contrairement aux habitudes du vulgaire, je juge les hommes par leurs œuvres et non par le succès, je vous crois digne d'entendre les paroles de Timoléon, parce que vous pouvez pleinement les comprendre et les sentir. »

Sur l'exemplaire destiné à Paoli, Alfieri écrivit ces mots :

C'est en vain, ô Paoli, que, toi par le glaive et moi par la plume, nous avons tenté de réveiller l'Italie. Vois si ma main a pu noter ici les sentiments de ton cœur. V. Alfieri.

Paris, le 11 avril 1790.

Alfieri montra un sens délicat en dédiant à Paoli sa tragédie de Timoléon, de ce républicain vertueux qui mourut comme un simple citoyen, après avoir donné de sages institutions démocratiques au peuple de Sicile qu'il avait heureusement affranchi. Ainsi que la plupart des grands hommes du dix-huitième siècle, Paoli aimait à lire Plutarque. Epaminondas était son héros favori. C'étaient deux natures sœurs : fuyant tous deux le faste, ils se renfermaient modestement dans leur amour pour la patrie.

Paoli avait le goût des livres, et sa bibliothèque était fort soignée. Il avait une mémoire très heureuse : un vieillard me raconta que, dans son enfance, il passait un jour sur la route avec un de ses camarades d'école en récitant un passage de Virgile ; Paoli, qui se trouvait par hasard derrière eux, lui tapa sur l'épaule et continua le morceau.

Un grand nombre de particularités de la vie de Paoli se trouvent encore dans la bouche du peuple. Il existe toujours des vieillards qui l'ont vu se promener sous ces châtaigniers avec son habit vert bordé d'or, couleurs nationales de la Corse, et son gilet de drap brun. Dès qu'il se montrait, il était aussitôt entouré de paysans, qu'il traitait comme ses égaux. Il était accessible à tout le monde, et il se rappelait vivement combien il avait dû regretter un jour de s'être tenu pendant une heure enfermé chez lui. C'était à l'époque de la dernière lutte pour la liberté. Se trouvant à Sollacarò, accablé de besogne, il avait donné ordre à la garde de ne laisser entrer personne. Quelque temps après. on vit paraître à la porte du général une femme en robe de deuil, suivie d'un jeune homme armé : elle était enveloppée dans la *faldetta*, et portait au cou les armes de la Corse, une tête de More en argent, suspendues par un ruban noir. Elle demanda à être introduite ; la garde la repoussa. Au bruit qu'on faisait, Paoli ouvrit la porte et demanda brusquement à la femme ce qu'elle voulait. Elle lui répondit avec une gravité pleine de tristesse : « Monsieur, veuillez m'écouter. J'étais mère de deux enfants ; l'un est tombé à la tour de Girolata, l'autre est ici devant vous. Je l'offre à la patrie : il prendra la place de son frère. » Puis se tournant vers le jeune homme : « Mon fils, lui dit-elle, n'oublie pas qu'avant d'être à ta mère, tu appartiens à la patrie. » Et elle s'éloigna. Paoli resta un instant comme foudroyé, puis courant après la femme qui venait de disparaître, il l'embrassa avec émotion ainsi que son fils, et la présenta aux officiers qui l'entouraient. Paoli répétait souvent que jamais il n'avait été aussi troublé que devant cette femme magnanime.

Paoli resta toujours célibataire ; son peuple, c'était là sa famille. Il eut une seule nièce, fille de son frère Clément, qu'il maria avec le corse Barbaggi. Cependant, lui qui possédait toutes les vertus de l'amitié, il ne devait pas fermer son cœur à l'amour. Il nourrit une tendre affection pour une noble femme, pleine d'esprit, brûlant de patriotisme, à laquelle les hommes les plus considérables de l'île venaient confier leurs plans et leur patriotiques pensées. Cette Roland corse n'avait point de salon : c'était une nonne, issue de la noble famille des Rivarola. Un seul trait nous montrera quelle part active elle prenait à ces luttes pour la liberté : après la conquête hardie de Capraia par Achille Murati, elle ressentit une telle joie qu'elle passa elle-même dans cette île, comme pour en prendre possession au nom de Paoli. Le général lui a adressé un grand nombre de lettres, purement politiques.

Pour se faire une idée de la grande activité de Paoli, il faut lire sa correspondance. Les plus importantes de ses lettres ont été réunies en un fort volume par le savant italien, N. Tommaseo. Elles révèlent un esprit ferme et lucide. *Pasquale* n'écrivait pas volontiers lui-même : il dictait, comme Napoléon. Il n'aimait pas à s'asseoir : son esprit ne lui laissait point de trêve. On disait de lui qu'il ignorait la date du jour où l'on était, mais qu'il lisait dans l'avenir et avait souvent des visions prophétiques.

La mémoire de Paoli est sacrée chez son peuple. En entendant parler de Napoléon, le cœur des Corses s'enfle d'orgueil ; mais au nom de Paoli, leur œil s'illumine, comme celui d'un fils au souvenir d'un noble père qu'il a perdu. Il est impossible qu'un homme, après sa mort, puisse inspirer à tout un peuple plus d'amour et de vénération que Pascal Paoli ; et si la gloire posthume est comme une seconde existence, cet homme, le plus grand de la Corse et de l'Italie au dix-huitième siècle, est mille fois vivant, que dis-je ? il vit dans le cœur de tous les Corses, depuis le vieillard qui l'a connu jusqu'à l'enfant dans l'âme duquel on a gravé l'exemple de ses vertus. Il n'y a pas de nom plus noble que celui de *Père de la Patrie*. La flatterie l'a souvent prodigué et rendu ridicule ; en Corse, j'ai reconnu qu'il peut être encore une vérité.

Paoli forme un beau contraste avec Napoléon : c'est la philanthropie opposée à l'égoïsme. Aucun mort ne se dresse derrière lui pour le maudire. Sur un signe de Napoléon, des millions d'hommes furent sacrifiés pour la gloire et la conquête. Le sang que Paoli fit répandre coula toujours pour la liberté, et la Patrie le donnait comme le pélican, en s'ouvrant la poitrine, donne le sien pour abreuver sa languissante progéniture.

Le souvenir de *Pasquale* n'a point l'illustration des batailles ; mais l'école populaire, fondée ici même à Morosaglia, suffirait à l'honorer ; cette gloire me semble plus belle pour l'homme que la gloire de Marengo et des Pyramides.

J'ai visité cette école léguée par le grand patriote. Elle est établie dans l'ancien couvent, et comprend deux classes, l'inférieure avec cent cinquante élèves et la supérieure avec quarante environ. Mais deux maîtres ne suffisent pas pour un si grand nombre d'enfants. Le maître de la classe inférieure fut assez aimable pour faire passer en ma présence un petit examen. L'indépendance d'esprit des Corses me frappa même chez ces petits garçons. Ils étaient là plus de cent réunis, de six à quatorze ans, divisés par groupes, de petits moricauds en guenilles, non lavés, tous avec leur bonnet sur la tête. Quelques-uns portaient la croix d'honneur pendue au ruban rouge, et ces décorations produisaient un effet assez comique sur la poitrine de ces diablotins noirs qui, la tête appuyée sur les deux mains, regardaient crânement devant eux, tout fiers peut-être d'appartenir à l'école Paoli. Tous les samedis on distribue des croix aux élèves, qui les portent pendant la semaine suivante. C'est une sotte coutume française qui peut avoir ici des conséquences funestes : elle favorise les passions malsaines en faisant naître de bonne heure une fausse ambition chez les Corses, qui ne sont que trop possédés d'ailleurs de la manie de se distinguer. Ces jeunes Spartiates lisaient Télémaque. Je priai le maître de faire traduire du français en italien : je voulais voir quelle connaissance ces enfants avaient de leur langue maternelle. Il s'excusa en disant que le gouvernement avait défendu d'enseigner l'italien dans les écoles. On y apprenait l'écriture, la lecture, le calcul, les éléments de la géographie et l'histoire sainte.

La classe inférieure est installée dans la salle du Chapitre de l'ancien couvent, où Clément Paoli a passé sa morne existence. Cette salle spacieuse, avec sa grande fenêtre donnant sur les puissantes montagnes du Niolo et les champs illustrés par tant de batailles nationales, dans laquelle de jeunes Corses se réunissent pour écouter les leçons de leurs maîtres, pourrait bien faire envie à mainte université allemande. Il n'y a point, je crois, pour les Corses de moyen d'éducation plus efficace que le spectacle de cette sublime nature et le souvenir de leur glorieux passé ; et l'œil de l'enfant est déjà ennobli lorsqu'il s'attache au portrait qui orne les murs de cette salle, car ce portrait, c'est celui de Paoli.

CHAPITRE X

CLÉMENT PAOLI

> Béni soit le Seigneur mon Dieu, qui apprend à mes mains à combattre, et à mes doigts à faire la guerre.
>
> (*Psaume 143*).

Le couvent de Morosaglia est peut-être le monument le plus vénérable de l'histoire de la Corse. Il s'élève noir et morne avec un sombre *campanile* à son côté : on dirait une légende de pierre. A toutes les époques, cet ancien couvent de Franciscains a été un siége de parlements. *Pasquale* y avait sa chambre et ses bureaux, et l'été on le voyait souvent au milieu des moines, qui, au besoin, prenant en main le crucifix, marchaient à la tête des combattants. Son frère Clément aimait aussi à y venir, et c'est dans l'une de ces cellules qu'il mourut en 1793.

Clément Paoli est un caractère fort remarquable. Fils aîné d'Hyacinthe, il se distingua comme soldat au service de Naples, puis devint général des Corses. Mais la politique ne convenait guère à son esprit fanatique. Lorsque son frère fut proclamé chef du pays, Clément rentra dans la vie privée : il endossa l'habit des Frères du Tiers-Ordre, et se plongea tout entier dans ses pieuses méditations. Pareil à Josué, il tombait en extase devant le Seigneur, puis il se relevait pour se précipiter au milieu des batailles, car le Seigneur lui commandait la victoire. Il était le plus fier devant l'ennemi, le plus humble devant Dieu. Ainsi qu'Ali, il avait dans sa nature sombre quelque chose de prophétique.

Là où le danger était le plus grand, il apparaissait comme un ange vengeur : au couvent de Bozio, il vint délivrer son frère, assiégé par Marius Matra ; ce fut lui qui, après une terrible bataille, chassa les Génois d'Orezza. Il força San-Pellegrino et Saint-Florent, et triompha dans d'innombrables combats. Lorsque les Génois assaillirent Furiani avec toutes leurs forces, Clément resta pendant cinquante-six jours impassible au milieu des ruines. Mille bombes étaient tombées dans le village et en avaient fait un amas de décombres ; et Clément invoquait le Dieu des armées sans se laisser un instant ébranler dans son courage : la victoire fut le prix de sa constance.

La pensée de *Pasquale* guida les Corses à la liberté ; l'épée de Clément sut la leur conquérir. Même après que les Français eurent pris l'offensive en 1768, Clément accomplit les plus brillants faits d'armes. Il gagna la glorieuse bataille de Borgo, et lutta à Pontenovo en désespéré ; et lorsque tout fut perdu sans ressource, il courut sauver son frère. Il se jeta dans les montagnes du Niolo avec une poignée de braves pour arrêter le général Narbonne et assurer la retraite de *Pasquale* ; dès qu'il y fut parvenu, il alla le rejoindre à Bastelica, et s'embarqua tristement avec lui pour la Toscane.

Il ne le suivit pas en Angleterre. Il resta en Toscane, car la parole de l'étranger aurait troublé son cœur. Là, au fond du beau couvent de Vallombrosa, il se plongea de nouveau dans ses adorations extatiques et dans ses rigides pénitences ; et en voyant ce moine humblement prosterné en prières, on n'aurait jamais pu soupçonner en lui le redoutable héros de la liberté.

Après avoir passé vingt ans dans les cloîtres de Toscane, Clément revint en Corse, peu de temps avant son frère. Il sentit encore une fois son cœur s'enflammer de patriotiques espérances ; mais les événements apprirent bientôt au vieux héros que tout était perdu sans retour. Comme un pêcheur triste et pénitent, il mourut l'année même où la Convention mandait *Pasquale* à sa barre pour crime de haute trahison.

Aux yeux de Clément, le patriotisme était une religion. Une grande et sainte passion, à son paroxisme, a en elle-même quelque chose de religieux ; quand elle s'empare de tout un peuple, surtout dans les moments critiques, elle devient comme un culte divin. Durant ces jours de détresse, on entendait dans toutes les chaires le prêtre prêcher la guerre ; les moines prenaient les armes et les crucifix tenaient lieu d'étendards. Les assemblées se réunissaient surtout dans les couvents pour se placer en quelque sorte immédiatement sous la protection divine ; et les Corses mirent en effet, un jour, par décision populaire, leur pays sous l'égide de la bienheureuse Vierge Marie.

Pasquale aussi était religieux. J'ai vu dans sa maison la chapelle qu'il y avait établie au fond d'une pièce obscure. Tous les jours il allait y prier Dieu. Mais Clément passait chaque jour six ou sept heures en adoration. Il priait même au milieu des batailles, et il était terrible à voir lorsque le chapelet dans une main et le mousquet dans l'autre, habillé comme un simple paysan corse, mais reconnaissable à ses grands yeux ardents et à ses épais sourcils, il s'agenouillait plein de ferveur. On dit qu'il chargeait son arme avec une promptitude furibonde et que, toujours sûr de son coup, il bénissait l'âme de la victime désignée en s'écriant : « Pauvre mère ! » Puis il sacrifiait l'ennemi au Dieu de la liberté. Après la bataille, il était doux et humain, mais toujours grave et profondément mélancolique. Il avait l'habitude de dire : « Mon sang et ma vie sont à la patrie ; mon âme et mes pensées sont à Dieu. »

Les modèles de *Pasquale*, il faut les chercher parmi les Grecs, les modèles de Clément parmi les Machabées. Ce n'était point un héros de Plutarque, mais un héros de l'Ancien Testament.

CHAPITRE XI

LE VIEIL ERMITE

> Multa linquitis, mortales, non quia contemnitis,
> sed quia desperatis posse consequi ; excitant enim
> se alternis stimulis spes et desiderium.
>
> PÉTRARQUE (*De contemptu mundi*).

On m'avait dit à la Stretta qu'un de mes compatriotes vivait dans le village : c'était un vieux Prussien en béquilles et fort original. On lui avait aussi parlé de mon arrivée.

Lors donc que je revenais de la chambre où mourut Clément Paoli, tout absorbé par le souvenir de ce pieux héros, mon compatriote en béquilles s'avança vers moi clopin-clopant, et me donna une patriotique poignée de main. Je fis apporter à déjeuner. Nous nous mîmes à table, et pendant des heures j'écoutai les singulières histoires que me raconta le vieil Augustin de Nordhausen.

« Mon père, dit-il, était pasteur protestant. Il voulait m'élever dans la religion luthérienne ; mais dès mon enfance, j'eus de l'aversion pour le protestantisme, et reconnus que la doctrine luthérienne est une profanation de l'unique et véritable église, comme elle l'est réellement en esprit et en vérité. J'eus l'idée de devenir missionnaire : je suivis donc à Nordhausen les cours de latin, et fis ma Logique et ma Rhétorique. Après quoi, je partis pour la belle Italie. Je me rendis à Casamari chez les Trappistes, et pendant onze ans je ne dis mot.

— Mais, mon ami Augustin, comment avez-vous donc pu résister si longtemps ?

— Ah ! bien oui ! Celui qui n'a pas un grand fonds de bonne humeur ne saurait y tenir. Chez les Trappistes, les hommes mélancoliques deviennent fous. Mais je connaissais le métier d'ébéniste, et je travaillais tout le jour en chantant dans mon cœur.

— Que vous donnait-on à manger ?

— Deux grandes assiettées de soupe aux herbes, du pain à discrétion et une demi-bouteille de vin. Je mangeais peu ; mais jamais dans ma bouteille il ne resta une goutte. Bénis soient Dieu et le bon vin ! Mon frère de droite avait toujours faim : il mangeait toujours deux assiettées de soupe et cinq pains après cela.

— Avez-vous vu le pape Pie IX ?

— Oui, je lui ai même parlé comme à un ami. Il était évêque de Rieti. J'y allai le Vendredi Saint chercher de l'huile sainte pour mon couvent. Déjà alors j'étais très malade ; quand je fus devant l'évêque, il baisa mon froc avec humilité et me dit en me congédiant : « Frère Augustin, vous êtes malade. Prenez quelque chose pour vous restaurer ! — Monseigneur, lui répondis-je, je n'ai pas encore vu un Frère manger le Vendredi Saint. — C'est égal ; vous avez la dispense, car vous n'êtes pas bien portant. » Et il fit prendre pour moi au meilleur hôtel un demi-poulet, un bouillon, de la confiture et du vin.

— Comment ! le Saint Père a aussi mangé ce jour-là ?

— Il n'a goûté que trois noix et trois figues. Cependant mon mal s'aggrava, et je me rendis en Toscane. Un beau jour j'eus en dégoût, en horreur les œuvres des hommes, et je résolus de me faire ermite. Je pris donc mes outils, et après m'être pourvu du nécessaire, je m'embarquai pour la petite île de Montecristo. Elle a neuf milles de tour et n'est habitée que par des chèvres sauvages, des serpents et des rats. C'est là que Saint Maximilien, ancien évêque de Palerme, fut autrefois confiné par l'empereur Dioclétien. Il y a fait élever une église au haut d'un rocher ; plus tard on y a bâti un couvent, où résidaient cinquante moines, des Bénédictins d'abord, puis des Cisterciens, et enfin des Chartreux de Saint-Bruno. Les Religieux de Montecristo ont fondé un grand nombre de cloîtres en Toscane et fait beaucoup de bien : on leur doit l'hospice de Santa Maria Novella de Florence. Mais, voyez-vous, les Sarrasins enlevèrent les moines avec leurs bœufs et leurs gens de service ; ils ne purent attraper les chèvres qui s'enfuirent dans la montagne et devinrent sauvages.

— Avez-vous habité le vieux couvent ?

— Non, il est en ruines. Je vivais dans une grotte. Je l'ai arrangée avec mes outils, et j'ai même construit un mur pour en défendre l'entrée.

— Comment passiez-vous donc vos longues journées ? Vous étiez sans doute constamment en prières ?

— Oh, que non ! Je ne suis pas Pharisien. On ne saurait prier beaucoup ; d'ailleurs, la volonté de Dieu se fait toujours. J'avais une flûte ; j'allais tirer aux chèvres sauvages, ou bien encore je regardais les vagues qui s'avançaient contre les rochers. J'avais aussi des livres de lecture.

— Lesquels ?

— Les œuvres complètes du Père Paul Segneri.

— Quelle est la végétation de l'île ?

Il n'y a que des bruyères et des orchis. On y trouve bien quelques petites vallées verdoyantes ; mais le sol est généralement pierreux. Un Sarde, arrivé dans l'île, me donna différentes graines : j'ai semé des légumes et planté même des arbres.

— Est-ce que l'île a des pierres rares ?

— Oui, du beau granit, et de la tourmaline noire qui se trouve dans une roche blanche. J'y ai vu aussi trois espèces de grenat noir. Enfin je tombai gravement malade. Par bonheur, des Toscans vinrent à Montecristo, et me ramenèrent sur le continent. Et depuis onze ans je suis ici, dans ce pays de fripons, car il n'y a ici que des fripons. Ce sont les médecins qui m'y ont fait venir. Mais, à la fin de l'année, j'espère bien retourner en Italie. C'est le pays du monde où l'on vit le mieux ; et les gens y sont si aimables ! Vous le voyez, je vieillis, je marche déjà sur des béquilles..... Je me dis un jour : « Tu es vieux, tu ne pourras bientôt plus exercer ton métier d'ébéniste ; iras-tu mendier alors ?.... » Je suis parti pour la montagne, et j'ai découvert le *Negroponte*.

— Qu'est-ce donc que le *Negroponte ?*

— C'est la terre avec laquelle on fait les pipes à *Negroponte* : chez nous on l'appelle écume de mer. C'est la fine fleur d'une certaine pierre. Le *Negroponte* est ici aussi beau qu'en Turquie ; si je parviens à l'extraire, je serai le seul chrétien qui l'ait fait. »

Le vieil Augustin voulut à toute force me mener à son laboratoire. Il l'a installé dans le cloître même, au-dessous de l'ancienne habitation du pauvre Clément. Là il me montra tout joyeux son *Negroponte*, et les têtes de pipe qu'il avait déjà fabriquées et exposées au soleil pour les faire sécher.

Il n'y a point d'homme, je pense, qui ne désire, une fois dans sa vie, se retirer au fond des vertes forêts et devenir ermite ; et il arrive aussi toujours une heure où l'on envie le silence du Trappiste.

J'ai esquissé le portrait de Frère Augustin, parce qu'il m'a intéressé, comme un vrai type de la nature allemande.

CHAPITRE XII

BATAILLE DE PONTENOVO

> Gallia vicisti, profuso turpiter auro,
> Armis pauca, dolo plurima, jure nihil.
> (*Les Corses*).

Avant l'*Angelus*, je partis de Morosaglia et, descendant par les montagnes, je me dirigeai vers le champ de bataille de Pontenovo. C'est là que se trouve le relais de Ponte-alla-Leccia, où arrive la poste de Corte. Je voulais prendre cette voiture pour retourner à Bastia.

La soirée était belle et claire, et la solitude des montagnes favorable à la méditation. Le crépuscule ne dure pas longtemps ici : l'*Angelus* vient à peine de sonner, et déjà la nuit arrive.

Que de fois, en entendant la cloche du soir, je me souviens des verxu beas par lesquels Dante a exprimé les sentiments du voyageur au déclin du jour !

(1)   Era già l'ora che volge il desio
   Ai naviganti e intenerisce il core,
   Lo di c' han detto a' dolci amici addio ;

---

(1)   C'était l'heure où revient l'ardente rêverie
   Et du navigateur gagne l'âme attendrie,
   Le jour des chers adieux quand il a dû partir ;

(1)   E che lo nuovo peregrin d'amore
Punge, se ode squilla di lontano
Che paia il giorno pianger che si muore.

Un seul cyprès est là-haut sur la montagne, doré par le soleil couchant. On dirait un cierge allumé sur l'autel. Il convient bien aux dernières heures du jour, cet arbre noir et mélancolique, semblable à un obélisque monumental !

J'aime les belles allées de cyprès qui en Italie conduisent aux couvents et aux cimetières. Chez nous on plante des saules et, comme les cyprès, ces arbres ont, en effet, quelque chose de funèbre. Mais leur signification est bien différente : le saule penche vers la fosse ses rameaux éplorés, le cyprès s'élève librement dans les airs, comme si de la tombe il voulait porter nos regards vers le ciel. L'un exprime la désolation pour la perte d'un ami, l'autre l'espérance du croyant.

La symbolique des arbres est une marque profonde de l'unité de l'homme et de la nature : le cœur humain embrasse la nature entière et la fait servir à mettre en relief et à expliquer ses propres sentiments. Le pin, le laurier, le chêne, l'olivier, le palmier deviennent ainsi pour nous des symboles et comme une langue poétique.

En Corse, les cyprès sont petits et fort rares ; et cependant, quel arbre irait mieux à cette île de la mort ? Par contre, on y voit presque partout l'arbre de la paix ; il est vrai de dire que Minerve, à qui est consacré l'olivier, se trouve être aussi la déesse de la guerre.

De Morosaglia je fis quinze milles au milieu des sauvages

---

(1)   L'heure où se sent poigné d'une amoureuse peine
Le nouveau pèlerin, si la cloche lointaine
Tinte, comme en pleurant le jour qui va mourir.
(DANTE, *Purg*. ch. VIII, Trad. de L. Ratisbonne)

et silencieuses montagnes, ayant toujours devant moi les pics gigantesques du Niolo, le Cinto, couvert d'un blanc manteau de neige, l'Artiga et le Monte Rotondo, dont la cime, la plus élevée de l'île, mesure neuf mille pieds de hauteur. Aux dernières lueurs du crépuscule, le Rotondo prit une teinte violette pendant que ses hauts glaciers brillaient d'un éclat de pourpre. J'en avais déjà fait l'ascension : aussi, je reconnus distinctement le sommet extrême où j'avais grimpé naguère en compagnie d'un chevrier. Cette vue me causa un vif plaisir. Quand la lune brilla au-dessus de la montagne, le spectacle devint merveilleux.

On voyage si bien la nuit au clair de la lune, dans le profond silence des montagnes ! On n'entend d'autre bruit que le murmure de quelque source vive ou le battement d'ailes d'un oiseau de nuit qu'on ne voit pas. Au milieu des ténèbres, les roches scintillent et les pierres ont parfois l'éclat de l'argent. Pas un village, pas une âme vivante.

Cette morne solitude me causa à la fin de la tristesse et de l'ennui. Je me dirigeai au hasard vers le fond de la vallée où je distinguai les brumes du Golo. Mais il me sembla bientôt que j'avais pris une fausse direction, et je me disposais déjà à traverser un ravin pour changer de route, lorsque dans le silence de la nuit j'entendis tinter des cloches : les sons se rapprochaient de plus en plus, répercutés par les montagnes. Je me mis derrière un roc afin de me soustraire aux rayons de la lune : pour la première fois, dans ce morne désert, j'éprouvai comme un sentiment d'effroi. Je vis bientôt des muletiers avec leurs bêtes descendre le sentier éclairé par la lune. Comme je leur demandai mon chemin, ils me dirent que celui que je suivais était le meilleur et le plus court.

A minuit j'arrivai enfin au Golo. La rivière traverse une vallée spacieuse, que l'on fuit en été par crainte des fièvres paludéennes. C'est le champ de bataille de **Pontenovo**. A

Morosaglia on m'avait conseillé d'éviter, la nuit, les brouillards du Golo et de ne pas m'arrêter trop longtemps à Ponte-alla-Leccia. « Si vous rôdez dans ces parages, me dit-on, vous vous exposez à entendre les esprits tambouriner dans les ténèbres ou vous appeler par votre nom ; tout au moins vous aurez la fièvre et des visions. » J'ai eu en effet quelque chose d'approchant. J'ai vu toute la bataille qui se livra autrefois sur ces rives, et j'ai même aperçu le terrible moine Clément, avec son œil de feu et ses épais sourcils : le chapelet dans une main et le fusil dans l'autre, il bénissait l'âme de celui qu'il voulait immoler.... C'était partout une fuite sauvage.... et partout des mourants et des morts.

« Les Corses, dit Pietro Cirneo, sont toujours prêts à mourir. » Le trait suivant les caractérise : Un Français trouva un Corse blessé qui, sans se plaindre, attendait la mort. « Vous n'avez, lui dit-il, ni médecins, ni hôpitaux ! Que faites-vous donc quand vous êtes blessé ? — Nous mourons ! » répondit le Corse, avec le laconisme d'un Spartiate. Un peuple d'un caractère aussi viril et aussi noble ne gagne rien à être égalé aux héros de l'antiquité. Et cependant, l'image de Lacédémone m'apparaît toujours ici malgré moi. Si l'on peut dire que le peuple italien, si merveilleusement doué, a hérité de l'esprit des Hellènes, cela est vrai surtout, d'après moi, pour deux pays voisins, la Toscane et la Corse. Le premier montra toute la richesse idéale de l'esprit ionien : pendant que ses poètes chantaient dans leur langue mélodieuse, que ses artistes renouvelaient le siècle de Périclès, que ses historiens arrivaient à la gloire de Thucydide et que les philosophes de son Académie remplissaient le monde des idées platoniciennes, la Corse voyait revivre en elle le rude esprit dorien et se renouveler les combats des Spartiates.

En 1790, Napoléon visita le champ de bataille du Golo : à peine âgé de 21 ans, presque un enfant, son coup d'œil militaire jugea bien de l'action.

Napoléon sur le premier champ de bataille qu'il eût jamais vu, jeune, sans destinée, innocent encore, lui qui de l'Océan au Volga et des Alpes au désert de Lybie devait rougir la terre de sang !... Ah ! ce fut là un de ces moments qu'aiment les démons !

C'était une nuit pareille à celle-ci. Le jeune Napoléon errait par les champs du Golo. Il s'assit sur la rive du fleuve, qui, pendant la bataille, au dire de la légende, était rouge de sang et porta des cadavres à vingt-quatre milles de distance. Les brumes fiévreuses lui alourdissent la tête et le plongent dans une sommolence agitée. Derrière lui se tient un fantôme, une épée rouge à la main ; le spectre le touche, et emporte son âme dans les airs.

Ils planent au-dessus d'un champ, où se livre une sanglante bataille ; un jeune général galope sur les cadavres. « Montenotte ! » lui crie le démon, et c'est toi qui livreras ce combat ! »

Leur vol les porte plus loin. Ils planent au-dessus d'un champ, où se livre une bataille sanglante. Au milieu de la fumée de la poudre, un jeune général s'élance sur un pont, un drapeau à la main. « Lodi ! lui crie le démon, et c'est toi qui livreras ce combat. »

Et ils volent toujours plus loin, de champ de bataille en champ de bataille. Ils s'arrêtent au-dessus d'un fleuve : des vaisseaux brûlent sur le fleuve, qui roule du sang et des cadavres avec ses eaux, et tout autour s'étend l'immense désert. « Les Pyramides ! s'écrie le démon, et c'est toi qui livreras ce combat. »

Et ils volent toujours plus loin, de champ de bataille en champ de bataille, et l'un après l'autre le fantôme fait retentir ces noms terribles : « Marengo ! Austerlitz ! Eylau ! Friedland ! Wagram ! Smolensk ! Borodino ! Beresina ! Leipzig. »

Planant enfin au-dessus d'un autre champ, il crie d'une voix tonnante : « Waterloo ! Empereur, voici ta dernière bataille ! C'est ici que tu tomberas. »

Le jeune Napoléon se lève en bondissant, et frémit d'horreur : dans le délire de la fièvre il avait eu des rêves insensés.

Mais toute cette lugubre fantaisie ne fut qu'un effet des brouillards du Golo, où je me trouve moi-même enveloppé. Sur ce champ de bataille brumeux, à la lueur tremblante de la lune, les hallucinations sont bien pardonnables. La solitude, les humides vapeurs, la pâle lumière donnent à cette nuit une horrible beauté. Au-dessus de ces gigantesques et noires montagnes de granit la lune rouge.... mais non !... ce n'est plus la lune ; c'est la figure blême, sanglante, terrible d'un cadavre monstrueux qui, muet, plane sur la Corse, la figure de la *Vendetta*, une tête de Méduse secouant sur l'île son affreuse crinière de serpents. Quiconque osera la fixer, ne sera point pétrifié, mais poussé, comme Oreste, par une implacable furie, il s'abandonnera à la folle passion du meurtre, puis errant de montagne en montagne, de grotte en grotte, il sera poursuivi par l'implacable *Vendetta* et par la justice, qui s'acharneront sur ses pas..... J'ai vu le démon de la vengeance sur son coursier ailé courir dans les airs : tenant par les cheveux la tête vengeresse de la terrible Gorgone, il criait dans sa course impétueuse : « Vendetta !... Vendetta ! »

Que d'imaginations ! et elles ne veulent point finir... Mais, Dieu merci, me voilà arrivé au relais de Ponte-alla-Leccia, et j'entends les chiens aboyer. Dans la grande et pauvre chambre où je pénètre, quelques hommes sont assis à table autour d'une lampe fumeuse, la tête penchée sur la poitrine, comme accablés de sommeil. Un prêtre, tout vêtu de noir, se promène dans la salle : on dirait un somnambule. Il attend la poste.

J'essaie d'engager une conversation avec lui sur un sujet

religieux : je voudrais être délivré des malins esprits qui ne cessent de tambouriner et de s'agiter en moi. Mais bien que le saint homme soit parfaitement orthodoxe, il ne parvient pas à chasser le pernicieux esprit du Golo.

Je rentrai à Bastia avec une douloureuse migraine. Je me plaignis à mon hôtesse du mal que m'avaient fait le soleil et le brouillard, et je crus vraiment mourir sur la terre étrangère. L'hôtesse me dit qu'il n'y avait qu'un moyen de guérison : il fallait appeler une brave femme, qui ferait sur moi une *Orazione* (prière). Je repoussai l'*Orazione* et ne demandai qu'à me coucher. Je dormis tout un jour et toute une nuit du plus profond sommeil. Quand je me reveillai, le soleil, au haut du firmament, brillait de sa magnifique et sainte lumière.

FIN DU PREMIER VOLUME

TABLE DES MATIÈRES

LIVRE PREMIER.

Préface. 1
Chap. I. — Entrée en Corse 3
— II. — La Ville de Bastia 11
— III. — Environs de Bastia 19
— IV. — Le Florentin Franeesco Marmocchi . . . 24
— V. — Deuxième leçon 31
— VI. — Savants corses 38
— VII. — Un chapitre de statistique 42
— VIII. — Le bandit Braccimozzo 51
— IX. — La *Vendetta* 56
— X. — Vie du bandit 65
— XI. — Le vœu de Pietro Cirneo 77

LIVRE II.

Chap. I. — Des contrées qui avoisinent le Cap Corse . 111
— II. — De Brando à Luri 117
— III. — Pino 122
— IV. — La Tour de Sénèque 127
— V. — Seneca morale 134
— VI. — Seneca birbone 142
— VII. — Seneca eroe 152
— VIII. — Rêveries d'une fiancée 156
— IX. — Une traversée fantastique 164

LIVRE III.

Chap. I. — Vescovato et les historiens corses	169
— II. — Rousseau et les Corses	179
— III. — La *Moresca*, danse guerrière corse	183
— IV. — Joachim Murat	189
— V. — Ruines chrétiennes	200
— VI. — Hospitalité et vie de famille à Loreto	205
L'Antigone corse	211
Chap. VII. — A cheval d'Orezza à Morosaglia	217
— VIII. — Pascal Paoli	224
— IX. — Au lieu natal des Paoli	236
— X. — Clément Paoli	246
— XI. — Le vieil ermite	250
— XII. — Bataille de Pontenovo	254

BULLETIN

DE LA

SOCIÉTÉ DES SCIENCES HISTORIQUES & NATURELLES DE LA CORSE

PRIX DU BULLETIN :

Pour les membres de la Société, un an. . . 10 fr.

ABONNEMENTS :

Pour la Corse et la France, un an . . . . . 12 fr.

Pour les pays étrangers compris dans l'union
    postale, un an. . . . . 13 fr.

Pour les pays étrangers non compris dans
    l'union postale, un an . . . . 15 fr.

NOTA. — Tout abonnement est payable d'avance, et se prend à l'année, du mois de janvier au mois de décembre.

S'adresser pour les abonnements à M. CAMPOCASSO, Trésorier de la Société, ou à la librairie OLLAGNIER, à Bastia.

Prix du fascicule : 3 francs

www.ingramcontent.com/pod-product-compliance
Lightning Source LLC
Chambersburg PA
CBHW050336170426
43200CB00009BA/1615